プリント形式のリアル過去問で本番の臨場感！

福島県 会津学鳳
県立 ふたば未来学園
中学校

2025年春受験用 解答集

本書は，実物をなるべくそのままに，プリント形式で年度ごとに収録しています。
問題用紙を教科別に分けて使うことができるので，本番さながらの演習ができます。

■ 収録内容

・解答集(この冊子です)

書籍ＩＤ番号，この問題集の使い方，最新年度実物データ，リアル過去問の活用，
解答例と解説，ご使用にあたってのお願い・ご注意，お問い合わせ

・2024(令和６)年度 ～ 2018(平成30)年度　学力検査問題

・リスニング問題音声《オンラインで聴く》　詳しくは次のページをご覧ください。

〇は収録あり

年度	'24	'23	'22	'21	'20	'19
■ 問題(適性検査)	○	○	○	○	○	○
■ 解答用紙	○	○	○	○	○	○
■ 配点						

全分野に解説
があります

上記に2018年度を加えた7年分を収録しています
注)放送問題の音声・原稿は全年度収録しています
注)問題文等非掲載:2021年度適性検査Ⅰの2

資料の非掲載につきまして

著作権上の都合により，本書に収録している過去入試問題の資料の一部を掲載しておりません。ご不便をおかけし，誠に申し訳ございません。

JN132512

教英出版

■ 書籍ＩＤ番号

リスニング問題の音声は，教英出版ウェブサイトの「ご購入者様のページ」画面で，書籍ＩＤ番号を入力してご利用ください。

入試に役立つダウンロード付録や学校情報なども随時更新して掲載しています。

書籍ＩＤ番号　101207

（有効期限：2025年9月30日まで）

【入試に役立つダウンロード付録】
「要点のまとめ(国語／算数)」
「課題作文演習」ほか

【リスニング問題音声】
オンラインで問題の音声を聴くことができます。
有効期限までは無料で何度でも聴くことができます。

■ この問題集の使い方

年度ごとにプリント形式で収録しています。針を外して教科ごとに分けて使用します。①片側，②中央のどちらかでとじてありますので，下図を参考に，問題用紙と解答用紙に分けて準備をしましょう（解答用紙がない場合もあります）。

針を外すときは，けがをしないように十分注意してください。また，針を外すと紛失しやすくなりますので気をつけましょう。

① 片側でとじてあるもの

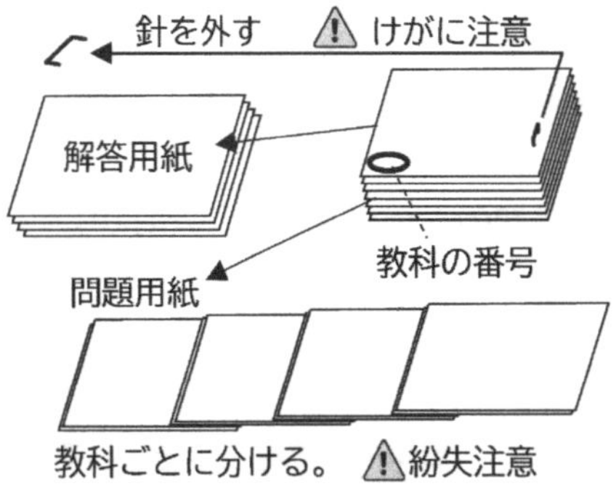

② 中央でとじてあるもの

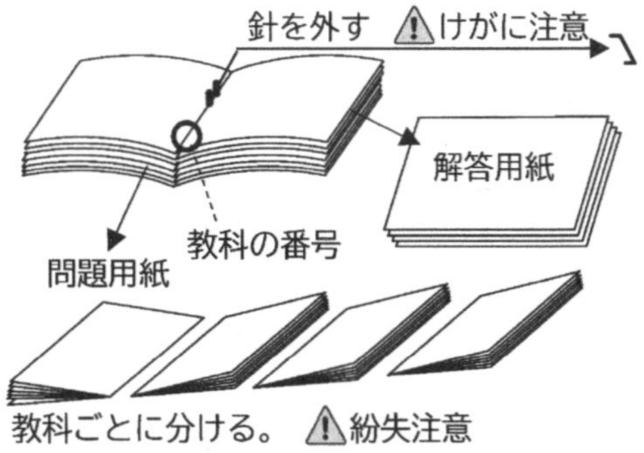

※教科数が上図と異なる場合があります。
　解答用紙がない場合や，問題と一体になっている場合があります。
　教科の番号は，教科ごとに分けるときの参考にしてください。

■ 最新年度 実物データ

実物をなるべくそのままに編集していますが，収録の都合上，実際の試験問題とは異なる場合があります。実物のサイズ，様式は右表で確認してください。

問題用紙	Ａ３片面プリント
解答用紙	Ａ３プリント(問題表紙裏)

リアル過去問の活用

～リアル過去問なら入試本番で力を発揮することができる～

本番を体験しよう！

問題用紙の形式（縦向き / 横向き），問題の配置や余白など，実物に近い紙面構成なので本番の臨場感が味わえます。まずはパラパラとめくって眺めてみてください。「これが志望校の入試問題なんだ！」と思えば入試に向けて気持ちが高まることでしょう。

入試を知ろう！

同じ教科の過去数年分の問題紙面を並べて，見比べてみましょう。

① 問題の量

毎年同じ大問数か，年によって違うのか，また全体の問題量はどのくらいか知っておきましょう。どのくらいのスピードで解けば時間内に終わるのか，大問ひとつにかけられる時間を計算してみましょう。

② 出題分野

よく出題されている分野とそうでない分野を見つけましょう。同じような問題が過去にも出題されていることに気がつくはずです。

③ 出題順序

得意な分野が毎年同じ大問番号で出題されていると分かれば，本番で取りこぼさないように先回りして解答することができるでしょう。

④ 解答方法

記述式か選択式か（マークシートか），見ておきましょう。記述式なら，単位まで書く必要があるかどうか，文字数はどのくらいかなど，細かいところまでチェックしておきましょう。計算過程を書く必要があるかどうかも重要です。

⑤ 問題の難易度

必ず正解したい基本問題，条件や指示の読み間違いといったケアレスミスに気をつけたい問題，後回しにしたほうがいい問題などをチェックしておきましょう。

問題を解こう！

志望校の入試傾向をつかんだら，問題を何度も解いていきましょう。ほかにも問題文の独特な言いまわしや，その学校独自の答え方を発見できることもあるでしょう。オリンピックや環境問題など，話題になった出来事を毎年出題する学校だと分かれば，日頃のニュースの見かたも変わってきます。

こうして志望校の入試傾向を知り対策を立てることこそが，過去問を解く最大の理由なのです。

実力を知ろう！

過去問を解くにあたって，得点はそれほど重要ではありません。大切なのは，志望校の過去問演習を通して，苦手な教科，苦手な分野を知ることです。苦手な教科，分野が分かったら，教科書や参考書に戻って重点的に学習する時間をつくりましょう。今の自分の実力を知れば，入試本番までの勉強の道すじが見えてきます。

試験に慣れよう！

入試では時間配分も重要です。本番で時間が足りなくなってあわてないように，リアル過去問で実戦演習をして，時間配分や出題パターンに慣れておきましょう。教科ごとに気持ちを切り替える練習もしておきましょう。

心を整えよう！

入試は誰でも緊張するものです。入試前日になったら，演習をやり尽くしたリアル過去問の表紙を眺めてみましょう。問題の内容を見る必要はもうありません。どんな形式だったかな？受験番号や氏名はどこに書くのかな？…ほんの少し見ておくだけでも，志望校の入試に向けて心の準備が整うことでしょう。

そして入試本番では，見慣れた問題紙面が緊張した心を落ち着かせてくれるはずです。

※まれに入試形式を変更する学校もありますが，条件はほかの受験生も同じです。心を整えてあせらずに問題に取りかかりましょう。

《解答例》

1　⑴①ウ　②江戸に着くまでに多くの日数がかかるとともに，江戸での生活などにも多くの費用が必要であり，負担が大きい制度であった。　⑵①エ→ア→イ→ウ　②エ，オ　③林業で働く人の数が減っているため，森林資源を十分に活用することができていないこと。　⑶①A．ウ　B．イ　C．ア　D．エ　②運転再開のための費用を国や県，地元自治体と分担したことにより，鉄道会社の負担が軽くなったことに加えて，鉄道会社が鉄道の運行に専念できるようになったため。

2　⑴①ウ　②46　⑵①同じカップ…9　同じプリン…4　②62　③36

⑶①あ．イ　い．オ　②5分55秒

③答え…22　求め方…1回目のアンケートで「人や社会の役に立つため」と答えた人数の割合を求めると，式　15÷50＝0.3　30％になる。2回目のアンケートで「人や社会の役に立つため」と答えた人数の割合が14％高くなっているので，その割合を求めると，式　30＋14＝44　44％になる。

2回目のアンケートで「人や社会の役に立つため」と答えた人数を求めると，式　50×0.44＝22　22人になる。

3　⑴①直列につなぐと，電気の通り道が1つなので，片方の豆電球を外すと電気の通り道がとぎれてしまうが，並列につなぐと，片方の豆電球を外しても電気の通り道がもう1つあるから。　②右図　⑵①エ　②イ　③ウ

⑶①燃やすごみの量を減らせば，燃やすときに出る二酸化炭素の量を減らすことができるから。　②日光にあたると，空気中の二酸化炭素を取り入れ，空気中に酸素を出すというはたらき。

<電気自動車を上から見た図>

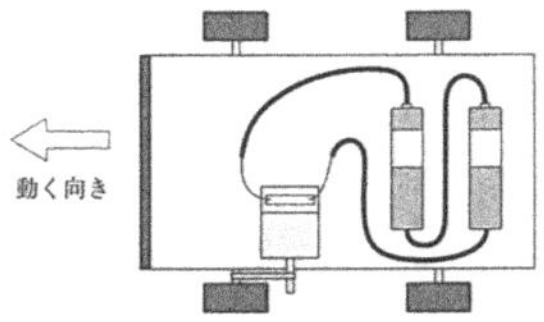

《解　説》

1　⑴①　ウ　　ア．誤り。浜通り地方は，平成29年から令和元年にかけての約1100万人が最も多く，令和2年の約700万人が最も少ないから，その差は400万人程度である。イ．誤り。令和4年に比べて，令和2年や令和3年のほうが少ない。エ．誤り。中通り地方の令和4年は約2300万人，令和3年は約1600万人だから，2倍より少ない。

②　関ヶ原の戦い前後に，徳川氏に従った外様大名は，江戸から遠い地方に配置されたため，江戸への参勤には多くの費用がかかった。

⑵①　エ→ア→イ→ウ　　エ(豊臣秀吉・安土桃山時代)→ア(徳川家光・江戸時代前半)→イ(徳川慶喜・江戸時代末)→ウ(明治時代)　②　エ，オ　　エが針葉樹林，オが広葉樹林である。アは発電所等，イは交番，ウは消防署。

③　資料4から，林業で働く人の数が年々減っていることを読み取る。資料5から，森林面積が変わっていないのに森林蓄積が増えていることから，植林した人工林が育っても伐採できていないことを読み取る。

⑶①　A＝ウ　B＝イ　C＝ア　D＝エ　　役所に対する住民の市政・区政などへの要望は，メールや電話，ご意見箱などで受け付けられている。傍聴…議会での話し合いを見たり聞いたりすること。　②　資料7から，費用を県や地元自治体，国と分担することで，鉄道会社の負担が減っていることを読み取る。資料8から，鉄道会社の運営体制のうち，鉄道の運行だけが鉄道会社の負担となり，それ以外の施設の維持管理や土地の所有といった仕事が，県や地元自治体に移行したことを読み取る。

2　⑴①　35：15＝7：3だから，ウが正しい。

② $\dfrac{(\text{お金を得るためと答えた人数})}{(\text{6年生全体の人数})}\times 100=\dfrac{23}{50}\times 100=46(\%)$

(2)① プリンケーキを3×4＝12(個)作るので，佐藤さんの話にある量を$\frac{12}{2}$＝6(倍)すればよい。

約70mLのカップは2×6＝12(個)，プリン(70g)は1×6＝6(個)必要だから，同じカップを12－3＝9(個)，同じプリンを6－2＝4(個)増やせばよい。

② 田中さんの水田の面積は，お米の収穫量に比例するから，$100\times\frac{1200}{50}$＝2400(㎡)である。図1の白い道の部分をつめて，4つに分けられた水田を1つにくっつけると，縦42－2＝40(m)，横□－2(m)の長方形となる。この長方形の面積が2400㎡だから，横の長さは，2400÷40＝60(m)　　よって，□＝60＋2＝62(m)

③ 並べる商品は，12×10＝120(箱)ある。図2では，1段目が1箱，2段目が3＝1＋2(箱)，3段目が6＝1＋2＋3(箱)となっているから，n段目の箱の数は1からnまでの連続する整数の和に等しい。

4段目は6＋4＝10(箱)，5段目は10＋5＝15(箱)，6段目は15＋6＝21(箱)，7段目は21＋7＝28(箱)，8段目は28＋8＝36(箱)，9段目は36＋9＝45(箱)，……となる。合計が120箱になるところを探すと，

1＋3＋6＋10＋15＋21＋28＋36＝120となるから，8段目でちょうど120箱になる。よって，最も下の段に並べる商品は36箱である。

(3)① 〈発表資料の一部〉の英語を日本語にすると，「私は歌うことが好きです。私はダンスをすることも(あ)。私は上手に歌うことができます。私は(い)を勉強したいです」となる。ア「泳ぐ」，イ「～が好きです」，ウ「～を持っている」，エ「学校」，オ「音楽」，カ「理科」より，(あ)にはイ，(い)にはオが入る。

② はじめと終わりの先生の話を除くと，45－3×2＝39(分)となる。6つのグループが発表するので，30秒＝$\frac{30}{60}$分＝$\frac{1}{2}$分の間隔《かんかく》は6＋1＝7(回)必要だから，合計で$\frac{1}{2}\times 7=\frac{7}{2}$(分)となる。したがって，発表の時間は$39-\frac{7}{2}=\frac{71}{2}$(分)だから，1グループあたり，$\frac{71}{2}\div 6=\frac{71}{12}=5\frac{11}{12}$(分)となる。$\frac{11}{12}$分＝$(\frac{11}{12}\times 60)$秒＝55秒だから，求める時間は5分55秒である。

③ 解答例のように求めてもよいが，以下のように考えることもできる。

6年生全体の人数の14%は，50×0.14＝7(人)である。したがって，2回目に「人や社会の役に立つため」と答えた人数は1回目よりも7人増えたので，15＋7＝22(人)になった。

3 (1)② 解答例のように乾電池《かんでんち》2個を直列につなぐと，図2のときと比べて回路に流れる電流は大きくなりモーターは速く回る。なお，乾電池2個を並列につなぐと，図2のときと比べて回路に流れる電流は変わらずモーターは同じくらいの速さで回る。

(2)① ヘチマのめばなにはめしべが，おばなにはおしべがある。アサガオのアは花びら，イはめしべ，ウはがく，エはおしべである。　　② 日光などの光はまっすぐ進む性質があり，かげは日光をさえぎるものがあると太陽の反対側にできる。太陽は東から南の高いところを通り西へと動くので，グリーンカーテンは日光をさえぎるように建物の南側の窓やかべに設置するとよい。　　③ かげができているとき(日光があたらないとき)は温度が上がりにくく，日光があたるときは温度が上がりやすい。8時のとき，DとEはかげになっていて，FとGは日光があたっているので，表面の温度はFとGの方がDとEより高く30℃(ウ，エ)と考えられる。FとGについて，11時のときはどちらも日光があたっていて表面の温度には差がない(ともに41℃)。14時のとき，Fはかげになっているが，Gは日光があたっているので，より表面の温度が低いウ(30℃)がFの結果と考えられる。なお，Dの結果はイ，Eの結果はア，Gの結果はエと考えられる。

(3)② 植物の葉は日光があたると，生きるための養分(でんぷん)をつくる(光合成という)。このときに二酸化炭素を取り入れ，酸素を出している。

《解答例》

1　(1)B　(2)危ないときにどうすればよいかを具体的に伝えることで、自分で状況を判断して行動できるようになるから。　(3)危険を感じたら、早めににげる。　(4)内容…地域の危険な場所　方法…パンフレット　(5)ア，ウ

2　(1)十分な睡眠により、成長ホルモンが出ることで骨や筋肉が発達するから。　(2)行動…寝る直前に強い光を浴びること　変化…脳の中で睡眠をうながすメラトニンが出にくくなる。　(3)部屋をできるだけ暗くすること／寝室の中を快適な温度と湿度に保つこと　(4)段落番号…5　理由…資料Aにある、夕食や入浴、寝る時間を一定にするということは、5の「決まった時間に決まった行動をとること」と同様だから。　(5)資料Bから、たいきさんは九時間以上の睡眠が必要になるが、資料Cから睡眠時間は週のうちの三日が九時間に満たないので、不足していると言えるため。

3　(1字あける)グラフを見て、家で、身体を動かさずに一人でできることをして過ごしている人が多いなと感じた。一方、スポーツをしている人は4割程度しかいない。スポーツは、じょうぶな体を作るために大切だと思う。また、友達とプレーすることで、いっそう仲良くなることができると思う。(改行)だから、私はもっとスポーツをすることを心がけたい。サッカーが好きなので、友達をさそっていっしょにやりたいと思う。

《解　説》

1　(1)　ゆみさんの4番目の発言の「まずは、わたしたちのくぼた小学校。川に囲まれた低い土地にある」と、5番目の発言の「次に水門。くぼた小学校の北にあるよ」と、その次の「小学校は水門より上流側にある」というそらさんの発言を参照。特に水門がBの上部(＝北側)にあることから、くぼた小学校がBにあるとわかる。

(2)　そらさんが「『大雨のときは水門を閉めます』～だけでは、どう行動すればよいか分からないよね」、ゆみさんが「自分で状況《じょうきょう》を判断して行動できるように、身の守り方を具体的に伝えよう」と言っていることからまとめる。「水門を閉めます」だと、なぜそうするのか分からない人は、行動に結びつかない可能性がある。

(3)　そらさんが「(上田さんから聞いたことで)特に伝えたいことは二つあるよ。まずは、『危険を感じたら早めににげること』～次に、『地域のどこが危険なのかを知っておく』こと」、後半で「上田さんに、水害からの身の守り方を他にも教えてもらったよ。さっきの二つの他に、『どこに、どのように避難《ひなん》するかを家庭で話し合う』ことと『水平でなく、垂直ににげる(＝より高いところににげる)』こと」と言っているのを参照。一番目の「危険を感じたら早めににげること」はメモにないので、このことを書く。

(4)　放送の最後で、ゆみさんが「防災についてのパンフレットを作って配るという方法はどうかな」、そらさんが「それはいいね～そこに、内容として『水害からの身の守り方』と『地域の危険な場所』という二つが記されていれば、地域の人たちの役に立つかもね」と言っている。

(5)　そらさんが「特に伝えたいことは二つあるよ。まずは～」、ゆみさんが「特に危険だと思った場所は三か所あるよ。まずは～」「次に水門」などと話しているので、アの「内容がいくつあるかを先に示し、『まず』、『次に』など順を追って話し合っている」が適する。また、水害を体験した上田さんから聞いた話と、自分で調べた危険な場所を関係付けながら話しているので、ウも適する。

2　(1)　3段落に、「また、睡眠《すいみん》には、体の成長をうながすという役割もある」とあり、その理由がその後に書かれている。「眠《ねむ》っているときの体内では、成長ホルモンという～物質が出される。睡眠時間を十分にとり、安定した量

の成長ホルモンが出されることで骨《ほね》や筋肉《きんにく》が発達するのである」とある。

⑵　６段落に「一方で、よりよい睡眠をさまたげてしまう行動もある。たとえば、寝る直前に強い光を浴びることだ～そのような光を浴びると、脳の中で睡眠をうながすメラトニンという物質が出にくくなってしまうのである」とあるのを参照。

⑶　７段落に、睡眠の質を高めるのに適した「寝室《しんしつ》の環境《かんきょう》」が書かれている。「できるだけ暗くすること」「寝室の中を快適な温度と湿度《しつど》に保つ」とある。

⑷　【資料Ａ】には、良い睡眠のためには「同じサイクルで」過ごすこと、「くり返し」が大切であることが書かれている。【本の一部】の５段落にも「決まった時間に決まった行動をとることも、ぐっすり眠るためには大切である」とある。

⑸　【資料Ｂ】に「６～13才」の必要とされる睡眠時間は「９～11時間」とある。しかし、たいきさんの睡眠時間は、火曜日と土曜日が８．５時間、金曜日が８時間で、９時間未満になっている。

《解答例》

1　⑴①エ　②A．ゆるやか　B．高い　③あ．ア　い．ウ　⑵①ウ　②開国したことで，人々のくらしは西洋風に変化した。　⑶①発電するためのエネルギーの多くを輸入にたよっていること。　②C．風力　D．地熱　E．太陽光　F．水力　③二酸化炭素を多く排出する火力発電の発電量を減らすことで地球温暖化を防止すること。

2　⑴①7人のグループ…3　8人のグループ…3　②17　⑵①イ　②22400　③男子…76　女子…74　④答え…11　求め方…昨年度，集められたペットボトルキャップ 12375 個のうち，$\frac{8}{9}$がよごれていないものである。その数は，$12375\times\frac{8}{9}=11000$　1000 個で1人分のワクチンになるので，11000÷1000＝11　よって，11 人分のワクチンになる。　⑶①18　②答え…138　式…△＝3＋3×○

3　⑴①ウ　②目的…ビーカーの底の方の空気を温めるため。　理由…空気は温められることで上の方にいき，その空気とともにけむりも上の方にいくから。　⑵①深さ　②砂場の砂のつぶの方が校庭の土のつぶよりも大きく，すきまが大きくなっていて，水がしみこみやすかったから。　③運ぱんのはたらきが小さくなったことから，流れの速さはおそくなった　⑶①エ　②川の情報…近くにある川の水面の高さの変化が分かれば，避難するかどうかを判断することに役立てることができる。　ハザードマップの情報…しん水しやすい場所が分かれば，どこを通って避難すればよいかを判断することに役立てることができる。

《解　説》

1　⑴①　エ．肉用牛の全国の農業生産額は 7482 億円であり，その4分の1は 7482÷4＝1870.5(億円)である。鹿児島県と宮崎県が九州地方にあり，この2県の合計が 1278＋780＝2058(億円)になるので，正しい。　ア．上位になっている九州地方の県は，鹿児島県や宮崎県である。これらの県は，九州地方の中部～南部に位置するので誤り。イ．1位と3位の金額差は，肉用牛が 1278－780＝498(億円)，豚が 847－455＝392(億円)，肉用にわとりが 695－549＝146(億円)より，肉用にわとりの金額差が最も小さいので，誤り。　ウ．豚の農業生産額で1位の鹿児島県と2位の宮崎県は，ともに福島県よりも南に位置し，この2県の生産額を合わせた額だけで，847＋521＝1368(億円)と，全国の 6122 億円の6分の1より多くなるので誤り。

②　A．等高線の間かくが周りに比べて広くなっているので，土地のかたむきがゆるやかだと判断できる。　B．資料2の地図上で最も高い地点は向坂山の 1684.7mであり，点P●の場所は 1600mの等高線と 1550mの等高線のあいだに位置しているので，1550mより高いことがわかる。

⑵①　資料3の防塁は，文永の役(1274 年)ののち，元の再度の襲来《しゅうらい》に備えて博多湾岸に築かれた。

②　年表には，江戸時代のペリー来航にはじまり，開国→大政奉還→戊辰戦争→明治維新の時期が示されている。明治時代初期，明治政府による近代化の政策をきっかけとして西洋の文化も取り入れられ，衣食住も西洋化した。資料5の牛なべのほかに，ザン切り頭にコートや帽子を身につけるのが流行し，町にはれんが造りの建物，人力車・馬車，ガス灯やランプがみられるようになった。

⑶①　資料6より，日本の発電に使われているエネルギーの多くが，天然ガス・石炭・石油であり，資料7より，これらのほとんどを輸入にたよっていることがわかるので，解答のようになる。

②　C．「風車」より風力と判断する。風力発電は，自然の風の力で風車を回して発電する。　D．「火山や温泉がある場所」より，地熱と判断する。火山や温泉がある場所では比較的浅いところにマグマだまりがあり，その熱と

蒸気を用いて発電する。　E．「せまい場所でも発電できる」より，太陽光と判断する。せまい場所でも，ソーラーパネルを設置することで発電することができる。住宅の屋根などにもよく設置してある。　F．「ダムをつくる」より，水力と判断する。水力発電は高いところに貯めた水が低いところに落ちる力で水車を回して発電する。

③　資料８のグラフより，2030 年度までに火力発電を減らし，再生可能エネルギーの発電量を増やそうとしていることがわかる。表から，火力発電は地球温暖化の原因の一つとされている二酸化炭素炭素を多く排出《はいしゅつ》し，再生可能エネルギーの発電は二酸化炭素を排出しないことがわかるので，これらのことをふまえると，解答のようになる。

2　⑴①　すべてのグループが８人として，６組つくると，全体の人数が８×６＝48(人)となって 48−45＝３(人)多くなる。１つの組を８人から７人にすると，８−７＝１(人)人数が減るから，３組を８人から７人に変えればよい。よって，７人と８人のグループが３組ずつできる。

②　どのような道を通っても，縦《たて》と横の道のりの合計は変わらないので，斜め方向に進む道のりを通る必要がある。右の地図の矢印にそって進めば最も短い道のりになる。

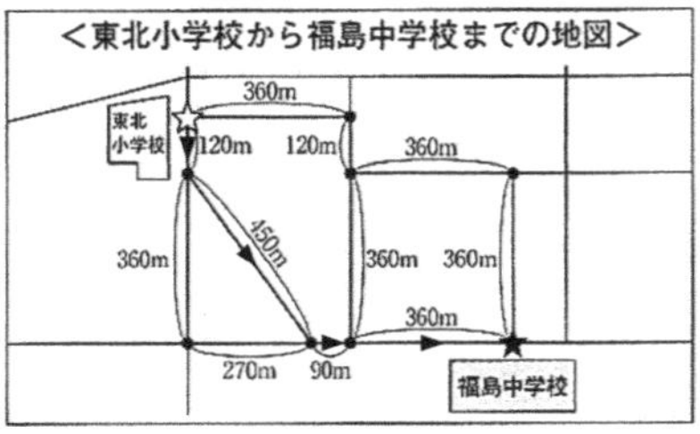

よって，東北小学校から福島中学校までにかかる時間は，

(120＋450＋90＋360)÷60＝1020÷60＝17(分)

⑵①　学校行事は３種類がくり返し行われる。今年度は 52 年目で，52÷３＝17余《あま》り１より，３種類のくり返しが 17 回行われたあとの１年目なので，合唱祭が行われる。はるとさんが中学１年生になるのは来年なので，体育祭が行われる。

②　東北小学校の土地の面積を求め，その値《あたい》を 1.4 倍すればよい。

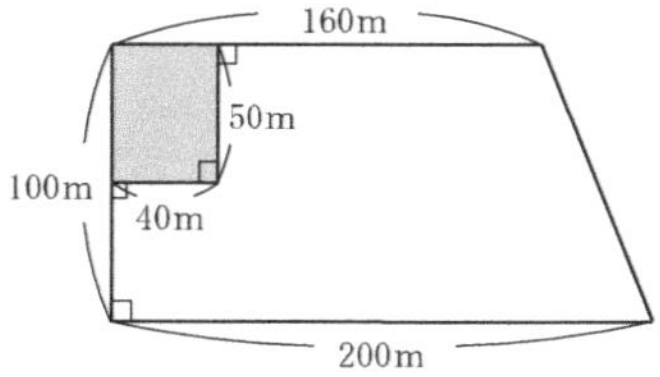

東北小学校の土地の面積は右図の台形の面積から，色のついた長方形の面積を引いた値になる。よって，(160＋200)×100÷２−50×40＝18000−2000＝16000(㎡)となる。

よって，福島中学校の土地の面積は，16000×1.4＝22400(㎡)

③　来年度は，今年度の３学年が卒業し，新たに 150 人の生徒が入学する。今年度の中学１，２年生の男子は 77＋79＝156(人)，女子は 76＋82＝158(人)であり，女子の方が２人多い。よって，来年度入学する 150 人は男子が女子より２人多いので，男子が(150＋２)÷２＝76(人)，女子が 76−２＝74(人)となる。

④　よごれていないキャップの数を求めたあと，キャップ 1000 個あたりワクチン１人分になるので，1000 で割ればワクチンの数が求められる。

⑶①　インターネットを利用する時間が１時間未満の男子，女子の人数を求め男子と女子合計の人数の何%にあたるのか考えればよい。

インターネットを利用する時間が１時間未満の男子は 25×0.12＝３(人)，女子は 20×0.25＝５(人)だから，

６年生全体では，$\frac{3+5}{25+20}\times100=\frac{8}{45}\times100=17.77\cdots$　　よって，約 18%である。

②　１人分並べたとき，磁石は６個であり，２人分で９個，３人分で 12 個，４人分で 15 個，…となっているので，１人分増えるごとに必要な磁石は３個増える。よって，児童の人数を○人，必要な磁石を△個とすると，

△＝６＋３×(○−１)　　△＝６＋３×○−３　　△＝３＋３×○

よって，児童の人数が 45 人のとき必要な磁石の個数は，３＋３×45＝138(個)

3　⑴①　ウ○…気体の交かんは肺で行われるので，肺から心臓を通って全身へ送られる血液は酸素を多くふくんでいる。　②　火事のときにけむりが上の方にいくのは，けむりをふくむ空気の温度が周りよりも高く，同じ体積で

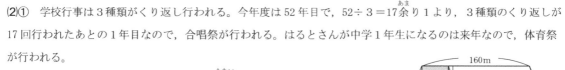

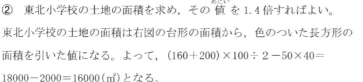

の重さが軽いからである。よって，実験１でお湯でぬらしたハンカチをビーカーの底に当てるのは，けむりの部分を温めるためである。

⑵① みぞのはばについて調べるので，みぞのはば以外の条件を等しくする。 ② つぶの大きさが大きいと，水がしみこみやすいので，水の量が少なくなる。 ③ 土が積もったのは，水が土を運ぱんするはたらきが小さくなったからだと考えられる。水の流れがおそくなると，運ぱんするはたらきが小さくなる。

⑶① エ〇…台風のときに避難《ひなん》する場所だから，洪水，土石流，がけくずれのいずれかに×がついている場所は適さない。 ② 川の水面の高さによって，避難するかどうかを判断でき，ハザードマップのしん水しやすい場所によって，避難経路を判断できる。

《解答例》

1　⑴うさぎ　⑵数え方…人　場合…人と友好的な関係を築いているおにを数える場合　⑶ア，ウ　⑷二つのものを組にして数えるという点　⑸人間の大きさと比べて考えること／あるものを他のものに見立てること

2　⑴水質が改善され、必要な時に自宅でいつでも手に入る水／26　⑵水くみの仕事をすることで、学校に行けない子どもがたくさんいるという問題／よごれた水を飲むことで、毎日多くの子どもが命を落としているという問題

⑶一キログラムの小麦を育てるためには、約二千リットルの水が必要です。だから小麦を輸入している日本は、それを生産するために必要な水も大量に輸入しているとも言えるのです。　⑷下水処理場～が発生する

⑸（例文）農業に使う水が不足している国があるということです。その解決のために、日本産のものを食べようと呼びかけたいです。外国からの食料輸入量を少しでも減らすことができれば、食料を生産している国が使う水の量も減らすことができるのではないかと思うからです。

3　（例文）

グラフを見て、勉強をするためにインターネットを利用している小・中学生が六割程度いることに気付いた。

勉強中にわからないことがあった時、インターネットですぐに調べられるのは便利だ。しかし、単に答えを見つけるだけで勉強を終わらせていたら、考える力が身に付かないと思う。インターネットを使って勉強をする時は、答えにいたる考え方を理解したり、自分で考えを深めたりするよう心がけたい。

《解　説》

1　⑴　えみさんが「うさぎのことを一匹《びき》と数えるだけでなく，一羽《わ》とも数えることができる」と言っていることから。

⑵　えみさんが「鬼《おに》は～一匹，二匹という数え方で，基本的にはいいみたい。でもね，もう一つ数え方があって，それは～一人，二人と数えるの～鬼のことを一人，二人，三人と数えるのは，人と友好的な関係を築いている鬼を数える場合だということなの」と言っていることから。

⑶　アは，りくさんが「たとえば，ぼくは今までおはしを数えているときに」「たしかに，人間より小さいねずみやねこを一頭とは数えないし」，えみさんが「わたしは，家でねこを一匹飼っているのだけれど，もし，そのねこを一頭と数えてしまったら」などと言っていることに適する。ウは，りくさんが「たしかに」「本当だね」，えみさんが「そうよね」「りくさんの言うとおりね」「本当ね」などと言っていることに適する。

⑷　「おはし」「手ぶくろ」「竹馬」はいずれも，二つのものを一組にして使うものである。

⑸　りくさんが，「日本人のものの見方」について，「その一つは，人間の大きさと比べて考えるという『ものの見方』だね。もう一つは～あるものを他のものに見立てるという『ものの見方』だね」とまとめていることから。

2　⑴　【資料A】の後ろから２段落目に「ユニセフでは，水質が改善《かいぜん》され，必要な時に自宅《じたく》でいつでも手に入る水を安全に管理された水とし」とある。安全に管理された水を利用できない人々の割合《わりあい》とは，水質が改善されていない水を利用している人々，自宅で水が手に入らない人々の割合のことである。〈グラフ〉の「池や川，湖の水をそのまま利用　２％」「水質が改善されていない水を利用　５％」「自宅から時間をかけてくみに行く必要がある～19％」の合計なので，26％。

⑵　【資料A】の２段落目の「水くみの仕事のために，学校に行けない子どもがたくさんいます」「どろや細菌《さいきん》，

動物のふん尿《にょう》などでよごれています～よごれた水を飲むことで，毎日多くの子どもが命を落としています」という内容が，「安全に管理された水が確保できないことで生じている問題」と言える。

(3) ――㋑の直後で「小麦を例に」説明している。〈図〉の「1キログラムの小麦を育てるためには，約 2000 リットルの水を使う」ということと，だから，小麦を輸入している日本は「外国から，食料を生産するために必要な水も大量に輸入していることになる」と言えるということをまとめる。

(4) わたしたちが水を使うと二酸化炭素が発生する理由は，――㋒の直後の二文で述べられている。

(5) 農業に使う水が不足している国のために何ができるか，生活の中で二酸化炭素をどのように減らせるかなどを，具体的に考えてみよう。

3 グラフの3つの項目《こうもく》のどれかに着目したり，小学生と中学生の数字の差に着目したりしてみよう。そこから，インターネットを利用するときの注意点や問題点，考えられる有効な使い方などを想像してみよう。それをもとに，「これから」自分が「どのように使っていきたいか」をまとめるとよい。

《解答例》

1　⑴①エ　②加工とはん売も行い，売上を上げること。　⑵①福島市…イ　新潟市…ウ　②a．ウ　b．ア　c．イ　③あ…内閣　働き…ア　⑶①生産者を分かるようにするための工夫　②イ　③農業人口が減っても，生産量を保つことができるようにするため。

2　⑴①900　②9，15　③クッキーとカステラを４個ずつ　まんじゅうとクッキーを５個ずつ　⑵①ウ　②6.05　⑶①$\frac{14}{15}$　②540　③面積の比…１：９　求め方…小さな円の半径が１㎝だから，小さな円の面積は１×１×3.14＝１×3.14(㎠)　大きな円の半径は，小さな円の半径の３倍で，大きな円の半径は１×３＝３(㎝)だから，大きな円の面積は３×３×3.14＝９×3.14(㎠)　小さな円１つ分の面積：大きな円の面積＝(１×3.14)：(９×3.14)＝１：９
⑷三角形ＤＥＧと三角形ＡＥＧは，辺ＥＧを底辺とすると，辺ＥＧと辺ＡＤは平行だから，高さがともに等しい。だから，三角形ＤＥＧの面積と三角形ＡＥＧの面積は等しい。同じように，三角形ＥＦＧの面積と三角形ＥＢＧの面積も等しい。だから，三角形ＤＥＦの面積と三角形ＡＢＧの面積は等しい。

3　⑴①ア，エ　②花粉を運び，受粉させる役割。　③銀色のシートによって，日光がはね返るから。　⑵①ホウセンカの発芽には，日光は関係しないから。　②日光が当たらないと，植物はあまり成長しない。　③シートには，蒸発した水をにがさないはたらきがある。　④イ　⑶①ウ　②不要な布や紙で油よごれをふき取ってから洗う。

《解　説》

1　⑴①　エは2012年・2015年などからいえる内容である。　ア．農業人口が最も多い2011年は，ももの１kgあたりの平均価格が最も安い。　イ．農業人口が前年より少なくなった2012年は，なしの１kgあたりの平均価格が高くなっている。　ウ．農業人口が最も少ない2019年は，なしの１kgあたりの平均価格が最も高い。　②　６次産業の「６」は，生産の１次産業，加工の２次産業，はん売の３次産業の数字をかけ合わせた数字である(ただし，１＋２＋３＝６と足し合わせるという説もある)。資料２より，農家の生産した果物を加工したジャムを，直接販売して，売上が２倍ほど上がったことが分かる。

⑵①　新潟市は日本海側の気候だから，北西季節風の影響で冬の降水量が多いウである。残ったうち，福島市は新潟市とほぼ同緯度に位置するから，平均気温に大きな差はないと判断してイを選ぶ。　②a　ウ．1871年に若松県・福島県・磐前県ができたことに着目する。藩を廃止して府県に統一した廃藩置県によって，明治政府から派遣された県令や府知事がそれぞれを治めることとなった。　③　アが正しい。日本では，司法権(裁判所)・行政権(内閣)・立法権(国会)を分散・独立させ，権力の集中やらん用を防いでいる(三権分立)。イは裁判所，ウは国会，エは地方議会の持つ権限である。

⑶①　顔写真と名前を入れて生産者を分かるようにすれば，消費者は安心して農産物を買うことができる。

②　イが正しい。　A．生産量は，「福，笑い」が37ｔ，福島県産の他品種が367000ｔである。　B．１kgあたりの価格は，「福，笑い」が1600÷２＝800(円)，福島県産の他品種が2100÷５＝420(円)である。　③　資料１より，福島県の農業人口が減り続けていることを読み取れば，自動運転田植え機のような農具の導入が進み，農家の抱える人手不足などの問題が解決されていくと予想できる。

2　⑴①　たくやさんと妹と弟は，こども料金である。こども料金は１人360÷２＝180(円)だから，母もふくめた４人分の電車の料金は，180×３＋360＝900(円)

② B駅に10時－3分＝9時57分までに着かなければいけないので，A駅を9時35分に出る電車に乗りたい。家からA駅までは0.75㎞＝(1000×0.75)m＝750mあるので，750÷50＝15(分)かかる。
よって，たくやさんたちはおそくても9時35分－15分－5分＝9時15分までに家を出なければならない。

③ 2種類を同じ数だけ買うので，2種類の値段の合計の値が，1000の約数となる組み合わせを考える。
考えられる2種類の組み合わせとその値段の合計は，右表の通りである。このうち，値段が1000の約数となる値段は，200円と250円である。よって，求める組み合わせは，
まんじゅうとクッキーを1000÷200＝5(個)ずつと，クッキーとカステラを1000÷250＝4(個)ずつである。

種類	2個の値段
まんじゅう，どらやき	240円
まんじゅう，クッキー	200円
まんじゅう，カステラ	270円
まんじゅう，プリン	310円
どらやき，クッキー	220円
どらやき，カステラ	290円
どらやき，プリン	330円
クッキー，カステラ	250円
クッキー，プリン	290円
カステラ，プリン	360円

(2)① 対称の軸を引くと，右図のようになる。
対称の軸が2本だけの図形はひし形なので，
たくやさんが切った形は，ウのひし形である。

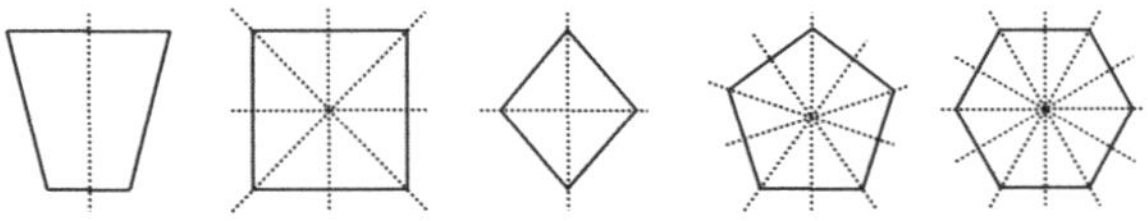

② 3つの内角が30°，60°，90°の直角三角形を右図のように2つ合わせると，正三角形ができる。よって，(たこの高さ)－(弟の手の高さ)は，10÷2＝5(m)とわかる。
地面から弟の手までの高さは105㎝＝1.05mなので，求める高さは，5＋1.05＝6.05(m)

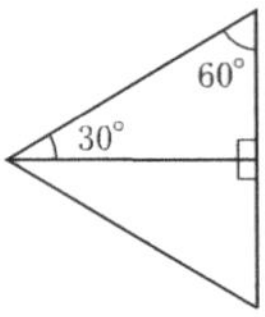

(3)① 4つの辺に対して，1.5㎝のはばで2回折るから，できあがったふろしきの1辺の長さは，90－(1.5×2)×2＝84(㎝)である。よって，正方形の布の1辺の長さの，$\frac{84}{90}=\frac{14}{15}$(倍)になる。

② 2人分のご飯をたくのに必要な水の量は240mLなので，4.5人分のご飯をたくのに必要な水の量は，$240\times\frac{4.5}{2}=540$(mL)

③ 小さな円と大きな円の面積をそれぞれ求めるが，解答例のように，円周率である3.14のかけ算を計算しないでおくと，あとで計算がしやすくなることがある。円周率をふくむ計算をするときに利用しよう。

(4) 底辺と高さが等しい2つの三角形の面積は等しいことを利用する。

3 (1)① こん虫には，ハチ，チョウ，カブトムシのように，たまご→よう虫→さなぎ→成虫と育つもの(完全変態という)と，バッタ，トンボ，カマキリのように，さなぎにならずに，たまご→よう虫→成虫と育つもの(不完全変態という)がいる。完全変態のこん虫はよう虫と成虫で食べ物がちがうことが多く，不完全変態のこん虫はよう虫と成虫の見た目が似ていることが多い。 ② りんごの木が実をつけるには，めしべに他の花の花粉がつく必要がある。

(2)①② 多くの植物の種子の発芽に必要な条件は水，空気(酸素)，適当な温度であり，日光は関係しないが，植物が成長するためには日光が必要である。植物の葉に日光が当たると，水と二酸化炭素を材料にして成長に必要な栄養分(でんぷん)をつくり出す光合成が行われる。 ③ 実験結果の表より，実験の前後で重さが変化しなかったⒸでは蒸発した水が容器の外に出ていかなかったが，実験後の方が軽くなったⒹでは蒸発した水が容器の外に出ていったと考えられる。 ④ 下線部㋐は，水蒸気が水てきに変化したことによる現象である。アとエでは空気中の水蒸気が水てきに，ウではお湯をわかしたときに出てきた水蒸気が水てきに変化している。イはきりふきから出た水てきが葉についただけである。

(3)① 水がふっとうする温度は100℃と決まっているから，さつまいもをゆでたとき，さつまいもの温度はまわりの水の温度(100℃)より高くなることはなく，さつまいもがこげることはない。 ② 解答例のように，水のよごれのもととなる，お皿などについたよごれなどを台所に流さないようにすることを書けばよい。

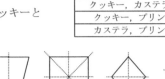

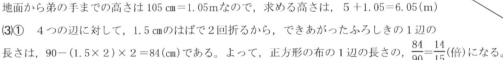

《解答例》

1　⑴家族への感謝の手紙　⑵みんなの思いや準備にかかる時間がイメージしやすくなるから。　⑶提案理由…今までの学校生活をふり返りながら、楽しい思い出をつくりたい。　学級でやりたいこと…学級カルタ

⑷エ　⑸二つの目的を意識しながら、家族や先生方ともいっしょにできるようなことを考えるということ。

2　⑴ウ　⑵すまし汁に、焼いた角もちなどが入っています　⑶A．季節　B．地域性　C．長い間保存ができ、味や風味が変わらない　⑷子、親、祖父母の３世代がくらす家族の割合が減少しています　⑸（例文）ぼくは、高れい者と子どもがいっしょに地域の特産物を育てる取り組みを提案します。その理由は、子どもは地域の特産物を育ててみたい、高れい者は特産物を教えたいと思っているからです。この取り組みのよさは、特産物を自分で育てることで、地域のよさに気付くことができるということです。

3　（例文）　選んだ標語…B

この標語は、本を読むことによって、新しい自分に出会えるということを伝えているのだと考えます。

本を読むと、新しい知識を得ることができたり、感受性が豊かになったりします。私は、物語の世界に入りこむと、読み終わってからもその世界が続いているような感覚になります。そのように、読む前と読んだ後で自分のものの見方が変わるので、読書は、新しい自分との出会いをもたらすものだと考えます。

《解　説》

1　⑴　話し合いでは取り上げられているが【資料２】にはない，というものをさがす。あさみさんの最初の発言に「一言スピーチ」「感謝を伝える歌」，あさみさんの３回目の発言に「学級カルタ」「雪合戦」「いす取りゲーム」が出てくる。かずやさんの最初の発言に出てくる「家族への感謝の手紙」が【資料２】にはないので，これが答え。

⑵　あさみさんは，５回目の発言で「やはり，意見を分類することは大事ね」と言い，続けてそう思った理由を「みんなの思いや準備にかかる時間がイメージしやすくなったもの」と言っている。

⑶提案理由…「たけるさんの『提案理由』」は，かずやさんの６回目の発言で取り上げられている。「たけるさんの提案カードには，【今までの学校生活をふり返りながら，楽しい思い出をつくりたい。】と書いてあるよ」より。

学級でやりたいこと…【資料２】の中にある意見のうち，話し合いでも取り上げられているのは，「一言スピーチ」，⑴で答えた「家族への感謝の手紙」，「感謝を伝える歌」，「雪合戦」，「いす取りゲーム」，「学級カルタ」である。このうち，たけるさんの提案理由である「今までの学校生活をふり返りながら，楽しい思い出をつくりたい」という目的に合うものを答える。あさみさんの３回目の発言に「カルタで学校生活をふり返る『学級カルタ』」とあることから，「学級カルタ」が答え。

⑷　アの「家族や先生の意見と比べて話し合う」，イの「順番を決定しようとしている」，ウの「学級会の記録にある言葉や数値《すうち》を引用して」は誤り。

⑸　あさみさんは，最後の発言で「一月の学級会では，お別れ集会について，二つの目的を意識しながら，家族や先生方ともいっしょにできるようなことを考えようと，話題にしてみようよ」と言っている。

2　⑴　【本の一部】の３段落目で「雑煮《ぞうに》は，その地域《ちいき》の食材を使うため，地域性が強く出ます～もちの形や汁《しる》の味付けなどが異《こと》なっています～それぞれの地域の文化を映《うつ》し出しています」と述べていることに，ウが適する。

⑵　〈全国雑煮マップ〉を見ると，福島県は，「□(角もちを焼く)」，「すまし汁《じる》」である。「大阪府《おおさかふ》の例と同じように書きなさい」とあるので，【本の一部】の３段落目「白みその汁に，煮《に》た丸もちなどが入っています」をまねて，「すまし汁に，焼いた角もちなどが入っています」と答える。

⑶　郷土《きょうど》料理とインスタント食品の特ちょうについて語っている，【グループの話し合い】の後半を参照。

A　りょうさんの発言「郷土料理は，地域の旬《しゅん》の食材を使うから～季節を感じることができるし」より。

B　りょうさんの発言の「郷土料理は～地域を知ることもできるね」と似た内容を述べている部分を探す。【本の一部】の３段落目「雑煮(郷土料理の一つ)は，その地域の食材を使うため，地域性が強く出ます」より。

C　ゆいさんの発言「インスタント食品のよさは，長い間保存《ほぞん》ができ，味や風味が変わらないところだね」より。

⑷　〈資料〉の「子，親，祖父母の３世代がくらす家族」の割合《わりあい》が次第に減っていることから，〰〰部の「祖父母から親や子へ伝えられにくくなってきた」ということが考えられる。

⑸　まず，条件②の「『子ども』『子育て世代』『高れい者』から二つの立場を選び，両者の思いにふれて書くこと」に注意する。たとえば，子どもの「地域の特産物を育ててみたい」という思いと，高れい者の「地域の特産物を教えたい」という思いは，取り組みとしてつなげることができる。同様に，子どもの「郷土料理を作って，食べてみたい」や，子育て世代の「郷土料理を教えてほしい」という思いは，高れい者の「郷土料理の作り方を伝えたい」という思いにつなげることができる。そのように，提案する理由を決めてから，取り組みの案を書こう。条件③の「郷土料理の魅力《みりょく》」については，【本の一部】の最後の段落「人々は，郷土料理を通して，家族や地域のきずなを深めてきました。これは，郷土料理の魅力といえるでしょう」，【グループの話し合い】の後半「郷土料理は～季節を感じることができるし，地域を知ることもできるね」「自分の生まれた地域のよさに改めて気付くことができるのも郷土料理の魅力だね」などで述べられている。

3　標語は，言いたいことや伝えたいことなどを，わかりやすく簡潔に言い表したもの。前段に書く「標語の意図」とは，その標語が何を伝えようとしているのかということ。自分の読書に対する思いに近いほうを選んで書こう。

会津学鳳中学校・ふたば未来学園中学校　2021 令和3年度　適性検査1

《解答例》

1　⑴①イ，ウ　②C　理由…こう水などの危険にあわずに，安全にひ難することができるから。　③輸出が 50.4%，輸入も 34.7%をしめており，神戸港とならび，日本の貿易の中心的な役割を果たしていた。　④エ

⑵①位置…オ　出来事…B　②らく農がさかんで，町全体の面積にしめる畑の耕地面積の割合が大きい。

③あ．b　い．c　う．a　え．d　お．f　理由…国会，内閣，裁判所の役割をきちんと実行できているかどうかを調べるため。

2　⑴①94　②9733÷13784×100　③6　④ア．3　イ．5　⑵①16.4　②あ．72　い．30　う．4

⑶①わり算では，わられる数とわる数を同じ数でわっても，商は変わらない。わられる数とわる数の両方を 100000 でわると 6120000000÷126700000 は，61200÷1267 になるから。　②グラフ1…100　グラフ2…10

③求め方…150：90＝20：x　150：90 を簡単にすると，5：3になり，5：3＝20：x　x＝3×4＝12

答え…12

3　⑴①ウ　②川の内側より外側の方が速く流れていた。　③磁石が付くかどうかで分別する方法。　⑵①日光の当たり方　②イ→エ→ウ→ア→オ　③二酸化炭素が約 80%でもろうそくが燃えたので，さやかさんの考えは，正しいといえない。　④試験管の中に空気が入っていると，あたためられた空気がふくらむことによって，ガラス管の中の水面の位置が上がってしまうので，試験管の中は海水だけにする。　⑶(例文)筆記用具など1つ1つを大切にし，使い切るまで新しいものを買わないようにする。

《解　説》

1　⑴①　イとウが正しい。　ア．インターネットには間違った情報が含まれていることもあるので，自分で判断して理解するメディアリテラシーの能力が必要である。　エ．写真のコピーは，著作権の侵害にあたる。　②　水につかる深さの区分を見れば，洪水時，Aは1階のゆか上から1階まで(水深 0.6m～2m)，Bは2階まで(水深 2.1m～5.0m)，Cは水につからないことがわかるから，Cを選ぶ。　③　横浜港と神戸港の貿易額の割合の合計は，輸出はおよそ 85%，輸入はおよそ 90%をしめている。このことから，これらの港が日本の貿易の中心地であったことを導ける。　④　エを選ぶ。メキシコ・エクアドル・ペルー・ガーナについての記述である。　ア．日本の1年間における国民1人あたりの所得は，ガーナの 39561÷1978＝20.00…(倍)だから，約 20 倍である。　イ．日本やメキシコよりも人口が少ないエクアドル・ペルー・ガーナは，1年間における国民1人あたりの所得が日本やメキシコよりも少ない。　ウ．結核の予防接種を受けた子どもの割合は，メキシコより日本の方が高いが，人口はメキシコより日本の方が少ない。また，ペルーと，ガーナ・エクアドルについても同様である。

⑵①　<地図>はオを選ぶ。アは福岡県，イは佐賀県，ウは長崎県，エは大分県，カは宮崎県，キは鹿児島県。出来事はBを選ぶ。Aは長崎県，Cは福岡県，Dは鹿児島県。　②　<資料4>より，町全体の面積にしめる畑の耕地面積の割合は，小国町が 893÷13694×100＝6.5211041(%)，猪苗代町が 499÷39485×100＝1.263771(%)だから，小国町は猪苗代町よりも大きいとわかる。<資料5>より，小国町の肉用牛と乳用牛の農業産出額は，猪苗代町よりも高いから，生乳を加工するらく農がさかんだとわかる。　③い　c．国会の議決によって国会議員の中から内閣総理大臣が指名される。　え　d．不適切だと考えられる裁判官をやめさせるかどうかを，国会議員が裁判することを「弾劾裁判」と言う。　お　f．国民審査は，最高裁判所の裁判官の適任・不適任を審査する制度である。役割の分担について，立法権を持つ国会・行政権を持つ内閣・司法権を持つ裁判所の三権を分散・独立させることで，権力の集中やらん用を防いでいる(三権分立)。国民には，自由と権利を保障するために三権それぞれを監視する役割がある。

2　(1)①　9733÷103＝94.4…より，約94個分である。

②　割合(%)は，$\frac{(部分)}{(全体)}$×100で求めることができる(「全体」は「もとにする量」,「部分」は「比べられる量」ということもある)。

③　同じ花がとなりどうしにならないので，サルビアは右図の斜線《しゃせん》部分の４か所に植えることがわかる。ヒャクニチソウをA，マリーゴールドをBとすると，右図の(ⓒ，ⓓ，ⓔ，ⓕ)の位置に植える花の組み合わせは，(A，A，B，B)(A，B，A，B)(A，B，B，A)(B，A，A，B)(B，A，B，A)(B，B，A，A)の６通りある。よって，３種類の花の植え方は６通りある。

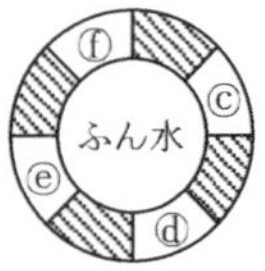

④　$_{\text{a}}$大きいふき出し口の水が出ている時間(分)と止まっている時間(分)の和と$_{\text{b}}$小さいふき出し口の水が出ている時間(分)と止まっている時間(分)の和の最小公倍数が30となればよい。アがイより小さく，イをできるだけ小さくしたいので，a≦bであり，bが最小となるように，最小公倍数が30となるaとbの値《あたい》を考える。

aとbは30の約数であり，30の約数は，１と30，２と15，３と10，５と６である。bが最小となる(a，b)の組み合わせを探すと，(５，６)が見つかる。よって，ア＝５－２＝３，イ＝６－１＝５となる。

(2)①　自動車の道のりは直線距離《きょり》の$\frac{8.2}{6}$倍だから，実際の道のりは，12×$\frac{8.2}{6}$＝16.4(km)

②　右図のAをスタート地点とする。１の指示でA→Bと移動する。

多角形の外角の和は360°なので，正五角形の１つの外角の大きさは，360°÷５＝72°

よって，右に$_{\text{あ}}$72°向きを変え，前に$_{\text{い}}$30cm進むこと(２と３の指示)で，B→Cと移動する。

この２と３の指示を，BからCの移動も含《ふく》め，$_{\text{う}}$4回くり返すと，B→C→D→E→Aと移動し，スタート地点に戻る。

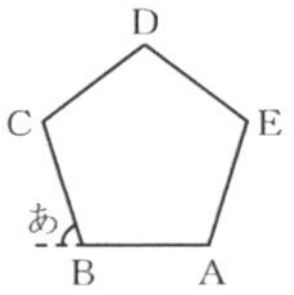

(3)①　解答例の通りである。また，わられる数とわる数に同じ数をかけても商は変わらないから，例えば，0.05÷0.025＝(0.05×1000)÷(0.025×1000)＝50÷25＝２と計算することができるので，覚えておくとよい。

②　グラフ１は，６めもりで600万tを表しているから，１めもりは600万t÷６＝100万tを表している。

グラフ２は，平成29年度のグラフを見ると，612万tが600万tから１めもりと２めもりの間の位置で表されていることから，１めもりは610－600＝10(万t)を表していることがわかる。

③　５：３＝20：xより，20は５の20÷５＝４(倍)だから，x＝３×４＝12となる。

3　(1)①　ウ○…たい積は土砂を積もらせるはたらき，しん食は土砂をけずるはたらき，運ぱんは土砂を運ぶはたらきである。　②　流れがおそい内側では土砂がたい積して川原ができやすく，流れが速い外側では川底や川岸がしん食されてがけができやすい。　③　磁石が付くのは金属に共通する性質ではなく，鉄やニッケルなどの一部の金属の性質である。鉄は磁石が付くが，アルミニウムは磁石が付かない。

(2)①　植物の葉に日光が当たると，水と二酸化炭素を材料にしてでんぷんと酸素がつくられる。このはたらきを光合成という。日光がよく当たるほど光合成がさかんに行われる(二酸化炭素が吸収される)ので，ベランダに置いたさやかさんの植物の方が，光合成をさかんに行ったと考えられる。　②　酸素や二酸化炭素のように，水にあまりとけない気体は，水中で水と置きかえて集気びんに集めるとよい。このような気体の集め方を水上置換《ちかん》法という。

③　資料２では，ろうそくが燃えた後の空気にふくまれる割合が約３%であるにもかかわらず，ろうそくの火が消えているから，「二酸化炭素の割合が増えたから」ろうそくの火が消えたとすると，②で用意した集気びんの中でろうそくは燃えないはずである。　④　資料４の装置では，試験管内に海水だけでなく空気も入っているので，水面の位置の変化がすべて海水をあたためたことによるものとはいえない。試験管内は海水だけにする。なお，ものはあたためられると体積が増加するが，空気(気体)は海水(液体)よりも体積が増加する割合が大きい。

(3)　リデュースとは，製品をつくるときの資源の量や廃棄物《はいきぶつ》の量を少なくする取り組みである。自分にできる，廃棄物(ごみ)の量を少なくする具体的な取り組みを書けばよい。

《解答例》

1　(1)①エ　②長く続けていると大変なこともあるはずと思っていたがなかったところ。　③1，3　(2)①全員が自分で確にんして横断歩道をわたるようになってほしいという思い。　②一日がんばろうという気持ちになるから。

2　(1)①A．かい護する人、かい護される人それぞれを支えんするロボットのことである。　B．ベッドや車いすなどへ移乗することをかい助　C．時間に余ゆうができる。／心がいやされて笑顔が増える。　②買い手の予算に合う価格にする／安全性を向上させる　(2)a．ウ　b．イ　(3)①❶高れい者の割合　❷人手不足　❸コミュニケーションロボット〔別解〕移乗かい助のロボット　②(コミュニケーションロボットを選択した場合の例文)お年寄りの気持ちに寄りそうことは人間にしかできません。だから、人間ならではのよさを大切にしながら、大変さをおぎなうようにして取り入れていく必要があると思います。

3　(例文)

私はBの俳句から、新しいクラスや学校で、新しい友達に出会い、楽しく過ごす様子を想像した。

学校やクラスが変わると、新しいかん境でうまくやっていけるかどうか少し不安を感じる。また、今まで仲良くしていた友達とはなれてしまうのもさみしい。しかし、新しいかん境でもきっとすばらしい出会いが待っていると思う。最初は大変だと思うが、早く新しいかん境に慣れて、たくさん友達を作り、楽しく過ごしていきたいと思う。

《解　説》

1　(1)①　まなみさんは，あいさつの中で「わたしは～吉川さんにインタビューをして，そこから学んだことを学年で発表したいのです。特に～吉川さんの思いをみんなに知ってもらいたいと考えています」と，インタビューの目的を伝えたので，エが適する。　②　まなみさんは，「長く続けていると大変なこともあるはず」(【資料1】「進め方のポイント」参照)と考え，そのことについて質問したが，吉川さんは「大変だと思ったことは一度もありません」と答えた。まなみさんは「天気が悪い日」は大変ではないかと質問を重ねたが，吉川さんはやはり，「みなさんだって天気が悪い中で歩いてくるのですから，わたしだけ大変だなんて思いませんよ」と答えた。　③　吉川さんが十年前からボランティアをしていると聞いて，「十年はすごいですね」と感想を述べ，「そのように長いこと続けていると～」と次の質問につなげているので，1が適する。他にも「うれしいです」「吉川さんのおかげで～今，改めて思いました」など，感想を述べながらインタビューをしている。また，吉川さんが，大切にしていることについて「みなさんの大切な命を守ること」と答えたときに，「では，その命を守ることについて，もう少し詳《くわ》しく教えてください」と質問をしているので，3が適する。

(2)①　まなみさんの「発表の時には，全員が自分で確にんして横断歩道をわたるようになってほしいという吉川さんの思いを，ぜひ，しょうかいさせていただきます」という発言からまとめればよい。　②　インタビュー後半のあいさつについてのやりとりを参照。「わたしがつかれているような時でも，みなさんが元気に『おはようございます。』と言ってくれると～一日がんばろうという気持ちになるのです」「あいさつはやはり大切なものなのですね」と言っている。

2　(1)①A　【記事】の2～3行目に「『かい護ロボット』とは，かい護する人，かい護される人それぞれを支えんするロボットのことである」とある。　B　「移乗かい助のロボット」の機能について，かい護士は「一日に何回も，お年寄りがベッドや車いすなどへ移乗することをかい助する」が，「ロボット技術を用いてそれらの作業を行」

うとあるから，下線部のかい護士の作業を書けばよい。　C　「コミュニケーションロボット」について述べた部分で，「お年寄り(＝かい護される人)は，心がいやされて笑顔《えがお》が増えるという。また，かい護する人には時間に余ゆうができるという利点が生まれる」とあるので，この２文の順番を入れかえて書く。　②　最後の１文「買い手の予算に合う価格，安全性の向上など改善《かいぜん》すべき点がある」を，２文に分け，「こと」につながるように書く。

⑵a　グラフの「65才以上」の人数に着目すると，2020年から2040年までは「3619万人→3716万人→3921万人」と増加している。ところが，2040年から2060年までは「3921万人→3841万人→3540万人」と減少している。よってウが適する。　b　グラフの「15～64才」の人数に着目すると，2020年から2060年まで「7406万人→6875万人→5978万人→5275万人→4793万人」と減少し続けている。よってイが適する。

⑶①❶　【ゆうたさんのノートの一部】の，〈わかったこと〉の最後の項目《こうもく》に，「高れい者の割合《わりあい》は増加していく」とある。　❷　【かい護士さんの話】の４～５行目に「今，かい護の現場では人手不足が課題です」とある。

❸　【記事】にあるロボットは，「コミュニケーションロボット」と「移乗かい助のロボット」の２種類。このうちのどちらかを書く。　②　「人間にしかできないこと」の一つ目は「様々な状きょうの変化に対応できること」，二つ目は「お年寄りの気持ちに寄りそうことができること」である。二文目には，この，ロボットにはない人間の能力を生かしながら，ロボットを取り入れていくという内容を書く。

《解答例》

1　⑴①a．ア　b．エ　c．イ　d．ウ　②あ．陸奥宗光　い．小村寿太郎　③年ごとに国民総生産が増加していることや，主な電化製品のふきゅう率が高まっていることがわかったから。　⑵①ア　②い，う，あ　③言葉がわからなくても，見ただけで意味がわかるから。　⑶①ユーラシア大陸／アフリカ大陸　②イ，エ

2　⑴①48　②4　③35　④ウ

⑤求め方…20÷0.85＝23.5…　よって，焼く前の皿の直径は24㎝以上にする必要がある。　答え…24

⑥２つの面に色がついた立方体…12　１つの面に色がついた立方体…９　すべての面に色がついていない立方体…２

⑵①右表　お菓子の代金…1670　②求め方…３×（８÷２）＝12で，ゼリーの液の全体の量は，玉じゃくしで12回分である。よって，12÷６＝２で，１つのカップには，ゼリーの液を玉じゃくしで２回すくって入れればよい。　答え…２

		和菓子		合計
		まんじゅう	だんご	
洋菓子	ケーキ	3	1	4
	シュークリーム	0	2	2
合計		3	3	6

3　⑴①ア．引き合う　イ．しりぞけ合う　②極のわかっている磁石を近づける方法　③電磁石の上下を逆にする方法／電池の＋極，－極を逆にする方法／磁石の極を反対にする方法

⑵①A，D，F，H，J　②理由…こん虫のあしは，胸に６本あるのに，この分け方では腹にあしがあることになってしまうから。　はら側から観察した絵…右図　③トノサマバッタは，草むらの草を食べ物にするので，大きなあごが役立ち，緑色のからだは草の色と似ていて，草むらがかくれ場所になるから。　④イ　⑶①まさしさん　出てくるミョウバンの量…92.0

②記号…ウ　理由…水よう液の温度を40℃から20℃まで下げても，食塩が水にとける量がほとんどかわらないから。

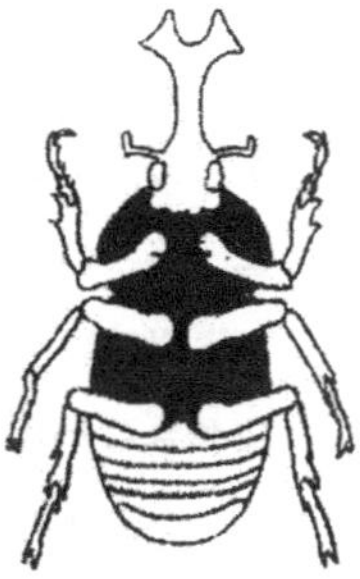

《解　説》

1　⑴①　a．アを選ぶ。ヨーロッパを主戦場とした第一次世界大戦が始まると，日本はヨーロッパに向けて軍需品を輸出し，ヨーロッパの影響力が後退したアジアへの綿織物の輸出を拡大した。これにより，第一次世界大戦が終結する1918年まで日本は好景気（大戦景気）となった。　b．エを選ぶ。1931年の柳条湖事件（関東軍が南満州鉄道の線路を爆破した事件）をきっかけに始まった一連の軍事行動を満州事変という。関東軍は満州に兵を進め，翌年満州国を建国し，清朝最後の皇帝溥儀を元首とした。しかし，国際連盟が満州国を認めないとする決議を行ったので，1935年に日本は国際連盟を脱退した。　c．イを選ぶ。第二次世界大戦はドイツのポーランド侵攻から始まり，ドイツ・イタリア・日本を中心とした枢軸国と，イギリス・フランス・中国・ソ連・アメリカを中心とした連合国が対立した。　d．ウを選ぶ。日本国憲法は1946年11月３日に公布され，その半年後の1947年５月３日に施行された。

②　領事裁判権とは，外国人が在留している国で罪を犯しても，その国の法律では裁かれず，本国の法律で裁判を受ける権利のことをいう。関税自主権とは，国家が輸入品に対して自由に関税をかけることができる権利のことをいう。ノルマントン号事件は，和歌山県沖で船が沈没した際，イギリス人船長が日本人の乗客を見捨てたにもかかわらず，日本の法律で裁けなかったために軽い刑罰で済んだ事件である。これにより領事裁判権の撤廃を求める声が高まった。　③　<資料３>より，国民総生産が12兆円（1957年）→13兆円（1958年）→14兆円（1959年）→16兆円（1960年）→20兆円（1961年）→22兆円（1962年）→26兆円（1963年）と増加し続けていることがわかる。<資料４>

より，1957年と1963年の主な電化製品のふきゅう率を比べると，白黒テレビは10%→85%，電気洗たく機は20%→65%，電気冷蔵庫は５%→30%と高まっていることがわかる。

⑵① アが正しい。 A．中国を出身地とする宿泊者数は，平成25年が31300×0.183＝5727.9(人)，平成30年が141350×0.125＝17668.75(人)であり，増加している。 B．台湾を出身地とする宿泊者数は，平成25年が31300×0.093＝2910.9(人)，平成30年が141350×0.297＝41980.95(人)であり，増加している。 ② 「あ」はアメリカ，「い」は中国，「う」はオーストラリアである。平成30年の宿泊者数は，アメリカが141350×0.044＝6219.4(人)，中国が17668.75人，オーストラリアが141350×0.047＝6643.45(人)だから，多い順に「い」→「う」→「あ」となる。 ③ 国内のピクトグラムの中には，日本人がひと目見て何を表現しているのかわかるように作られているものや，施設によってバラバラに使用されているものがまだ多くあり，外国人向けのデザイン変こうや統一化が進められている。

⑶① ユーラシア大陸はヨーロッパ州とアジア州をふくむ。５つの輪は５つの大陸の団結を意味するが，どの色も特定の大陸を意味したものではない。 ② 先生が「世界の国々が，仲よくなることを象徴しています」「オリンピックは，世界中の選手が技を競い合い，友好を深める大会です」と言っていることから，イとエを選ぶ。なお，面積は，ユーラシア大陸＞アフリカ大陸＞北アメリカ大陸＞南アメリカ大陸＞オーストラリア大陸である。

2 ⑴① フォトフレームのそれぞれの長さは，右図のようになるから，横向きの木材の長さは，12＋２＝14(cm)，縦向きの木材の長さは，８＋２＝10(cm)である。

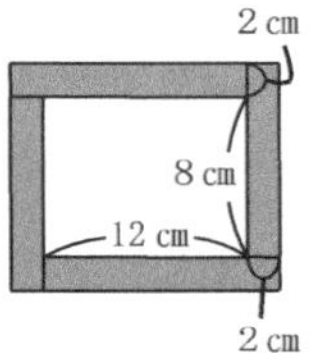

よって，必要な木材の長さは，(14＋10)×２＝48(cm)である。

② 後ろの１列に並ぶところに，左はしから，ⓐ，ⓑ，ⓒ，ⓓと記号をおく。
父と母は後ろの列の外側に並ぶから，(父，母)の並ぶところは，(ⓐ，ⓓ)と(ⓓ，ⓐ)の２通りある。
まおさんと弟は後ろの列の内側に並ぶから，(まおさん，弟)の並ぶところは，(ⓑ，ⓒ)と(ⓒ，ⓑ)の２通りある。
よって，４人の並び方は，全部で２×２＝４(通り)ある。

③ 和紙の直線部分の横の長さは円の直径の２倍に等しく3.8×２(cm)，縦の長さは円の直径に等しく3.8cmである。したがって，和紙の直線部分の長さの和は，(3.8×２＋3.8)×２＝{3.8×(２＋１)}×２＝3.8×３×２＝3.8×６(cm)である。和紙の曲線部分の長さを合わせると直径が3.8cmの円周の長さに等しくなり，その長さは3.8×3.14(cm)である。よって，求める長さは，3.8×６＋3.8×3.14＝3.8×(６＋3.14)＝3.8×9.14＝34.732より，約35cmである。

④ <折り方>の図の折り紙の向きと，<図３>の折り紙の向きがちがうことに注意する。
<図３>に２回折ったときの折り目をかきこむと右図の太線のようになるから，切り方はウとわかる。

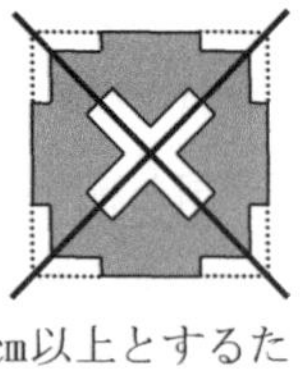

⑤ 焼くと皿の直径は，焼く前の皿の直径の100－15＝85(%)になる。焼いた後の皿の直径を20cm以上とするためには，焼く前の皿の直径を20÷0.85＝23.5…より，24cm以上にすればよい。

⑥ 大きな立方体の下になる面には色をつけないことに注意する。
２つの面に色がついた立方体は，右図の色付き部分にある立方体であり，この図では見えない部分も合わせると，全部で２×４＋１×４＝12(個)ある。
１つの面に色がついた立方体は，右図のしゃ線部分にある立方体であり，この図では見えない部分も合わせると，全部で２×４＋１＝９(個)ある。

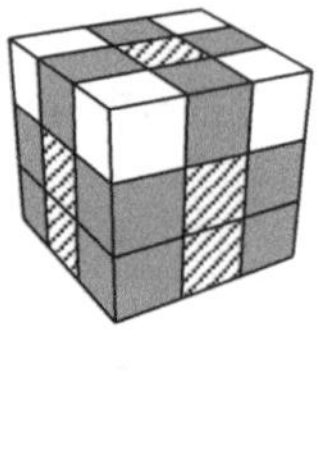

すべての面に色がついていない立方体の個数は，小さな立方体の個数から，色がついた立方体の個数を引いて求める。３つの面に色がついた立方体は４個あるから，27－４－12－９＝２(個)である。

⑵①　右のように表の空らん部分に記号をおく。

		和菓子		合計
		まんじゅう	だんご	
洋菓子	ケーキ	ⓐ	ⓑ	ⓒ
	シュークリーム	ⓓ	ⓔ	ⓕ
合計		ⓖ	ⓗ	6

<メモの一部>より，ケーキとまんじゅうの組み合わせを選んだのは３人だからⓐは３，シュークリームとだんごの組み合わせを選んだのは２人だからⓔは２，ケーキを選んだのは４人だからⓒは４である。

したがって，ⓑはⓒ－ⓐ＝４－３＝１，ⓕは６－ⓒ＝６－４＝２，ⓓはⓕ－ⓔ＝２－２＝０，ⓖはⓐ＋ⓓ＝３＋０＝３，ⓗはⓑ＋ⓔ＝１＋２＝３となる。

よって，ケーキが４個，シュークリームが２個，まんじゅうが３個，だんごが３個だから，お菓子の代金は，200×４＋180×２＋90×３＋80×３＝800＋360＋270＋240＝1670(円)である。

②　玉じゃくしで３回すくって入れる量は，容器の２めもり分の量で，分ける前は容器に８めもり分あるから，玉じゃくしで３回すくう量の８÷２＝４(倍)，つまり，３×４＝12(回)すくって入れる量が全体の量である。

3　⑴①　磁石と電磁石の極同士が引き合うと，引き合った状態で止まってしまい，大きな動きにならない。

⑵①②　こん虫のからだは，頭，胸，腹の３つの部分に分かれ，６本のあしやはねはすべて胸にある。また，からだの中に骨はなく，からだがかたい殻《から》でおおわれている。A，D，Hは，からだがかたい殻でおおわれていることや，からだやあしに節があることなど，こん虫との共通点があり，こん虫と同じ節足動物に分類されるが，からだの分かれ方やあしの数などの違《ちが》いから，こん虫ではない。また，Fはイカやタコと同じ軟体《なんたい》動物，Jは背骨をもつセキツイ動物の両生類に分類される。　④　エ×…原子力発電所などで事故が起こると，屋外に放射線や放射性物質が多くなるので，屋内にいるほうがよい。

⑶①　たつやさんの方法…グラフより，水100mLにとけるミョウバンの最大量は，０℃で5.7ｇ，40℃で23.8ｇだから，水100mLのときには23.8－5.7＝18.1(ｇ)のミョウバンが出てくる。100mLの２倍の200mLの水で同様の操作を行えば，18.1ｇの２倍の36.2ｇのミョウバンが出てくる。　まさしさんの方法…たつやさんの方法と同様に考える。水100mLにとけるミョウバンの最大量は，20℃で11.4ｇ，60℃で57.4ｇだから，水100mLでは57.4－11.4＝46.0(ｇ)，水200mLではその２倍の92.0ｇのミョウバンが出てくる。　②　食塩水から食塩のつぶをたくさんとり出すには，加熱して水を蒸発させればよい。

《解答例》

1　(1)エ　(2)イ，ウ　(3)ウ　(4)(インターネットなどで)複数の記事を読んで調べたから。　(5)せん用の機

2　(1)ア，ウ，エ　(2)地いきのよさを再発見　(3)［記号／グループ名］［A，C，E，F，H／手すき和紙の特ちょう］，［B，D，G／洋紙の特ちょう］　(4)これらの植／しかし、製　(5)光を通しやすいことです。例えば、ちょうちんや照明器具には、その性質が生かされています。しかし、全国の手すき和紙生産者の後けい者は多くはなく、全国の手すき和紙製造業の事業所数も減ってきていることがわかったので、なんとかしてこのよさを残していきたいです。

3　(例文)

私は、自分の将来をよりよいものにしていくために、具体的な夢をもつことが大切だと考えます。その理由は、夢に向かって、今何をがんばるべきかが分かるからです。

私の将来の夢は、母のような看護師になることです。母は、しん災でひ害を受けた人たちが大勢入院する病院で働いていました。何が一番大変だったかを聞くと、かん者さんたちの心のケアだったそうです。私も人の心に寄りそえる看護師を目指したいので、勉強だけでなく、友達との人間関係を大切にして、中学校生活を送りたいと思います。

《解　説》

1　(1)　スピーチの最後で，「ぼくは～ペットを飼っている全ての家庭で，飼い主とペットが安心して仲よく暮らせる関係が続いていくとよいと思います」と言っているので，エが適する。　ア．「飼いねこ」ではなく，「犬」が迷子になってしまった。　イ．犬が迷子になったとき，見付け出すことができたので，新しいペットを飼ったわけではない。　ウ．よしきさんが選んだ新聞記事に「アメリカやヨーロッパでは義務化されていて」とあるが，よしきさんは，アメリカやヨーロッパのことを調べたわけではない。

(2)　よしきさんの調べ方や，スピーチの組み立てのよさをほめている。また，マイクロチップに発信器がついているのかどうかということを聞いている。よって，イとウが適する。

(3)　「みなさんは，大切にしているペットが迷子になってしまったら～どのような気持ちになると思いますか」と，マイクロチップにつながる問いかけをしている。よってウが適する。

(4)　まりこさんは「まず，内容のよさとして，一つ目は，複数の記事を読んで調べ，マイクロチップの安全性について伝えていたことです」と言っているので，ここからまとめる。インターネットには，真偽《しんぎ》のわからない記事もあるので，一つの記事だけを信じない方がよい。

(5)　まりこさんは，マイクロチップに発信器がついていると思う人がいるかもしれない，とマイクロチップの説明が不十分であることを指摘《してき》した。そこでよしきさんは「登録情報がわかる仕組みについて書かれている一文があるので，それをしょうかい」すると言っている。そこで，新聞記事の真ん中の段の「せん用の機械で番号を読み取ることで，飼い主の連絡先《れんらくさき》などの登録情報がわかる仕組みです」からぬきだす。

2　(1)　ア．【資料1】の「★こんなところにも手すき和紙が使われることがあります★」の中に，「和菓子《わがし》の包み」「賞状」がある。　イ．【資料2】のGに，「洋紙は～表面はつるつるしていて，なめらか」とあるので適さない。

ウ.【資料３】の「★製造方法」に,「手すき和紙は一度にたくさんつくることができず」とある。　エ.【資料２】のＢに「生活の中で多く使われているのは洋紙」とある。　オ.【資料２】のＤに「洋紙の原料は，木の幹など」とあるので適さない。よって，ア，ウ，エが適する。

(4)　資料３の「★原料」に，「これらの植物は～木をきっても森林破壊《はかい》にはなりません」,「★製造方法」の最後に「しかし，製造の工程で薬品を使わないので，地球にやさしく，使われた後は自然にもどります」とある。

(5)　手すき和紙のよさは，【資料２】に具体的にまとめられている。また，【資料３】は，手すき和紙生産者の後けい者が少ないこと，資料４は，全国の手すき和紙製造業の事業所が減少していることを示している。さらに，木村さんは「手すき和紙の伝統を絶やさぬよう～魅力を伝えていきたいです」と言っている。これらのことをふまえてまとめる。

《解答例》

1　(1)①ア．南　イ．山形県　ウ．太平洋　②東北地方の中で，岩手県についで２番目に広い。　③バンコクと比べて気温の変化が大きい。　④23　(2)①４，４　②やや強く歌う。　(3)①日本町　②洋書の輸入ができるようになり，蘭学を学ぶ人が増えてきたから。　(4)①自動車の材料である鉄鋼が，日本からタイへたくさん輸出されているから。　②環境…走行時に二酸化炭素を出さないため，環境を守ることができるから。　資源…石油の消費をおさえることができるから。

2　(1)①A．マリーゴールド　B．キンギョソウ　②A．10　B．20　(2)①ア，エ
②緑のカーテンのない部屋…33　緑のカーテンのある部屋…28
③求め方…ABの実際の長さは，９－1.4＝7.6で，7.6ｍである。縮図で，辺ABの長さは，3.8㎝だから，7.6ｍ＝760㎝　760÷3.8＝200で，縮尺は$\frac{1}{200}$である。縮図で，辺ACの長さは，４㎝だから，ACの実際の長さは，４×200＝800　800㎝＝８ｍで，８ｍである。また，くいの長さは，1.4ｍだから，ネットの実際の長さは，８＋1.4＝9.4で，9.4ｍである。
答え…9.4　(3)①8.4
②全校生の人数は190人なので，50%にあたる人数は，190×0.5＝95で，95人である。マリーゴールドを選んだ人数は，全校生の40%にあたる人数なので，190×0.4＝76で，76人である。あと10人選んでも，76＋10＝86で，86人であり，50%にあたる95人にはならないから正しくない。
③マリーゴールド…72　サルビア…48　④４年１組　(4)８

3　(1)①ア．オリオン座　イ．南北を結ぶ線 ※アとイは順不同　②C　③冬の夜空の中でも特に明るく見える星だから。
(2)①24　②左にかたむく。　理由…棒Bのてこをかたむけるはたらきは，右側は120，左側は180で，左側の方が大きいから。　③条件１…右側のウサギのおもりを１つ増やす。　条件２…左側につり下げている棒Aのモビールの位置を，支点から４㎝のところに動かす。　(3)①ア．空気　イ．大きく　ウ．水
②実験１…B，C　実験２…C，E　③記号…A　理由…空気の量が一番多く，お湯の温度も高いので，空気の体積が一番大きく変化するから。

《解　説》

1　(1)①　ア・イ．＜資料２＞の左上の方位記号は，上が北，下が南，右が東，左が西の方角であることを示す。東北各県と，福島県ととなり合っている６県の位置については右図参照。　ウ．３つの海洋（世界三大洋）は，太平洋，大西洋，インド洋である。　②　＜資料２＞より，福島県の面積は13784㎢で，岩手県の面積の15275㎢についで広いとわかる。
③　＜資料３＞より，バンコクの月別平均気温は年間を通して25～30℃前後でほとんど変化していないのに対して，福島市の月別平均気温は冬が５℃以下，夏は25℃前後と気温の変化が大きいことがわかる。
④　全国のももの収穫量に占める福島県のももの収穫量の割合（%）は，（福島県のももの収穫量）÷（全国のももの収穫量）×100で求められる。

＜資料４＞より，28600÷124900×100＝22.8…(％)となり，小数第１位を四捨五入すると約23％となる。

(2)①　１小節に４分音符４個分入っているから，４分の４拍子とわかる。

４小節目を見ると数えやすい。４分音符(♩)の長さを１とすると，付点２分音符(𝅗𝅥.)の長さは３，４分休符(𝄽)の長さは１だから，１小節の長さは，３＋１＝４である。

②　***mf*** はやや強くという意味である。音の強弱を表す記号は，***pp***（とても弱く），***p***（弱く），***mp***（やや弱く），***mf***（やや強く），***f***（強く），***ff***（とても強く）などがある。

(3)①　日本町は，日本人による自治が認められていた。自治を行った日本人として，アユタヤ(タイ)の山田長政が知られている。　②　徳川吉宗の享保の改革によって，漢文に翻訳された洋書の輸入の制限がゆるめられた。鎖国体制が完成した後も，長崎の出島でオランダとの貿易が続けられたため，オランダを通して日本に入ってきた西洋の知識や学問を研究する蘭学がさかんになった。

(4)①　＜資料６＞より，日本からタイへ輸出されている鉄鋼の金額は4410億円と高額であることがわかる。近年，労働力が豊富で賃金の安い中国や東南アジアに工場を移し，そこで生産された機械類を日本に輸入することが増えてきている。　②　「持続可能な社会」とは，世界規模で，環境・経済・人間社会のバランスがとれた社会を取り戻し，将来の世代も豊かで便利で快適な生活を目指す社会のことである。電気モーターを動力源として走行する電気自動車は，ガソリンなどの化石燃料(限りのあるエネルギー資源)を使用するガソリンエンジン車に比べて，二酸化炭素の排出量が少なく大気汚染を低減できるため，環境にやさしい輸送方法である。

2　(1)①　＜黒板の記録＞の○植える花のなえについての表より，４月にさいている花は，マリーゴールドとパンジーとキンギョソウとわかる。そのうち，パンジーは４月にはお店ではん売していないので，買えない。残り２種類のうち，開花時期の長い花は$_{\text{A}}$マリーゴールドで，短い花は$_{\text{B}}$キンギョソウとわかる。

②　１m＝100㎝だから，６m＝600㎝である。

円周上にＡを60㎝間かくで植えると，Ａは600÷60＝10(本)必要となる(右図１)。

ＡとＡの間は60㎝あるから，ここにとなりの花のなえとの間かくが20㎝になるように植えるとき，右図２のようになるから，ＡとＡの間にＢは２本植えることになる。

またＡとＡの間は10か所ある(図１)から，Ｂは２×10＝20(本)必要となる。

図１

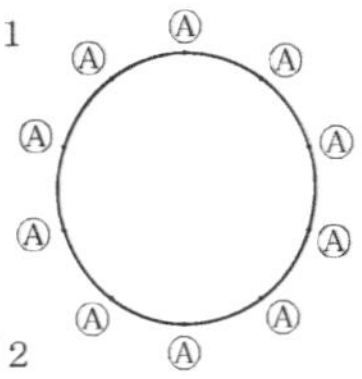

図２

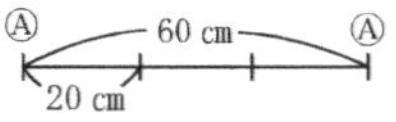

(2)①　ア．窓や戸を開けると，風が通り部屋の中がすずしく感じられる。

エ．道や庭に打ち水をすると，水が蒸発してまわりの温度が下がりすずしく感じられる。

②　緑のカーテンのない部屋の温度の平均は，(30＋36＋33＋34＋32)÷５＝165÷５＝33(℃)

緑のカーテンのある部屋の温度の平均は，(28＋30＋27＋28＋27)÷５＝140÷５＝28(℃)

③　解答例の他に以下のように求めることもできる。

＜さくらさんがかいた縮図＞より，ＡＢ：ＡＣ＝3.8：４で，ＡＢの実際の長さは，９－1.4＝7.6(m)だから，ＡＣの実際の長さは，7.6×$\frac{4}{3.8}$＝８(m)とわかる。よって，ネットの実際の長さは，８＋1.4＝9.4(m)である。

(3)①　右図のように記号をおく。

ＸＷ＋ＶＵ＋ＴＳ＝ＯＰ＋ＱＲ＝0.6＋1.4＝２(m)，ＶＷ＋ＸＯ＋ＰＱ＝ＵＴ＋ＳＲ＝ＵＴ＋ＱＲ＝0.8＋1.4＝2.2(m)だから，求める長さは，

２×２＋2.2×２＝8.4(m)である。

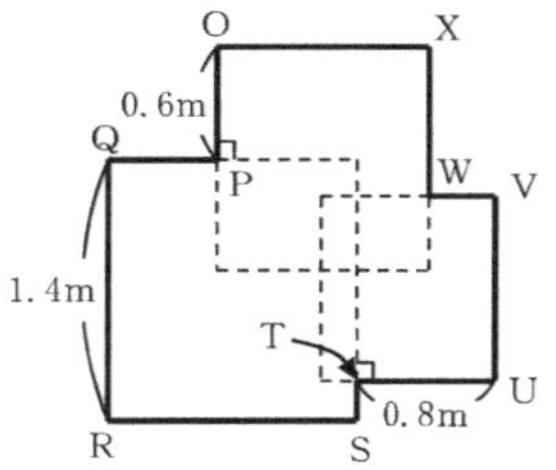

②　あと10％の人がマリーゴールドを選ぶと，50％となる。全校生の人数が，190人だから，全校生の10％の人数は，190×$\frac{10}{100}$＝19(人)である。

③　＜平面図に残したメモ＞の１番下の行に，「花のなえは，全部で150本植える。」とあるから，マリーゴールドとサルビアのなえの合計は，150－30＝120(本)である。マリーゴールドとサルビアのなえの数の比は，１：$\frac{2}{3}$＝３：２だから，マリーゴールドのなえの数と２種類のなえの数の比は，３：(３＋２)＝３：５となる。よって，マリーゴールドのなえの数は，120×$\frac{3}{5}$＝72(本)，サルビアのなえの数は，120－72＝48(本)である。

④　＜黒板の記録＞の○水やりの分担についてより，８回で順番が１周するとわかり，６月10日(月)から始め，土日祝はやらないとわかる。月曜日から金曜日までは５日間であるから，１週間に水やりは５×３＝15(回)する。６月10日(月)の週の金曜日は，６月14日(金)であり，この日から６月28日(金)は，(28－14)÷７＝２より，２週間後とわかるから，６月10日(月)の朝の水やりを１回目とすると，６月28日(金)の放課後の水やりは，15×３＝45(回目)である。順番は８回で１周するから45回目は，45÷８＝５余り５より，５周した後の５番目のクラスだから，４年１組とわかる。

(4)　１個のプランターにケイトウのなえを７本ずつ植えると，２個のプランターが６本ずつとなるから，２本足りないとわかる。１個のプランターにケイトウのなえを５本ずつ植えたあとに，２本ずつ追加して７本ずつにするためには，14＋２＝16(本)のなえが必要になる。よって，プランターの数は，16÷２＝８(個)である。

3　(1)　ア，イ．オリオン座が南の空に見える時刻を調べるのだから，星座早見の中のオリオン座を，南北を結ぶ線と重なるように移動させればよい。ウ．図２で，１月の「11」と「13」の間にある目もりが１月12日を表しているから，この目もりがある時刻を読みとればよい。時刻の目もりは20分ごとにとられているので，１月12日の目もりがある時刻は22時30分→午後10時30分である。

(2)　棒をかたむけるはたらきは〔おもりの重さ(g)×支点からの距離《きょり》(cm)〕で表し，これが左右で等しくなるとつり合う。　①　アが棒を左にかたむけるはたらきが18(g)×４(cm)＝72だから，イが棒を右にかたむけるはたらきも72であり，イの重さは72÷３(cm)＝24(g)と求められる。　②　図４では，棒Bの支点の左にかかる重さに，棒Aの重さがふくまれることに注意しよう。棒Bを左にかたむけるはたらきは(６《ウサギ》＋15《棒A》＋９《パンダ》)(g)×６(cm)＝180で，右にかたむけるはたらきは(６《ウサギ》×２)(g)×10(cm)＝120だから，棒Bは左にかたむく。　③　条件１…②より，図４の状態では棒Bを左にかたむけるはたらきが180－120＝60大きいので，支点から右に10 cmの位置にウサギを１つ追加すると，棒Bを右にかたむけるはたらきが６(g)×10(cm)＝60大きくなり，つり合う。条件２…棒Aのモビールが棒Bを左にかたむけるはたらきが120になるように，支点から左に120÷(６＋15＋９)＝４(cm)の位置に動かせばよい。

(3)①　空気は水よりも温度による体積の変化が大きい。お湯をかけることで，ペットボトルの中の空気の温度が上がり，体積が大きくなって，ペットボトルの中の水をおし出すことで，ふん水のように水が出てくる。

②　ある条件について調べたいときには，その条件だけを変えて結果を比べる。実験１では，ペットボトルの中の空気の量がちがうことによって，水の高さがどのように変化するかを調べたいので，ペットボトルの中の空気の量だけがちがう２つのペットボトルを比べればよい。ここでは，ペットボトルの中の水の量を変えることで，空気の量を変えているので，ペットボトルの大きさとかけるお湯の温度が同じで，ペットボトルの中の水の量だけがちがうBとCを比べればよい。また，実験２では，ペットボトルにかけるお湯の温度がちがうことによって，水の高さがどのように変化するかを調べたいので，ペットボトルの大きさとペットボトルの中の水の量が同じで，かけるお湯の温度だけがちがうCとEを比べればよい。

会津学鳳中学校・ふたば未来学園中学校　2019 平成31 年度　適性検査2

《解答例》

1　(1)③　(2)地域の人に学校に来てもらい，いろいろなことを教えていただくこと。／クラブ活動の時間につくったものを，地域のお年寄りにプレゼントすること。　(3)はじめに意見を出し，次にその理由を，体験をもとにして述べる組み立て。　(4)イ，ウ　(5)反対です。友達と教え合いながら，自分なりのものをつくり上げる楽しさを三年生にも味わってほしいからです。

2　(1)インターネットによる通信はん売を利用する買い物の仕方。
(2)①Ａ町商店街／Ｂ町商店街　②Ｂ町商店街／Ｃ町商店街　(3)各店のみりょくをまとめた情報マップを作成・配布する取り組み。　(4)参加者の感想を取り入れた書き表し方。　(5)わたしは，商店街に若者を集めるために，スタンプラリーを取り入れたいと思います。確かに，その時だけ人が集まってもしかたがないという意見もあると思います。しかし，夢福商店街のみりょくを感じてもらうよい機会になると思うので，ぜひ取り入れたいです。

3　(例文)
　自由研究をしている時、実験結果が予想通りにならなかった。「失敗したからやめる。」と言った私に、兄が、「そこでやめたら失敗だけど、その結果になった理由を考えて、成功するまでやってみれば、失敗もむだにならないよ。」と言ってくれた。その言葉に支えられ、研究をやりとげることができた。
　この経験を通して、失敗は成功へのチャンスだと思えるようになった。これからの中学校生活でも、勉強や部活でつまずくことがあると思う。あきらめそうになった時、兄の言葉から学んだことを生かして努力を続けたい。

《解　説》

1　(1)　①「ビデオでの発表」と②「展示《てんじ》による発表」については、けんたさんが６番目の発言で「ビデオでの発表や作品の展示による発表で～活動の様子を伝えることはできますが」と話題にしている。　④「校外活動と関連させてのしょうかい」については、あおばさんが最後から２番目の発言で、地域のお年寄りが利用しているデイサービスセンターの例をあげ、校外活動のときに、クラブ活動の時間につくったものをプレゼントすることを提案している。　③「全校朝の会でのしょうかい」については、会話の中に出てこない。よって③が適する。

(2)　けんたさんの友達のおじいさんに切り絵を教えてもらったという話から、あおばさんが「家族や地域《ちいき》の人に学校に来てもらい、いろいろなことを教えていただけたらよいですね」と言っている。　けんたさんが敬老の日に祖母にクラブで作ったランプをあげて喜ばれた経験から、このようなことを何か別の活動につなげたいと発言し、それを受けてあおばさんが「(デイサービスセンターでの）校外活動の機会に、クラブ活動でつくったものをプレゼントしてはどうでしょう」と提案している。

(3)　けんたさんは「紙版画カレンダーづくりを切り絵づくりにするというのが、ぼくの意見です。その理由は～からです。でも、簡単な切り絵なら～つくれます。実はこの前、友達の家に遊びに行ったとき～」と、自分の意見を述べた後、その理由を説明し、理由に関連する具体的な体験をしょうかいしている。このような組み立ては、作文を書くときにも参考になる。

(4)　ア．ほかのクラブについては特にふれていない。　イ．あおばさんは、けんたさんの「(友達のおじいさんに）学校にも教えに来てもらえるように、たのんでみたい」、「敬老の日のプレゼントのように～何か別の活動にもつなげられたらよい」という意見を取り入れ、(2)のような提案をした。　ウ．あおばさんの最後から３番目の発言に、

「【資料２】の〈提案の理由〉にあるように～参考にもなりますね」とあるように、資料の内容を整理しながら話を進めている。　エ.「後で先生にも聞いてみましょう」とは言っているが、この場で先生に相談しているわけではない。よって、イとウが適する。

(5)　けんたさんは、「３年生のクラブ活動体験会」をなくすことについて、「ぼくは反対です～友達と教え合いながら、自分なりのものをつくり上げる楽しさが味わえないと思うからです」と言っていて、あおばさんも次の発言でそれとほぼ同じことを言っている。

2　(1)　Ｂ町商店街の〈イベントを日々のにぎわいにつなげるために〉に、「インターネットによる通信はん売が増えている今だからこそ」とある。

(2)①　Ａ町商店街の〈あたたかさこそ商店街のみりょく〉に、「イベントを月に一回定期的に行うことで」とあり、Ｂ町商店街の〈みりょくあふれる様々なイベント〉に、「毎月イベントを開き」とある。　②　Ｂ町商店街の〈みりょくあふれる様々なイベント〉に、「八月に地元特産品などの産地直送市を行いました。特に人気だったスイカは」とあり、地元の農産物である、スイカをはん売したことがわかる。Ｃ町商店街の〈好評だった青空マーケット〉に、「地元で採れた野菜や、手芸品のはん売コーナー」とある。

(3)　Ｂ町商店街の〈イベントを日々のにぎわいにつなげるために〉に、「商店街ならではの各店のみりょくを知ってもらえるよう～情報マップを作成・配布しました」とある。

(4)　Ｃ町商店街のパンフレットの最後の４行に参加者からの声が引用されている。

《解答例》

1 ⑴①右グラフ　②雪による害／風による害

福島県の土地利用のグラフ

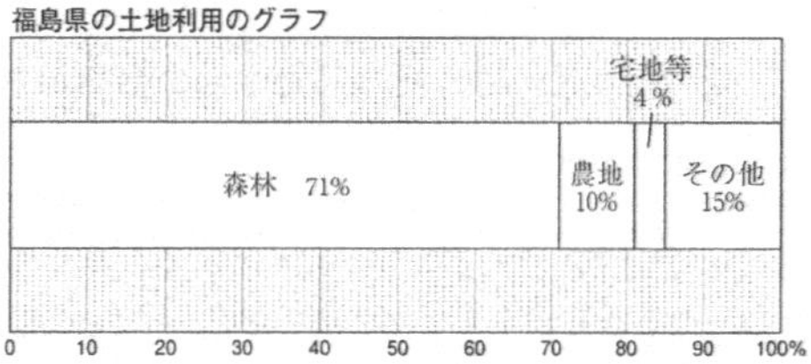

⑵①118　②イ

⑶①D　②ア．近き地方には，他の地方に比べてごう族が多くいた。　イ．近き地方には，他の地方に比べて大きな力をもったごう族が多くいた。

⑷①6.5　②きゅうりの受粉を助けるため。　③その土地や気候に合わせて，おいしく育てやすい農作物をつくるため。

2 ⑴３月25日／４月３日

⑵①６　②3000

⑶記号…ウ　理由…「のびのびコース」の長さは，60×3.14÷２×２＋60×２＝308.4で，308.4m
「どきどきコース」の長さは，20×3.14÷２×６＋60×２＝308.4で，308.4mだから，
２つのコースの長さは同じ。

⑷①100　②８　⑸2360

⑹求め方…２人の残りのお金の差は，２人がおみやげ以外に使った金額の差と等しいので，2450－1750＝700で，700円である。これがまさきさんの残りのお金の２倍になるので，まさきさんの残りのお金は，700÷２＝350で，350円である。まさきさんがはじめに持っていたお金の80%にあたる金額は，2450＋350＝2800で，2800円である。だから，まさきさんがはじめに持っていたお金は，2800÷0.8＝3500で，3500円である。

答え…3500

3 ⑴①ア．酸素　イ．温められて上に動く　ウ．新しい空気が入ってくる　②記号…エ　理由…変化の様子がわかりやすいから。　③気体の水蒸気となり，空気中で冷やされることで，液体の水のつぶとなり，湯気となって見える。
⑵①水／肥料　②記号…ア　成長の順…たまご，幼虫，成虫の順に成長する。　③つぶの形…角がとれ，丸みを帯びている。　つぶのでき方…Aの層をつくるつぶは，火山の働きででき，B，Cの層をつくるつぶは，流れる水の働きでできた。　⑶①月の位置…E　たけしさんの位置…う　②観察する場所／目印にする物　⑷生き物どうしが，「食べる」，「食べられる」の関係で１本のくさりのようにつながっていること。

《解　説》

1　(1)①　問題文に「＜資料３＞を例にして」とあるので，数値の単位までしっかり記入すること。　②　平地に植林された人工林の役割を考えると，風雪から守ることが挙げられる。人工林を自然林と同じような森林と考えると，土砂の流出・洪水などが挙げられる。

(2)①　あやのさんとひろとさんの会話から，「道の駅」は「その他」に分類されることがわかる。
10411÷8860×100＝117.5…より，小数第１位を四捨五入して 118％が答えとなる。　②　アについて，明らかに「道の駅・」の数よりも市町村の方が多いから誤り。イについて，浜通り地方は５，中通り地方は 12，会津地方は 15 だから正しい。ウについて，国道に面していない「道の駅」は，浜通り地方に１つ，中通り地方に２つ，会津地方に１つあるから誤り。エについて，他県に接している市町村で，「道の駅」があるのは 11 市町村だから誤り。

(3)①　学芸員さんからの返事の中に，「側面に竹の節のような帯と穴」とあることからＤを選ぶ。　②　古墳は豪族の墓であり，古墳の規模は葬られた豪族の権力の強さを示すものである。アは古墳の数を示すグラフだから，近畿地方が最も数が多いことを読み取り解答例のように答える。イは大きな古墳の数だから，大きな古墳＝強大な権力に結び付ける。

(4)①　29600÷4530＝6.53…より，上から２けたのがい数にするために，小数第２位を四捨五入して 6.5 倍と答える。
②　きゅうりなどのウリ科の植物は，自家受粉ではなく他家受粉をする虫媒花である。

2　(1)　〈予定表〉を見ると，はるかさんとまさきさんが２人とも春休み中なのは，３月 24 日(土)から４月５日(木)までとわかる。この間にお父さんもお母さんも休みの日を探すと，３月 25 日(日)，３月 29 日(木)，４月３日(火)が見つかる。しかし〈資料１〉の一番下に，遊園地は毎週木曜日に休園と書いてあるので，遊園地に行くことができる日は，３月 25 日と４月３日である。

(2)①　２番目，３番目，４番目の順に乗る順番を決めるとする。２番目の決め方は，観覧車，サイクリング，ジェットコースターの３通りあり，その１通りごとに，３番目の決め方は残りの２通りあり，４番目は最後に残った１通りに決まる。よって，順序は全部で，３×２＝６(通り)ある。

②　11 枚つづりの乗り物券をなるべく多く買った方が代金は安くなるので，そのような買い方をするとよい。
６つのアトラクションに必要な１人あたりの乗り物券の枚数の合計は，２＋５＋１＋６＋３＋４＝21(枚)だから，家族４人分の合計は 21×４＝84(枚)である。84÷11＝７余り７より，11 枚つづりの乗り物券７冊と７枚の乗り物券が必要である。11 枚つづりの乗り物券は，４冊までは 500×４＝2000(円)で，５冊目から７冊目までは半額だから，500×３÷２＝750(円)で買える。残りの７枚については，１枚ずつ買うと 50×７＝350(円)かかるが，８冊目の 11 枚つづりを買うと 500÷２＝250(円)ですむ。
よって，最も安くした場合の代金は，2000＋750＋250＝3000(円)

(4)①　速さが一定だから，１周の長さと「お花のトンネル」の長さの比は，移動するのにかかる時間の比である，８分：40 秒＝(８×60)秒：40 秒＝12：１と等しくなる。よって，「お花のトンネル」の長さは，$1200\times\frac{1}{12}=100$(m)

②　「サイクリングコース」の１周を，ミニトレインと同じく1200mと考える。したがって，縦と横の長さの和は1200÷２＝600(m)である。(縦の長さ)：(縦と横の長さの和)＝１：(１＋２)＝１：３だから，縦の長さは600×$\frac{1}{3}$＝200(m)であり，横の長さは600－200＝400(m)である。よって，「サイクリングコース」に囲まれた部分のおよその面積は200×400＝80000(㎡)であり，１ha＝100m×100m＝10000(㎡)だから，求める面積は，約80000÷10000＝８(ha)

⑸　ニジマス代が，1136÷100＝11余り36より，160×11＝1760(円)，調理代が100×６＝600(円)だから，求める代金は，1760＋600＝2360(円)

3　⑴①　物が燃えるためには空気中の酸素が必要である。物を燃やしたあとの空気からは酸素が減り，かわりに二酸化炭素が増えている。図１のかまどの上部に穴《あな》が無いと，物を燃やしたあとの温められた空気が，かまど内の上部にたまり，酸素が足りなくなってやがて炎《ほのお》は消える。図１の位置に穴があれば，温められた空気が穴から抜け，かわりにかまどの下の口から次々に新しい空気が入ってくるため，酸素が足りなくなることがない。　②　水を熱した時間によって温度がどう変化するのかを見たいので，変化のようすを見るのに適している折れ線グラフを使うのがよい。なお，棒《ぼう》グラフは量の比較《ひかく》，円グラフや帯グラフは割合などを見るのに適している。

③　水がふっとうして気体である水蒸気《すいじょうき》になると，目には見えなくなる。その水蒸気が冷えて液体である細かい水のつぶになると，白く見えるようになる。湯気は，目に見えるので水蒸気ではなく水のつぶ，つまり液体であることに注意しよう。

⑵①　日光に当てるかどうかという条件以外は同じになるようにする。図２の条件以外に考えられるものとしては，水のあたえ方，肥料のあたえ方などがある。　②　資料３の表より，あしの数が０本であるエがミミズ，あしの数が14本であるイがダンゴムシだと考えられる。あしの数が６本のアとウはこん虫であり，草を食べるアがバッタ，花のみつを吸《す》うウがチョウだと考えられる。トンボやバッタなどは，たまご→幼虫→成虫という順に成長(不完全《ふかんぜん》変態《へんたい》)するこん虫である。これに対し，チョウやカブトムシなどは，たまご→幼虫→さなぎ→成虫という順に成長(完全変態)するこん虫である。　③　図４のつぶのようすから，つぶの角がとがっているＡは，火山の活動によってつくられた岩石だと分かる。つぶの角が丸くなっているＢやＣは，流れる水によって運ばれたものが積もってできた岩石だと分かる。

⑶①　図５は，南の空に見える月の右半分(西側)だけが光っているので，太陽が西の地平線付近にある時刻に観察したものである(問題文に18時30分の観察とあり，これと一致《いっち》する)。図６で，右半分が光る半月(上弦《じょうげん》の月)が見えるのは，月がＥの位置にあるときである。また，Ｅが南に見えるのは，Ｅがたけしさんの頭の上にあるときなので，たけしさんは「う」の位置にいる。　②　同じ場所から，同じものを目印にして観察すると，月の動き方を正確に観察することができる。

⑷　植物が光合成を行って栄養分を作り出し，その植物を草食動物が食べ，草食動物を肉食動物が食べ…と，生き物どうしが，「食べる」，「食べられる」の関係で１本のくさりのようにつながっていることを食物連鎖《れんさ》という。

《解答例》

1　⑴さと子さん…[イ]　たかしさん…[ア]　⑵番号…[1]　理由…図書委員会の読み聞かせは、昼休みにしかできないから。　番号…[2]　理由…図書委員会が使えるけい示板は、限られているから。　⑶あて名が個人の名前になっている。　⑷ウ　⑸厚い本を選んだ人も読書量を実感しやすく、達成感を得ることができるから。

2　⑴食に関する日本人の伝統的な文化

⑵い．地元の食材を生かしたきょう土料理がなくなっていく　う．和食のマナー

⑶A．イ　B．オ　C．ア　D．エ

⑷[1]上のはしは、親指・ひとさし指・中指でペンを持つように持ち、下のはしは、親指とひとさし指のつけねでしっかりとはさみます。　[2]下のはしは固定し、上のはしを親指・ひとさし指・中指の三本の指で上下に動かします。

⑸和食文化を大切にすることは、日本人であることにほこりをもち、日本人が大切にしてきた心を伝えていくことでもあります。しかし、日本人の和食に対する意識がうすれてきています。だから、和食文化を理解し、次の世代に伝えていくことが必要なのです。

3　(例文)

以前、ニュースで、イスラム教徒は、ぶた肉などを使った料理が食べられないことを知った。私は宗教上の理由で食べられない物があることを初めて知っておどろいた。自分の常識を当たり前だと思わず、相手の文化や考え方を知ろうとすることが大切だと思う。

学校では、仲の良い友達といっしょにいることが多いが、上級生や先生など、色々な人と話すことを大切にしたい。そうすれば様々な考え方があることを知ることができる。世界の人々と交流する時も、相手の文化や考え方を受け入れやすくなると思う。

《解　説》

1 ⑴ さと子さんは、【資料１】のイをもとに「読みたいと思ってもらえるようなしょうかいの仕方を工夫したり、どんな本がおもしろいのか、もっとたくさんしょうかいしたりする必要がある」と言っている。この意見が、「読書郵便《ゆうびん》」というアイディアにつながっている。たかしさんは、【資料１】のアをもとに「高学年の人たちに読書をしてもらう方法を工夫したほうがよい」と言っている。この意見が、「読書マラソンカード」というアイディアにつながっている。

⑵ さと子さんの発言の「でも、わたしたち」から始まる部分から、【資料２】の1と2の要望にこたえるのは難しいことがわかる。

⑶ さと子さんは「『読書郵便』は個人あてに出すのではなく、『何年何組のみなさんへ』として、クラスに出すようにしたらどうでしょう」と提案し、たかしさんも賛成している。

⑷ さと子さんは、二年生の生活科の学習で、手紙を書いたり「見つけたよカード」を作ったりした経験を挙げている。また、たかしさんは、持久走記録会の練習で「マラソンカード」に記録した経験を挙げている。よって、ウが適する。

⑸ たかしさんの最後の発言に着目する。読んだ本の冊数を記録するとなると、ページ数の多い本(厚い本)を選んだ人の記録がのびにくくなる。読んだ本のページ数を記録すれば、「厚い本を選んだ人も読書量を実感しやすく、達成感を得ることができる」と考えられる。

2 ⑴ 【パンフレットの一部】に「和食は～食に関する日本人の伝統的な文化です」とある。

⑵い 【リーフレットの一部】の い は、アンケート結果の中で最も回答が多いこう目である。【栄養士さんの話】の中に「アンケートの結果によると～最も回答が多かったのは、『地元の食材を生かしたきょう土料理がなくなっていく』こと」とある。　う 【栄養士さんの話】の う のあとには、「の大切さが若い世代に伝わっていない」と続いている。【リーフレットの一部】のアンケート結果に「和食のマナーの大切さが若い世代に伝わっていない」とあるので、 う には「和食のマナー」が入る。

⑶A 【リーフレットの一部】の「新鮮《しんせん》で豊富な食材にめぐまれています」「食材の味を生かし」より、イが適する。

B 【リーフレットの一部】の「栄養のかたよりも少なく、カロリーのとりすぎになりにくい」より、オが適する。

C 【リーフレットの一部】の「自然の美しさや季節の変化を大事にする」より、アが適する。　D 【リーフレットの一部】の「季節の行事や伝統的な儀式《ぎしき》との関わり」「家族や地域のきずなを深めてきました」より、エが適する。

⑷ 1の図ははしの持ち方を、2の図ははしの動かし方を表しているので、三つの文を持ち方と動かし方に分けてまとめればよい。

■ ご使用にあたってのお願い・ご注意

（1）問題文等の非掲載

著作権上の都合により，問題文や図表などの一部を掲載できない場合があります。

誠に申し訳ございませんが，ご了承くださいますようお願いいたします。

（2）過去問における時事性

過去問題集は，学習指導要領の改訂や社会状況の変化，新たな発見などにより，現在とは異なる表記や解説になっている場合があります。過去問の特性上，出題当時のままで出版していますので，あらかじめご了承ください。

（3）配点

学校等から配点が公表されている場合は，記載しています。公表されていない場合は，記載していません。

独自の予想配点は，出題者の意図と異なる場合があり，お客様が学習するうえで誤った判断をしてしまう恐れがあるため記載していません。

（4）無断複製等の禁止

購入された個人のお客様が，ご家庭でご自身またはご家族の学習のためにコピーをすることは可能ですが，それ以外の目的でコピー，スキャン，転載（ブログ，ＳＮＳなどでの公開を含みます）などをすることは法律により禁止されています。学校や学習塾などで，児童生徒のためにコピーをして使用することも法律により禁止されています。

ご不明な点や，違法な疑いのある行為を確認された場合は，弊社までご連絡ください。

（5）けがに注意

この問題集は針を外して使用します。針を外すときは，けがをしないように注意してください。また，表紙カバーや問題用紙の端で手指を傷つけないように十分注意してください。

（6）正誤

制作には万全を期しておりますが，万が一誤りなどがございましたら，弊社までご連絡ください。

なお，誤りが判明した場合は，弊社ウェブサイトの「ご購入者様のページ」に掲載しておりますので，そちらもご確認ください。

■ お問い合わせ

解答例，解説，印刷，製本など，問題集発行におけるすべての責任は弊社にあります。

ご不明な点がございましたら，弊社ウェブサイトの「お問い合わせ」フォームよりご連絡ください。迅速に対応いたしますが，営業日の都合で回答に数日を要する場合があります。

ご入力いただいたメールアドレス宛に自動返信メールをお送りしています。自動返信メールが届かない場合は，「よくある質問」の「メールの問い合わせに対し返信がありません。」の項目をご確認ください。

また弊社営業日（平日）は，午前９時から午後５時まで，電話でのお問い合わせも受け付けています。

2025春

株式会社教英出版
〒422-8054　静岡県静岡市駿河区南安倍３丁目 12-28
TEL　054-288-2131　FAX　054-288-2133
URL　https://kyoei-syuppan.net/
MAIL siteform@kyoei-syuppan.net

教英出版の中学受験対策

中学受験面接の基本がここに！
知っておくべき面接試問の要領

面接試験に，落ち着いて自信をもってのぞむためには，あらかじめ十分な準備をしておく必要があります。面接の心得や，受験生と保護者それぞれへの試問例など，面接対策に必要な知識を１冊にまとめました。

- 面接の形式や評価のポイント，マナー，当日までの準備など，面接の基本をていねいに指南「面接はこわくない！」
- 書き込み式なので，質問例に対する自分の答えを整理して本番直前まで使える
- ウェブサイトで質問音声による面接のシミュレーションができる

定価：770円（本体700円+税）

入試テクニックシリーズ

必修編

基本をおさえて実力アップ！
1冊で入試の全範囲を学べる！
基礎力養成に最適！

こんな受験生には必修編がおすすめ！
- 入試レベルの問題を解きたい
- 学校の勉強とのちがいを知りたい
- 入試問題を解く基礎力を固めたい

定価：1,100円（本体1,000+税）

発展編

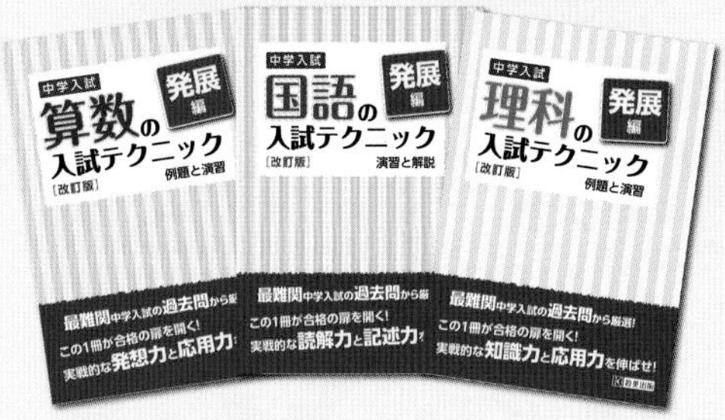

応用力強化で合格をつかむ！
有名私立中の問題で
最適な解き方を学べる！

こんな受験生には発展編がおすすめ！
- もっと難しい問題を解きたい
- 難関中学校をめざしている
- 子どもに難問の解法を教えたい

定価：1,760円（本体1,600+税）

絶賛販売中！

詳しくは教英出版で検索

教英出版　検索

URL https://kyoei-syuppan.net/

教英出版の親子で取りくむシリーズ

公立中高一貫校とは？適性検査とは？
受検を考えはじめた親子のための
最初の１冊！

「概要編」では公立中高一貫校の仕組みや適性検査の特徴をわかりやすく説明し，「例題編」では実際の適性検査の中から，よく出題されるパターンの問題を厳選して紹介しています。実際の問題紙面も掲載しているので受検を身近に感じることができます。

- 公立中高一貫校を知ろう！
- 適性検査を知ろう！
- 教科的な問題〈適性検査ってこんな感じ〉
- 実技的な問題〈さらにはこんな問題も！〉
- おさえておきたいキーワード

定価：1,078円(本体980+税)

適性検査の作文問題にも対応！
「書けない」を「書けた！」に
導く合格レッスン

「実力養成レッスン」では，作文の技術や素材の見つけ方，書き方や教え方を対話形式でわかりやすく解説。実際の入試作文をもとに，とり外して使える解答用紙に書き込んでレッスンをします。赤ペンの添削例や，「添削チェックシート」を参考にすれば，お子さんが書いた作文をていねいに添削することができます。

- レッスン１ 作文の基本と，書くための準備
- レッスン２ さまざまなテーマの入試作文
- レッスン３ 長文の内容をふまえて書く入試作文
- 実力だめし！入試作文
- 別冊「添削チェックシート・解答用紙」付き

定価：1,155円(本体1,050+税)

絶賛販売中！

詳しくは教英出版で検索

教英出版 検索

URL https://kyoei-syuppan.net/

教英出版 2025年春受験用 中学入試問題集

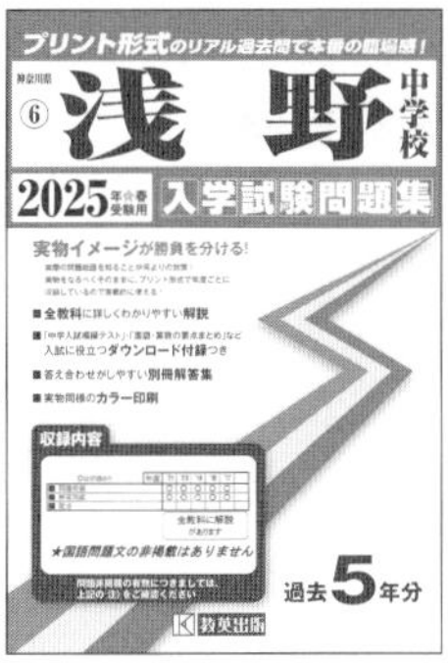

学校別問題集

✿はカラー問題対応

北海道

①[市立]札幌開成中等教育学校
②藤女子中学校
③北嶺中学校
④北星学園女子中学校
⑤札幌大谷中学校
⑥札幌光星中学校
⑦立命館慶祥中学校
⑧函館ラ・サール中学校

青森県

①[県立]三本木高等学校附属中学校

岩手県

①[県立]一関第一高等学校附属中学校

宮城県

①[県立]宮城県古川黎明中学校
②[県立]宮城県仙台二華中学校
③[市立]仙台青陵中等教育学校
④東北学院中学校
⑤仙台白百合学園中学校
⑥聖ウルスラ学院英智中学校
⑦宮城学院中学校
⑧秀光中学校
⑨古川学園中学校

秋田県

①[県立]
- 大館国際情報学院中学校
- 秋田南高等学校中等部
- 横手清陵学院中学校

山形県

①[県立]
- 東桜学館中学校
- 致道館中学校

福島県

①[県立]
- 会津学鳳中学校
- ふたば未来学園中学校

茨城県

①[県立]
- 日立第一高等学校附属中学校
- 太田第一高等学校附属中学校
- 水戸第一高等学校附属中学校
- 鉾田第一高等学校附属中学校
- 鹿島高等学校附属中学校
- 土浦第一高等学校附属中学校
- 竜ヶ崎第一高等学校附属中学校
- 下館第一高等学校附属中学校
- 下妻第一高等学校附属中学校
- 水海道第一高等学校附属中学校
- 勝田中等教育学校
- 並木中等教育学校
- 古河中等教育学校

栃木県

①[県立]
- 宇都宮東高等学校附属中学校
- 佐野高等学校附属中学校
- 矢板東高等学校附属中学校

群馬県

①
- [県立]中央中等教育学校
- [市立]四ツ葉学園中等教育学校
- [市立]太田中学校

埼玉県

①[県立]伊奈学園中学校
②[市立]浦和中学校
③[市立]大宮国際中等教育学校
④[市立]川口市立高等学校附属中学校

千葉県

①[県立]
- 千葉中学校
- 東葛飾中学校

②[市立]稲毛国際中等教育学校

東京都

①[国立]筑波大学附属駒場中学校
②[都立]白鷗高等学校附属中学校
③[都立]桜修館中等教育学校
④[都立]小石川中等教育学校
⑤[都立]両国高等学校附属中学校
⑥[都立]立川国際中等教育学校
⑦[都立]武蔵高等学校附属中学校
⑧[都立]大泉高等学校附属中学校
⑨[都立]富士高等学校附属中学校
⑩[都立]三鷹中等教育学校
⑪[都立]南多摩中等教育学校
⑫[区立]九段中等教育学校
⑬開成中学校
⑭麻布中学校
⑮桜蔭中学校
⑯女子学院中学校
✿⑰豊島岡女子学園中学校
⑱東京都市大学等々力中学校
⑲世田谷学園中学校
✿⑳広尾学園中学校(第2回)
✿㉑広尾学園中学校(医進・サイエンス回)
㉒渋谷教育学園渋谷中学校(第1回)
㉓渋谷教育学園渋谷中学校(第2回)
㉔東京農業大学第一高等学校中等部(2月1日 午後)
㉕東京農業大学第一高等学校中等部(2月2日 午後)

神奈川県

①[県立] 相模原中等教育学校
平塚中等教育学校
②[市立]南高等学校附属中学校
③[市立]横浜サイエンスフロンティア高等学校附属中学校
④[市立]川崎高等学校附属中学校
✿⑤聖光学院中学校
✿⑥浅野中学校
⑦洗足学園中学校
⑧法政大学第二中学校
⑨逗子開成中学校（1次）
⑩逗子開成中学校（2·3次）
⑪神奈川大学附属中学校（第1回）
⑫神奈川大学附属中学校（第2·3回）
⑬栄光学園中学校
⑭フェリス女学院中学校

新潟県

①[県立] 村上中等教育学校
柏崎翔洋中等教育学校
燕中等教育学校
津南中等教育学校
直江津中等教育学校
佐渡中等教育学校
②[市立]高志中等教育学校
③新潟第一中学校
④新潟明訓中学校

石川県

①[県立]金沢錦丘中学校
②星稜中学校

福井県

①[県立]高志中学校

山梨県

①山梨英和中学校
②山梨学院中学校
③駿台甲府中学校

長野県

①[県立] 屋代高等学校附属中学校
諏訪清陵高等学校附属中学校
②[市立]長野中学校

岐阜県

①岐阜東中学校
②鶯谷中学校
③岐阜聖徳学園大学附属中学校

静岡県

①[国立]静岡大学教育学部附属中学校
（静岡·島田·浜松）
② [県立]清水南高等学校中等部
[県立]浜松西高等学校中等部
[市立]沼津高等学校中等部
③不二聖心女子学院中学校
④日本大学三島中学校
⑤加藤学園暁秀中学校
⑥星陵中学校
⑦東海大学付属静岡翔洋高等学校中等部
⑧静岡サレジオ中学校
⑨静岡英和女学院中学校
⑩静岡雙葉中学校
⑪静岡聖光学院中学校
⑫静岡学園中学校
⑬静岡大成中学校
⑭城南静岡中学校
⑮静岡北中学校
⑯ 常葉大学附属常葉中学校
常葉大学附属橘中学校
常葉大学附属菊川中学校
⑰藤枝明誠中学校
⑱浜松開誠館中学校
⑲静岡県西遠女子学園中学校
⑳浜松日体中学校
㉑浜松学芸中学校

愛知県

①[国立]愛知教育大学附属名古屋中学校
②愛知淑徳中学校
③ 名古屋経済大学市邨中学校
名古屋経済大学高蔵中学校
④金城学院中学校
⑤椙山女学園中学校
⑥東海中学校
⑦南山中学校男子部
⑧南山中学校女子部
⑨聖霊中学校
⑩滝中学校
⑪名古屋中学校
⑫大成中学校
⑬愛知中学校
⑭星城中学校
⑮名古屋葵大学中学校
（名古屋女子大学中学校）
⑯愛知工業大学名電中学校
⑰海陽中等教育学校（特別給費生）
⑱海陽中等教育学校（I·Ⅱ）
⑲中部大学春日丘中学校
新刊⑳名古屋国際中学校

三重県

①[国立]三重大学教育学部附属中学校
②暁中学校
③海星中学校
④四日市メリノール学院中学校
⑤高田中学校
⑥セントヨゼフ女子学園中学校
⑦三重中学校
⑧皇學館中学校
⑨鈴鹿中等教育学校
⑩津田学園中学校

滋賀県

①[国立]滋賀大学教育学部附属中学校
②[県立] 河瀬中学校
守山中学校
水口東中学校

京都府

①[国立]京都教育大学附属桃山中学校
②[府立]洛北高等学校附属中学校
③[府立]園部高等学校附属中学校
④[府立]福知山高等学校附属中学校
⑤[府立]南陽高等学校附属中学校
⑥[市立]西京高等学校附属中学校
⑦同志社中学校
⑧洛星中学校
⑨洛南高等学校附属中学校
⑩立命館中学校
⑪同志社国際中学校
⑫同志社女子中学校（前期日程）
⑬同志社女子中学校（後期日程）

大阪府

①[国立]大阪教育大学附属天王寺中学校
②[国立]大阪教育大学附属平野中学校
③[国立]大阪教育大学附属池田中学校

④[府立]富田林中学校
⑤[府立]咲くやこの花中学校
⑥[府立]水都国際中学校
⑦清風中学校
⑧高槻中学校（A日程）
⑨高槻中学校（B日程）
⑩明星中学校
⑪大阪女学院中学校
⑫大谷中学校
⑬四天王寺中学校
⑭帝塚山学院中学校
⑮大阪国際中学校
⑯大阪桐蔭中学校
⑰開明中学校
⑱関西大学第一中学校
⑲近畿大学附属中学校
⑳金蘭千里中学校
㉑金光八尾中学校
㉒清風南海中学校
㉓帝塚山学院泉ヶ丘中学校
㉔同志社香里中学校
㉕初芝立命館中学校
㉖関西大学中等部
㉗大阪星光学院中学校

兵庫県

①[国立]神戸大学附属中等教育学校
②[県立]兵庫県立大学附属中学校
③雲雀丘学園中学校
④関西学院中学部
⑤神戸女学院中学部
⑥甲陽学院中学校
⑦甲南中学校
⑧甲南女子中学校
⑨灘中学校
⑩親和中学校
⑪神戸海星女子学院中学校
⑫滝川中学校
⑬啓明学院中学校
⑭三田学園中学校
⑮淳心学院中学校
⑯仁川学院中学校
⑰六甲学院中学校
⑱須磨学園中学校(第1回入試)
⑲須磨学園中学校(第2回入試)
⑳須磨学園中学校(第3回入試)
㉑白陵中学校
㉒夙川中学校

奈良県

①[国立]奈良女子大学附属中等教育学校
②[国立]奈良教育大学附属中学校
③[県立]
国際中学校
青翔中学校
④[市立]一条高等学校附属中学校
⑤帝塚山中学校
⑥東大寺学園中学校
⑦奈良学園中学校
⑧西大和学園中学校

和歌山県

①[県立]
古佐田丘中学校
向陽中学校
桐蔭中学校
日高高等学校附属中学校
田辺中学校
②智辯学園和歌山中学校
③近畿大学附属和歌山中学校
④開智中学校

岡山県

①[県立]岡山操山中学校
②[県立]倉敷天城中学校
③[県立]岡山大安寺中等教育学校
④[県立]津山中学校
⑤岡山中学校
⑥清心中学校
⑦岡山白陵中学校
⑧金光学園中学校
⑨就実中学校
⑩岡山理科大学附属中学校
⑪山陽学園中学校

広島県

①[国立]広島大学附属中学校
②[国立]広島大学附属福山中学校
③[県立]広島中学校
④[県立]三次中学校
⑤[県立]広島叡智学園中学校
⑥[市立]広島中等教育学校
⑦[市立]福山中学校
⑧広島学院中学校
⑨広島女学院中学校
⑩修道中学校
⑪崇徳中学校
⑫比治山女子中学校
⑬福山暁の星女子中学校
⑭安田女子中学校
⑮広島なぎさ中学校
⑯広島城北中学校
⑰近畿大学附属広島中学校福山校
⑱盈進中学校
⑲如水館中学校
⑳ノートルダム清心中学校
㉑銀河学院中学校
㉒近畿大学附属広島中学校東広島校
㉓AICJ中学校
㉔広島国際学院中学校
㉕広島修道大学ひろしま協創中学校

山口県

①[県立]
下関中等教育学校
高森みどり中学校
②野田学園中学校

徳島県

①[県立]
富岡東中学校
川島中学校
城ノ内中等教育学校
②徳島文理中学校

香川県

①大手前丸亀中学校
②香川誠陵中学校

愛媛県

①[県立]
今治東中等教育学校
松山西中等教育学校
②愛光中学校
③済美平成中等教育学校
④新田青雲中等教育学校

高知県

①[県立]
安芸中学校
高知国際中学校
中村中学校

福岡県

① [国立] 福岡教育大学附属中学校（福岡・小倉・久留米）

② [県立] 育徳館中学校／門司学園中学校／宗像中学校／嘉穂高等学校附属中学校／輝翔館中等教育学校

③西南学院中学校
④上智福岡中学校
⑤福岡女学院中学校
⑥福岡雙葉中学校
⑦照曜館中学校
⑧筑紫女学園中学校
⑨敬愛中学校
⑩久留米大学附設中学校
⑪飯塚日新館中学校
⑫明治学園中学校
⑬小倉日新館中学校
⑭久留米信愛中学校
⑮中村学園女子中学校
⑯福岡大学附属大濠中学校
⑰筑陽学園中学校
⑱九州国際大学付属中学校
⑲博多女子中学校
⑳東福岡自彊館中学校
㉑八女学院中学校

佐賀県

① [県立] 香楠中学校／致遠館中学校／唐津東中学校／武雄青陵中学校

②弘学館中学校
③東明館中学校
④佐賀清和中学校
⑤成穎中学校
⑥早稲田佐賀中学校

長崎県

① [県立] 長崎東中学校／佐世保北中学校／諫早高等学校附属中学校

②青雲中学校
③長崎南山中学校
④長崎日本大学中学校
⑤海星中学校

熊本県

① [県立] 玉名高等学校附属中学校／宇土中学校／八代中学校

②真和中学校
③九州学院中学校
④ルーテル学院中学校
⑤熊本信愛女学院中学校
⑥熊本マリスト学園中学校
⑦熊本学園大学付属中学校

大分県

① [県立] 大分豊府中学校
②岩田中学校

宮崎県

① [県立] 五ヶ瀬中等教育学校
② [県立] 宮崎西高等学校附属中学校／都城泉ヶ丘高等学校附属中学校
③宮崎日本大学中学校
④日向学院中学校
⑤宮崎第一中学校

鹿児島県

① [県立] 楠隼中学校
② [市立] 鹿児島玉龍中学校
③鹿児島修学館中学校
④ラ・サール中学校
⑤志學館中等部

沖縄県

① [県立] 与勝緑が丘中学校／開邦中学校／球陽中学校／名護高等学校附属桜中学校

もっと過去問シリーズ

北海道

北嶺中学校
7年分（算数・理科・社会）

静岡県

静岡大学教育学部附属中学校
（静岡・島田・浜松）
10年分（算数）

愛知県

愛知淑徳中学校
7年分（算数・理科・社会）
東海中学校
7年分（算数・理科・社会）
南山中学校男子部
7年分（算数・理科・社会）
南山中学校女子部
7年分（算数・理科・社会）
滝中学校
7年分（算数・理科・社会）
名古屋中学校
7年分（算数・理科・社会）

岡山県

岡山白陵中学校
7年分（算数・理科）

広島県

広島大学附属中学校
7年分（算数・理科・社会）
広島大学附属福山中学校
7年分（算数・理科・社会）
広島学院中学校
7年分（算数・理科・社会）
広島女学院中学校
7年分（算数・理科・社会）
修道中学校
7年分（算数・理科・社会）
ノートルダム清心中学校
7年分（算数・理科・社会）

愛媛県

愛光中学校
7年分（算数・理科・社会）

福岡県

福岡教育大学附属中学校
（福岡・小倉・久留米）
7年分（算数・理科・社会）
西南学院中学校
7年分（算数・理科・社会）
久留米大学附設中学校
7年分（算数・理科・社会）
福岡大学附属大濠中学校
7年分（算数・理科・社会）

佐賀県

早稲田佐賀中学校
7年分（算数・理科・社会）

長崎県

青雲中学校
7年分（算数・理科・社会）

鹿児島県

ラ・サール中学校
7年分（算数・理科・社会）

※もっと過去問シリーズは
国語の収録はありません。

教英出版
〒422-8054
静岡県静岡市駿河区南安倍3丁目12-28
TEL 054-288-2131
FAX 054-288-2133
詳しくは教英出版で検索
教英出版　検索
URL https://kyoei-syuppan.net/

令和６年度

Ⅰ 適性検査１

（９時30分 ～ 10時30分）

注　　意

○ 「始めなさい。」の指示があるまで，問題用紙を開いてはいけません。

○ 問題用紙は３枚《まい》あります。

○ 声に出して読んではいけません。

○ 解答用紙は**この用紙の裏《うら》**です。

○ **受験番号**を解答用紙の決められた場所に記入しなさい。

○ 答えはすべて，解答用紙の決められた場所に記入しなさい。

○ 「やめなさい。」の指示があったら，すぐに筆記用具を置きなさい。

○ 解答用紙の※印のらんに記入してはいけません。

福島県立会津学鳳中学校
福島県立ふたば未来学園中学校

受験番号
番

※

6 Ⅰ 適性検

1	(1)	①	
		②	
	(2)	①	→ → →
		②	
		③	
	(3)	①	A　　B　　C　　D
		②	

2	(1)	①	
		②	%
	(2)	①	同じカップを　　個，同じプリンを　　個増やす。
		②	m
		③	箱
	(3)	①	あ
			い
		②	分　　秒
		③	（答え）　　人
			（求め方）

解答用紙

※60点満点
（配点非公表）

注意　※印のらんには記入しないこと。

(1)	①		※	※
	②	＜電気自動車を上から見た図＞ 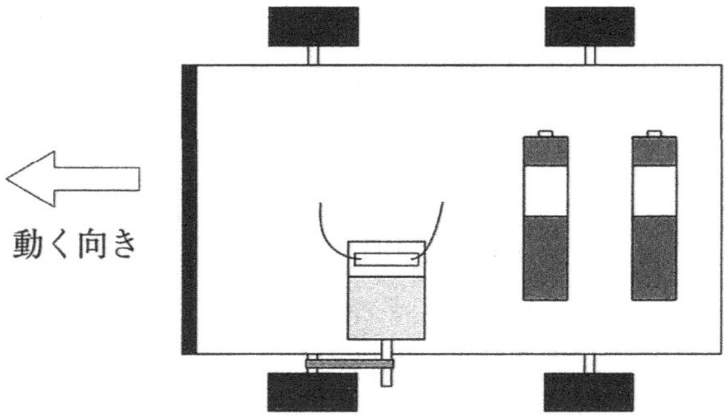 	※	※
(2)	①		※	※
	②		※	※
	③		※	※
(3)	①		※	※
	②		※	※

※	※

①～③の問いに答えなさい。

① はるなさんは，**【パティシエの佐藤さんの話】**をもとに，自分の家でプリンケーキを作ろうと考えました。**＜はるなさんの家にある物＞**は，右のようになっています。はるなさんは4人家族で，1人3個ずつ食べられるようにプリンケーキを作ります。はるなさんが一度にまとめて作るには，同じカップとプリンをそれぞれ何個増やせばよいですか，求めなさい。

＜はるなさんの家にある物＞

約70mLのカップが3個
プリン（70g）が2個
ホットケーキミックス200gが2ふくろ

② まさるさんは，**【農家の田中さんの話】**をもとに，水田の広さについて考えています。右の**＜図1＞**の色がついた部分が水田，その間の白い部分が道を表しています。**＜図1＞**の□にあてはまる数は何ですか，求めなさい。ただし，それぞれの道のはばは，常に変わらないこととします。

＜図1＞

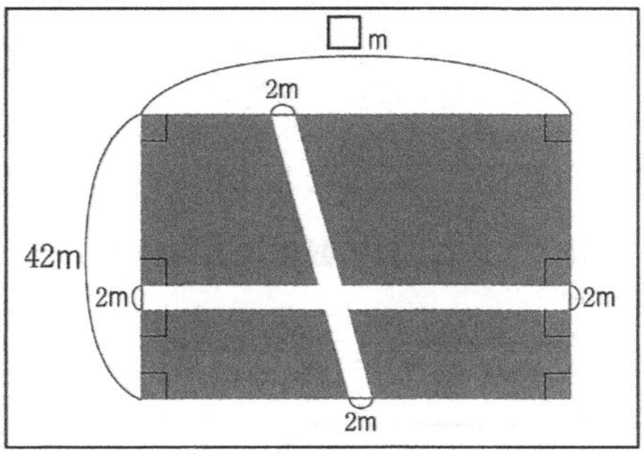

③ えみさんは，**【スーパーマーケットで働く鈴木さんの話】**をもとに，商品の並べ方について考えています。右の**＜図2＞**のように，上から1段目《だんめ》に1箱，2段目に3箱，3段目に6箱・・・となるように並べていくと，ある段になったときに鈴木さんが仕入れたお正月の商品をすべて並べられることが分かりました。このとき，最も下の段に並べる商品は，何箱になりますか，求めなさい。

＜図2＞

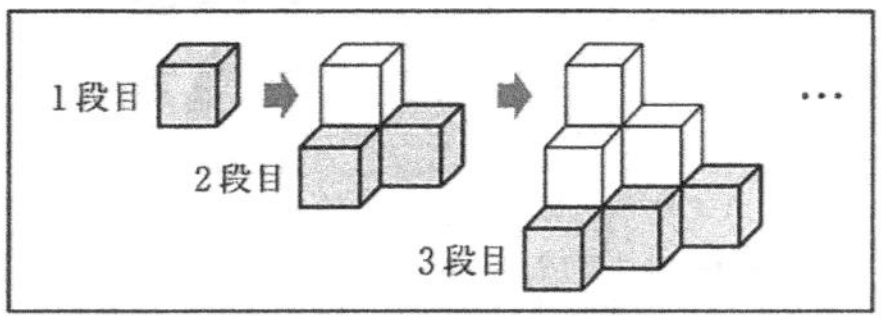

3） はるなさんたちは，将来つきたい仕事について調べたり，話し合ったりした内容を発表することにしました。次は，はるなさんたちの会話の一部です。

えみ：お世話になっている校長先生や英語を教わっているメアリー先生にも発表を聞いてほしいね。
まさる：それはいいね。6つのグループが発表するけれど，ⓐ1グループあたりの発表の時間はどのくらいになるのかな。
はるな：よい発表にするために，発表の内容を考えたいな。そうだ。もう一度ⓘ仕事に関するアンケートを行って，みんなの考えがどのように変化したのかを発表したらどうかな。

①～③の問いに答えなさい。

① えみさんは，将来つきたい仕事とその理由などについて，メアリー先生にもよく分かるように，発表資料の一部を英語で表すことにしました。右は，その**＜発表資料の一部＞**です。（ **あ** ）と（ **い** ）に入る単語はどれですか。次の**ア**～**カ**の中から1つずつ選び，記号でかきなさい。

ア swim　**イ** like　**ウ** have
エ school　**オ** music　**カ** science

＜発表資料の一部＞

singer

I like singing.
I（ **あ** ）dancing, too.
I can sing well.
I want to study（ **い** ）.

（注）singing：歌うこと　dancing：ダンスをすること

② まさるさんは，下線部ⓐについて考えています。右は，**＜先生から出された条件＞**です。どのグループも同じ時間で発表する場合，1グループあたりの発表の時間は何分何秒になりますか，求めなさい。

＜先生から出された条件＞

○ 45分の授業で，はじめと終わりに先生が3分ずつ話す。それ以外は発表や準備の時間にする。
○ 発表と発表の間や，先生の話と発表の間は，準備のため30秒あける。

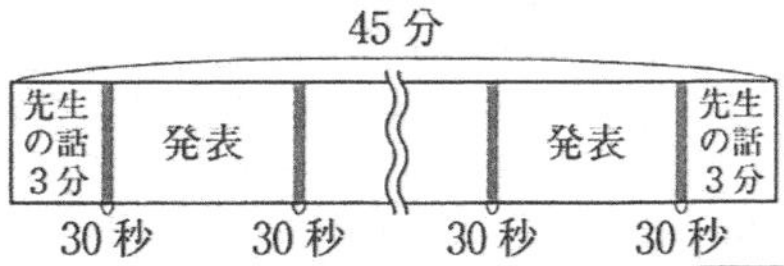

③ はるなさんが下線部ⓘを行ったところ，**＜質問2＞**に「人や社会の役に立つため」と答えた人数の，6年生全体の人数に対する割合《わりあい》が，1回目のアンケート結果より2回目の方が14％高くなりました。2回目のアンケートで「人や社会の役に立つため」と答えた人数は何人ですか，求めなさい。また，求め方を**言葉**や**式**を使ってかきなさい。

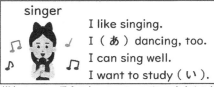

1　総合的な学習の時間の授業をきっかけに，伝統文化について興味をもったまさひろさんは，昔の街なみや建物が多く保存《ほぞん》されている会津若松《あいづわかまつ》市に，お父さんと行きました。

次の（１）～（３）の問いに答えなさい。

（１）　まさひろさんとお父さんは，会津若松市に着きました。次は，そのときの会話の一部です。

> まさひろ：ようやく着いたね。人がたくさんいるけれど，(あ)観光客なのかな。
> お父さん：そうだね。この辺りには，江戸《えど》時代に整備された道が残っていて，(い)参勤交代《さんきんこうたい》にも使われていたんだよ。
> まさひろ：建物だけではなく，道にも歴史があるんだね。

①，②の問いに答えなさい。

①　まさひろさんは，下線部(あ)の数を調べ，**＜資料１＞**を見付けました。**＜資料１＞**について正しく説明している文はどれですか。次の**ア**～**エ**の中から１つ選び，記号でかきなさい。

＜資料１＞福島県の観光客数の推移《すいい》

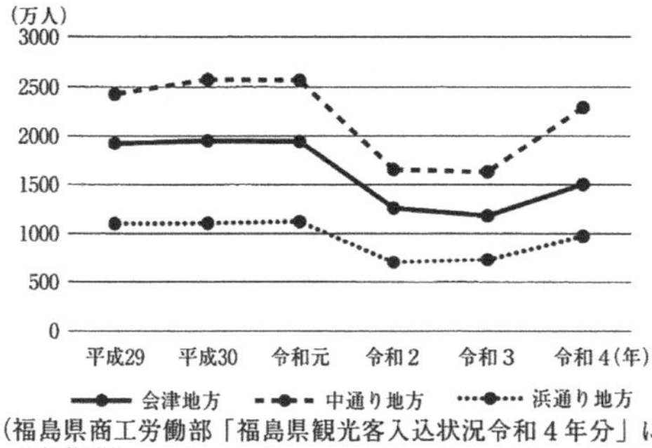

（福島県商工労働部「福島県観光客入込状況令和４年分」により作成）

ア　浜通《はまどお》り地方では，観光客数の最も多い年と少ない年の差が1000万人以上になっている。

イ　３地方合わせた観光客数が最も少ないのは，令和４年である。

ウ　３地方すべてにおいて，令和２年の観光客数よりも令和４年の観光客数の方が多い。

エ　中通り地方では，令和４年の観光客数が令和３年の観光客数の２倍以上になっている。

②　まさひろさんは，下線部(い)について調べ，**＜資料２＞**と**＜資料３＞**を見付けました。下線部(い)は，各藩《かくはん》にとって，どのような制度でしたか。**＜資料２＞**と**＜資料３＞**から分かることにふれ，**負担《ふたん》**という言葉を使ってかきなさい。

＜資料２＞参勤交代で江戸に着くまでにかかった日数

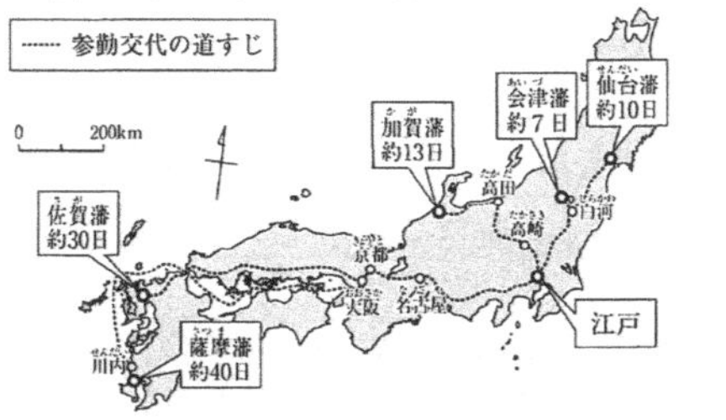

（東京書籍「新しい社会６歴史編」により作成）

＜資料３＞加賀藩の支出（1840年）

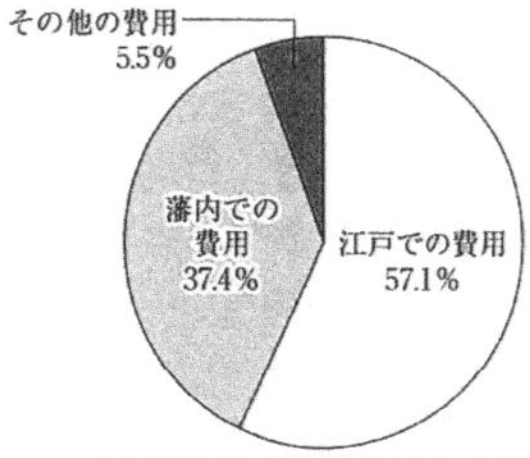

（忠田敏男「参勤交代道中記」により作成）

（２）　まさひろさんとお父さんは，伝統工芸品のお店に行きました。次は，そのときの会話の一部です。

> まさひろ：この(う)会津漆器《あいづしっき》は木で作られているのだよね。
> お父さん：そうだよ。会津漆器だけでなく，福島県の伝統工芸品は，木を使って作られているものが多いんだよ。
> まさひろ：そうなんだ。そういえば，ここに来るまでに，(え)森林がたくさんあったね。
> お父さん：福島県は，森林の面積が全国で４番目に広いそうだから，林業が盛《さか》んなのかもしれないね。
> まさひろ：(お)日本の林業について，調べてみようかな。

①～③の問いに答えなさい。

①　まさひろさんは，下線部(う)の歴史について調べ，分かったことを日本の主な出来事と合わせて，**＜表＞**にまとめています。**ア**～**エ**の出来事は，どの順番で起こりましたか。年代の古い順に並《なら》べかえて，記号でかきなさい。

＜表＞

<table>
<tr><th>時代</th><th>会津漆器の歴史</th><th>日本の主な出来事</th></tr>
<tr><td>安土桃山《あづちももやま》時代</td><td>・豊臣秀吉《とよとみひでよし》の命《めい》を受けた大名が、会津漆器づくりを産業としてすすめる。</td><td rowspan="3">ア鎖国《さこく》が完成する。
イ徳川慶喜《とくがわよしのぶ》が政《せい》権《けん》を朝廷《ちょうてい》に返す。
ウ富岡《とみおか》製糸場がつくられる。
エ刀狩令《かたながりれい》が出される。</td></tr>
<tr><td>江戸時代</td><td>・会津藩主《はんしゅ》が漆《うるし》の木の保護育成に努める。
・会津で明治新政府軍と旧江戸幕府軍《きゅうえどばくふぐん》との戦いがあり、会津漆器は打撃《だげき》を受ける。</td></tr>
<tr><td>明治《めいじ》時代</td><td>・会津は、日本有数の漆器産地となる。</td></tr>
</table>

② まさひろさんは，下線部㋓について，森林の分布の様子を地図で調べました。樹林《じゅりん》を表す地図記号は，下のア～オのうちのどれですか。すべて選び，記号でかきなさい。

③ まさひろさんは，下線部㋔に関する＜資料４＞と＜資料５＞を見付け，日本の林業には課題があることに気付きました。その課題とは何ですか。＜資料４＞と＜資料５＞から分かることにふれてかきなさい。

＜資料４＞林業で働く人の数の推移

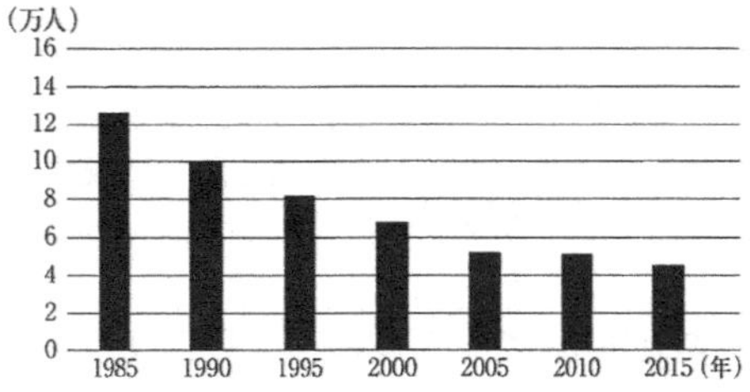

（林野庁「森林・林業白書」により作成）

＜資料５＞森林面積と*森林蓄積《ちくせき》の推移

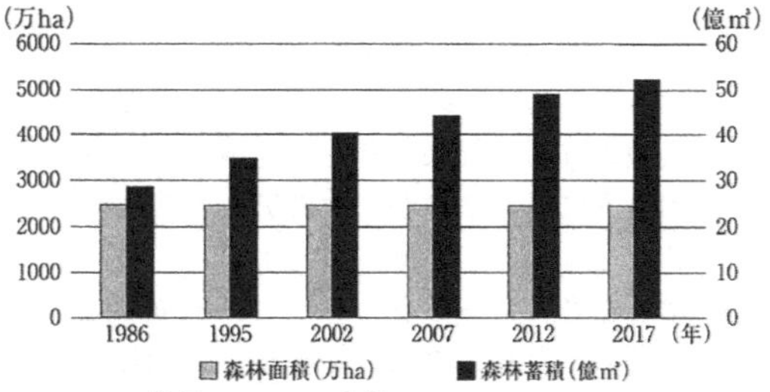

*森林蓄積：伐採《ばっさい》できる森林資源《しげん》量の目安

（林野庁「森林面積の推移」「森林蓄積の状況」により作成）

(3) さらに伝統工芸品について調べるために，まさひろさんとお父さんは，只見《ただみ》線で金山《かねやま》町に向かいました。次は，そのときの会話の一部です。

まさひろ：	只見線は，令和４年10月に㋕全線運転再開されたみたいだね。
お父さん：	そうなんだよ。平成23年の水害のために不通になっていた区間は，バスが代わりに運行していたと聞いたよ。再開するためには，多くの費用がかかり，㋖鉄道会社にとっての負担が大きいと言われていたけれど，地元住民と県や地元自治体，鉄道会社がくり返し話し合い，実現したみたいだよ。
まさひろ：	運転再開のために，どのような取り組みが行われたのか調べてみたいな。

①，②の問いに答えなさい。

① まさひろさんは，下線部㋕の実現には，地元住民の強い思いがあったことを知りました。そして，地域《ちいき》の願いが実現する政治の働きについて，＜資料６＞をまとめました。（　A　）～（　D　）には，それぞれどのような言葉が入りますか。次のア～エの中から１つずつ選び，記号でかきなさい。

ア　案の提出　　　イ　傍聴《ぼうちょう》
ウ　願い　　　　　エ　賛成の議決

＜資料６＞地域の願いが実現する政治の働き

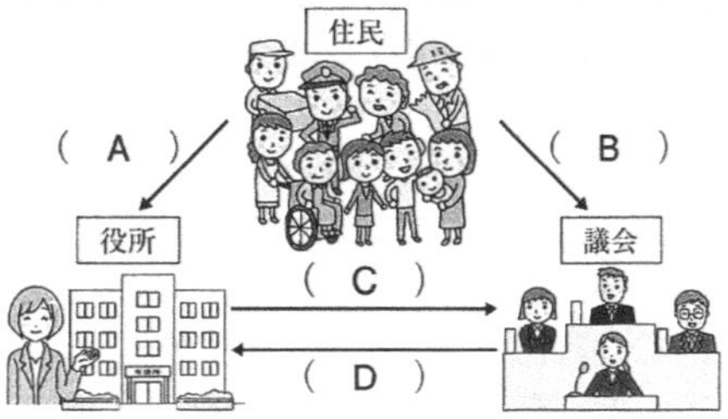

② まさひろさんは，下線部㋖について調べ，＜資料７＞と＜資料８＞を見付けました。只見線の全線運転再開が実現できた理由として，どのようなことが考えられますか。＜資料７＞と＜資料８＞から分かることにふれてかきなさい。

＜資料７＞全線運転再開のための費用分担《ぶんたん》の推移

話し合いが行われる前	鉄道会社がすべて負担		
話し合いが行われた後	県や地元自治体 $\frac{1}{3}$	国 $\frac{1}{3}$	鉄道会社 $\frac{1}{3}$

（只見線復興推進会議検討会「只見線沿線市町村住民懇談会資料」により作成）

＜資料８＞全線運転再開前後における運転停止区間の運営体制のちがい

＜不通になる前＞

鉄道会社
・鉄道の運行 ・施設《しせつ》の維持管理《いじかんり》 ・土地の所有

➡ ＜全線運転再開後＞

鉄道会社
・鉄道の運行

県や地元自治体
・施設の維持管理 ・土地の所有

（福島県生活環境部生活交通課「基本合意書等の内容について」により作成）

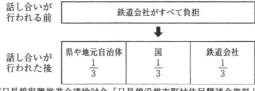

2　６年生のはるなさんたちは，総合的な学習の時間の授業で将来《しょうらい》つきたい仕事について調べました。次の（１）～（３）の問いに答えなさい。

（１）　はるなさんたちのグループは，仕事に関するアンケートを６年生全員に行いました。次は，その結果の一部です。

<質問１>「将来つきたい仕事はありますか」

	ある	ない	合計
６年１組	17人	9人	26人
６年２組	18人	6人	24人
合計	35人	15人	50人

<質問２>「何のために働くと思いますか」

お金を得るため……………………………　23人
人や社会の役に立つため…………………　15人
好きなことや得意なことをするため…　8人
分からない………………………………　4人

①，②の問いに答えなさい。

①　はるなさんたちのグループは，**<質問１>**に対する回答結果を表にまとめました。６年生全体の人数のうち，将来つきたい仕事があると答えた人数と，ないと答えた人数の比を簡単《かんたん》に表すとどのようになりますか。次の**ア**～**エ**の中から１つ選び，記号でかきなさい。

ア　2：1　　**イ**　3：1　　**ウ**　7：3　　**エ**　7：5

②　はるなさんたちのグループは，**<質問２>**に対する回答結果について考えています。「お金を得るため」と答えた人数は，６年生全体の人数の何％ですか，求めなさい。

（２）　はるなさんたちは，いろいろな仕事について調べたいと考え，学校の近くで働く人たちの様子を見学し，インタビューをすることにしました。次は，**<インタビューをした内容の一部>**です。

<インタビューをした内容の一部>

【パティシエの佐藤《さとう》さんの話】（インタビューをした人：はるな）

○　おいしいケーキやおかしを作ったり，新しい商品を考えたりすることは楽しいよ。
○　簡単にできるプリンケーキの作り方を教えるから，作ってごらん。

〔プリンケーキ２個分の材料〕
プリン（70g）が１個
ホットケーキミックスを大さじで３ばい（大さじ１ぱいは7.5g）

〔プリンケーキ２個分の作り方〕
❶　ボウルにプリンを入れ，軽く混ぜる。
❷　❶のボウルにホットケーキミックスを入れ，しっかり混ぜる。
❸　約70mLのカップを２個準備し，❷で混ぜたものをそれぞれのカップに入れる。
❹　180度に温めたオーブンで約13分焼く。

【農家の田中《たなか》さんの話】（インタビューをした人：まさる）

○　時間をかけて育てた作物を，多くの人たちに食べてもらいたいな。
○　若《わか》い人たちに，農業についてもっと知ってほしいな。
○　**<資料１>**のような形の水田をもっていて，今年は100m²あたり50kg，水田全体で1200kgのお米を収穫《しゅうかく》することができたよ。

<資料１>

【スーパーマーケットで働く鈴木《すずき》さんの話】（インタビューをした人：えみ）

○　お買い得な商品や季節に合った商品を，お店の入口近くに並《なら》べて，お客様の目に入るようにしているよ。
○　１ケースに12箱入っているお正月の商品を10ケース仕入れたよ。その商品の箱を**<資料２>**のように重ねて並べる予定だよ。

<資料２>

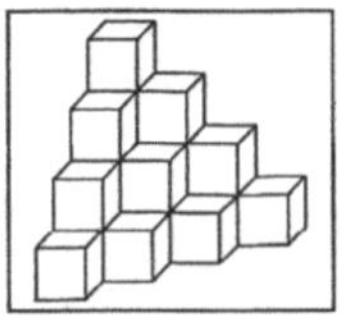

3

しんじさんが通う小学校は，福島県が進めている地球温暖《おんだん》化《か》対策《たいさく》の取り組みの１つである「ふくしま*1ゼロカーボン宣言《せんげん》」に参加することにしました。

*1ゼロカーボン：企業《きぎょう》や家庭が排出《はいしゅつ》する二酸化炭素の排出量から，植林や森林管理などによる吸収《きゅうしゅう》量を引いて，ゼロにすること

次の（1）～（3）の問いに答えなさい。

（1）　しんじさんたちは，身の回りで行われているゼロカーボンの取り組みについて話しています。次は，そのときの会話の一部です。

しんじ：調べてみると，コンビニエンスストアでは，電気をあまり使わない電球にかえたり，蛍《けい》光灯《こうとう》を外して数を少なくしたりしているということが分かったよ。
あ　い：㋐ところどころ外しても，他の蛍光灯は消えないのかな。
しんじ：そうだね。わたしたちも乾電池《かんでんち》や豆電球を使って，電気のはたらきや㋑モーターの回り方を調べたことがあったね。

①，②の問いに答えなさい。

①　あいさんは，下線部㋐について調べるために，豆電球２個と乾電池１個を使って<図１>の実験を行いました。Bの実験で，片方《かたほう》の豆電球を外しても，もう１つの豆電球が消えなかったのはなぜですか。その理由を直列と並列《へいれつ》のつなぎ方のちがいにふれてかきなさい。

<図１>

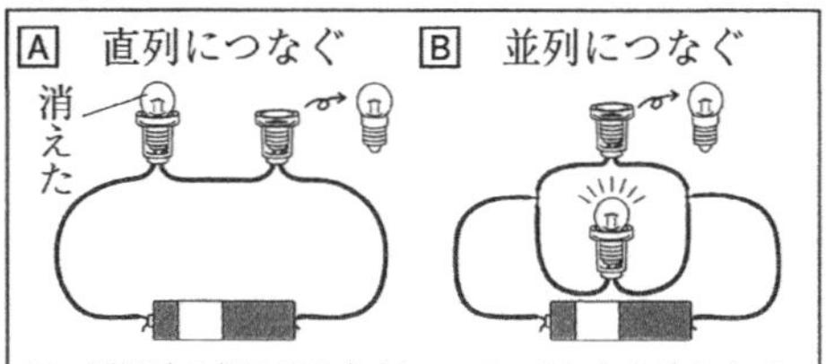

※　豆電球２個の明かりがついていることを確かめてから，片方の豆電球を外す。

②　下線部㋑について，<図２>の電気自動車を同じ向きでより速く動くように，乾電池を１個増やしました。乾電池とモーターをどのようにつなぐとよいですか。解答用紙の**<電気自動車を上から見た図>**の導線を線でつなぎなさい。ただし，乾電池は同じ種類の新しいものを使うこととします。

<図２>

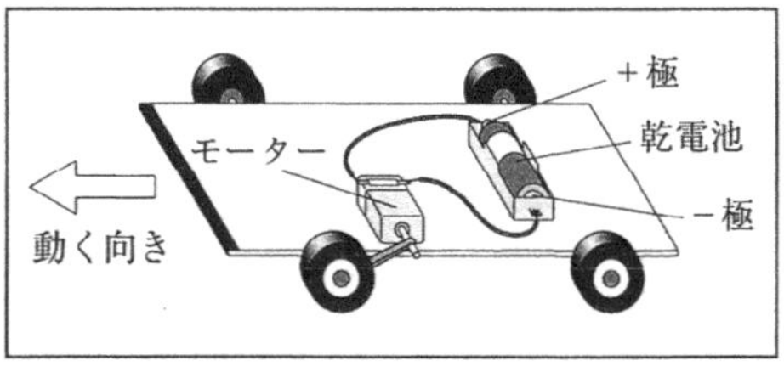

（2）　たけしさんのお姉さんが通う中学校でも「ふくしまゼロカーボン宣言」に取り組んでいることをたけしさんたちは知りました。次は，そのときの会話の一部です。

たけし：ゼロカーボンに向けた取り組みの１つに*2グリーンカーテンがあって，㋒ヘチマやアサガオなどでつくれるそうだよ。どのようなはたらきがあるのかな。
あ　い：グリーンカーテンを設置すると室内がすずしくなって，エアコンで使う電気を節約することができると聞いたよ。
しんじ：そうなんだ。わたしたちの学校なら，グリーンカーテンをどこに設置すると効果があるのかな。
たけし：㋓南向きの窓《まど》やかべのところに設置するといいと思うんだ。
あ　い：なるほど。㋔グリーンカーテンが完成すると，どれくらいすずしくなるのかな。

*2グリーンカーテン：植物でつくる緑の日よけ

①～③の問いに答えなさい。

①　下は，下線部㋒の花のつくりを表したものです。**<ヘチマ>**の花の**A**の部分は，**<アサガオ>**ではどの部分にあたりますか。次の**ア**～**エ**の中から１つ選び，記号でかきなさい。

<ヘチマ>

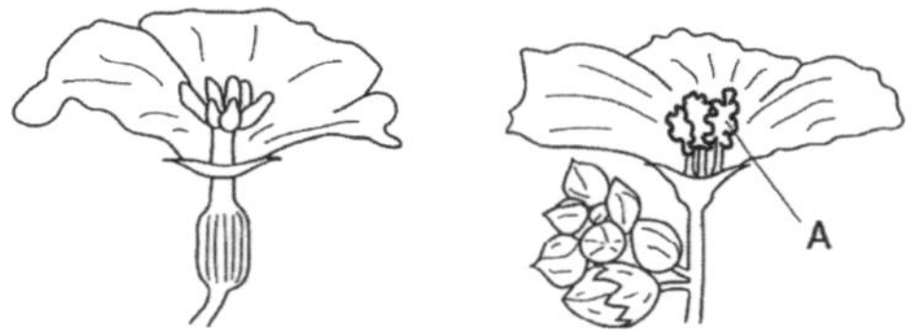

めばな　　おばな

<アサガオ>

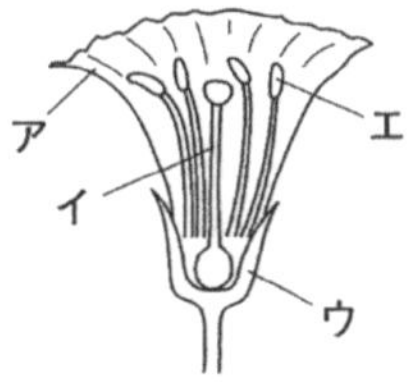

② たけしさんは，下線部㋓のように考えた理由について，次のように話しています。（　B　）と（　C　）にはどのような言葉が入りますか。次のア～エの中から正しい組み合わせを１つ選び，記号でかきなさい。

日光は（　B　）進んで，さえぎる物があると（　　C　　）にかげができるから，グリーンカーテンは南向きの窓やかべに設置するといいと思うんだ。

ア　B－まっすぐ　C－太陽と同じ側　　イ　B－まっすぐ　C－太陽の反対側
ウ　B－曲がって　C－太陽と同じ側　　エ　B－曲がって　C－太陽の反対側

③ あいさんは，下線部㋔について調べるために＜実験＞を行いました。＜結果１＞は背板《せいた》にできたかげの様子です。＜結果２＞のア～エは，点D～点Gのいずれかの実験の結果を表しています。点Fの結果はどれですか。＜結果２＞のア～エの中から１つ選び，記号でかきなさい。

＜実験＞

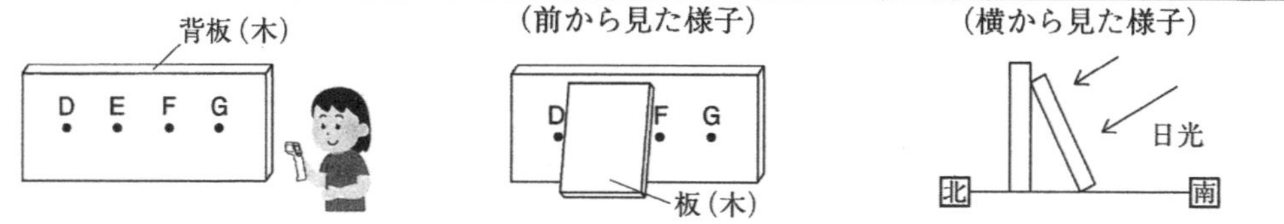

○方法
❶ 背板に点D～点Gの印を付ける。
❷ 前日の日ぼつ後に，点D～点Gの表面の温度を*3放射《ほうしゃ》温度計で測り，背板に板を立てかける。
❸ 次の日の8時，11時，14時に，かげのでき方を調べ，点D～点Gの表面の温度を放射温度計で測る。

*3放射温度計：物の表面の温度を測定できる温度計

＜結果１＞背板にできたかげの様子

（天気：晴れ）

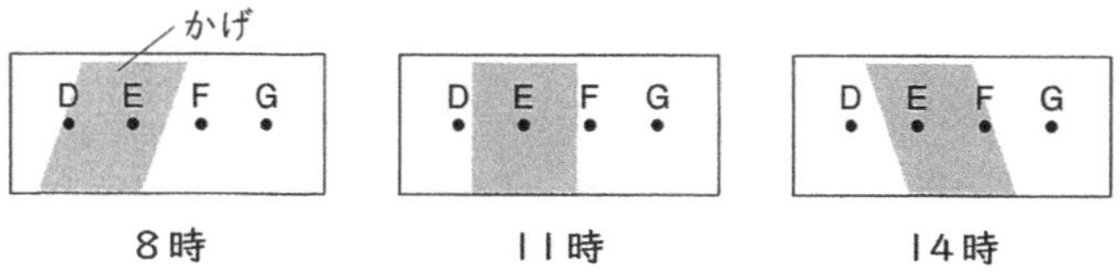

＜結果２＞表面の温度

	前日	8時	11時	14時
ア	20℃	22℃	30℃	30℃
イ	20℃	22℃	40℃	40℃
ウ	20℃	30℃	41℃	30℃
エ	20℃	30℃	41℃	36℃

（3）　あいさんたちは，ゼロカーボンに取り組む必要性について，全校生に呼《よ》びかけることにしました。次は，そのときの会話の一部です。

あ　い：わたしたちの生活によって，たくさんの二酸化炭素が出されていることを伝えたいよね。
しんじ：なるほど。それでは，㋕福島県全体で出されているごみの量が多いという問題を取り上げてはどうかな。
たけし：それがいいね。㋖植物のからだのはたらきについてしょうかいすれば，植物を大切にすることがゼロカーボンにつながると気付いてもらえるよね。
あ　い：そうだね。どのようなことがゼロカーボンにつながるのかをしょうかいして，自分たちができることから少しずつ取り組んでいけるようにしたいね。

①，②の問いに答えなさい。

① しんじさんは，下線部㋕について，燃やしているごみの量を減らすことがゼロカーボンにつながると考えています。ゼロカーボンにつながるのはなぜですか。その理由をかきなさい。

② 下線部㋖について，ゼロカーボンの実現に役立っているといえる植物のからだのはたらきは何ですか。＜たけしさんのメモ＞をもとに，二酸化炭素という言葉を使ってかきなさい。

＜たけしさんのメモ＞

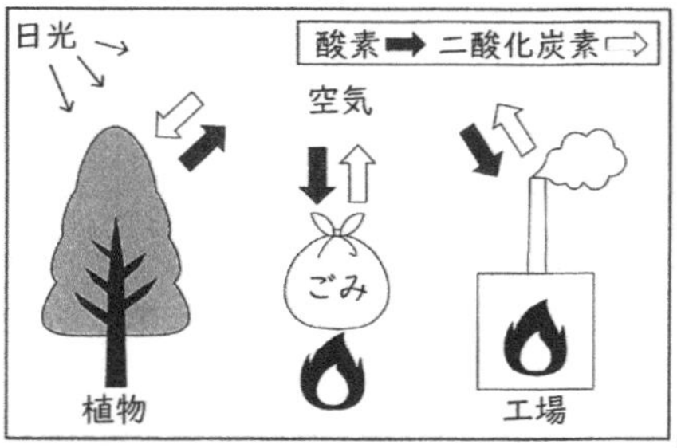

令和６年度

Ⅱ　適性検査２

（11時00分 ～ 12時00分）

注　　意

- ○　指示があるまで，問題用紙とメモ用紙を開いてはいけません。
- ○　問題用紙は１枚《まい》あります。
- ○　声に出して読んではいけません。
- ○　解答用紙は**この用紙の裏《うら》**です。
- ○　**受験番号**を解答用紙の決められた場所に記入しなさい。
- ○　答えはすべて，解答用紙の決められた場所に記入しなさい。
- ○　最初の問題は**放送を聞いて**答える問題です。放送は**１度だけ**です。
- ○　「メモ用紙だけを開きなさい。」の指示があったら，配られたメモ用紙を開きなさい。
- ○　「やめなさい。」の指示があったら，すぐに筆記用具を置きなさい。
- ○　解答用紙の※印のらんに記入してはいけません。

受験番号　　番

※

※40点満点
（配点非公表）

6 Ⅱ 適性検査２解答用紙

注意

① ※印のらんには記入しないこと。
② 解答に数《すう》値《ち》を書く場合は、数字でも漢字でもよい。

1

(1)

(2)

(3)

(4) 内容 方法

(5)

2

(1) (30字) (35字)

(2) 行動 (14字)

変化 (20字) (30字)

(3)

※ ※ ※ ※ ※ ※ ※ ※ ※ ※ ※ ※ ※ ※ ※ ※ ※ ※ ※ ※

3

(240字)　(200字)

※

※

(5)

(80字)　(60字)

※

※　※

※　※

※

わっていますが、みなさんの睡眠時間は足りているでしょうか。

【本の一部】

1 なぜ、わたしたち人間にとって睡眠は必要なのか。それは、睡眠がわたしたちの脳《のう》や体に重要な役割《やくわり》を担《にな》っているからである。

2 まず、睡眠には、見たり聞いたりした記憶《きおく》を整理するという役割がある。睡眠中の脳内では、不要な記憶は消し、必要な記憶は固定させるという、記憶の整理がなされている。「徹夜《てつや》で勉強しても頭に残らない」ということを聞いたことがあるかもしれないが、このことは睡眠と脳の関係によるものである。

3 また、睡眠には、体の成長をうながすという役割もある。眠《ねむ》っているときの体内では、成長ホルモンという体の発育に影響《えいきょう》を与《あた》える物質が出される。睡眠時間を十分にとり、安定した量の成長ホルモンが出されることで骨《ほね》や筋肉《きんにく》が発達するのである。

4 このように、睡眠にはいくつかの役割がある。その役割を十分に果たすために、適切な睡眠時間を確保することが大切だ。また、それとともに睡眠の質を高めることも重要だ。そのためには、㋑一日の行動や㋒寝室《しんしつ》の環境《かんきょう》に気を付ける必要がある。

5 一日の行動として大切なのは、まず、日中に適度な運動をすることである。日中に体を動かすことが、夜の自然な眠気《ねむけ》につながり、睡眠の質を高めることになる。また、決まった時間に決まった行動をとることも、ぐっすり眠るためには大切である。

6 一方で、よりよい睡眠をさまたげてしまう行動もある。たとえば、寝る直前に強い光を浴びることだ。パソコン、スマートフォンやゲーム機などの画面からは、ブルーライトという青くて強い光が発生する場合がある。そのような光を浴びると、脳の中で睡眠をうながすメラトニンという物質が出にくくなってしまうのである。そのため、寝る一時間前にはスマートフォンなどの使用をひかえることが望ましい。

7 寝室の環境という点では、できるだけ暗くすることを心がけてほしい。光以外にも、寝室の中を快適な温度と湿度《しつど》に保つよう、気を付けていく必要がある。

ですか【資料B】と【資料C】にある数値を用いて、六十字以

八十字以内で書きなさい。

3

次のグラフは、令和四年度全国学力・学習状況《じょうきょう》調査質問紙調査（小学六年生の回答）の結果の一部です。グラフを見てあなたが感じたことと、放課後や週末の過ごし方を充実《じゅうじつ》させるために心がけたいことについて、あなたの考えを後の**条件**にしたがって書きなさい。

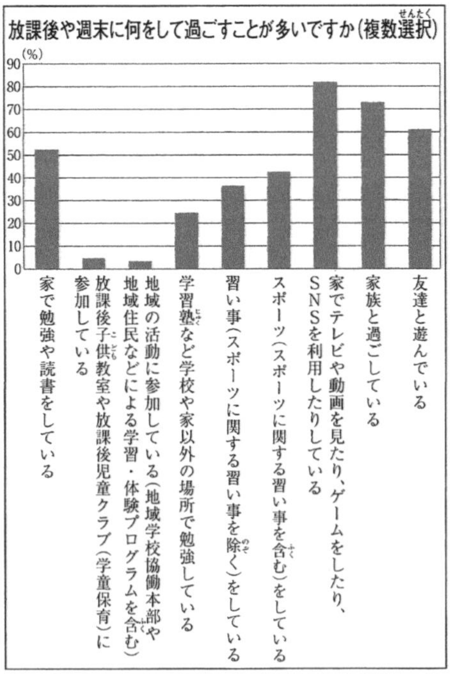

（文部科学省国立教育政策研究所「令和４年度全国学力・学習状況調査報告書」により作成）

条件

① **二百字以上、二百四十字以内**で書くこと。ただし、句読点も一字として数えること。

② **二段落構成**とし、**前段**では、グラフを見てあなたが感じたことを書き、**後段**は、その感じたことをふまえ、これからあなたが放課後や週末の過ごし方を充実させるために心がけたいことを書くこと。

③ 原稿《げんこう》用紙の使い方にしたがって、文字やかなづかいを正しく書き、漢字を適切に使うこと。

④ 題名や氏名は書かないで、本文から書き始めること。

※教英出版注
音声は，解答集の書籍ＩＤ番号を教英出版ウェブサイトで入力して聴くことができます。

1

次の1～3の問いに答えなさい。

(1) 放送の内容について、次の(1)～(5)の問いに答えなさい。

ゆみさんとそらさんの話から、くぼた小学校はどこにあると考えられますか。**【メモ用紙】**の**【資料1】**にある地図中のＡ～Ｄの中から一つ選び、記号で書きなさい。

(2) そらさんは、水門について地域《ちいき》の方に伝えるときに、「大雨のときは水門を閉《し》めます」ではなく、「水門には近づかない」の方がよいと話していました。なぜそのように考えたのか、理由を書きなさい。

(3) そらさんは、町内会長の上田《うえだ》さんに水害からの身の守り方を四つ聞きましたが、**【資料2】**のメモには三つしか書かれていません。メモに書かれていない身の守り方は何か、書きなさい。

(4) ゆみさんとそらさんは、話し合いを通して、地域の方に伝える内容と方法を決めました。二人が最終的に決めた内容と方法について、（　　）にあてはまる言葉を書きなさい。

内容	「水害からの身の守り方」と「（　　　　）」
方法	（　　　　）を作って配る。

(5) ゆみさんとそらさんの話し合いの仕方について、説明しているものはどれですか。次の**ア**～**エ**の中から**すべて**選び、記号で書きなさい。

ア　話す内容を聞き手が理解しやすいように、内容がいくつあるかを先に示し、「まず」、「次に」など順を追って話し合っている。

イ　調べたことを聞き手が理解しやすいように、集めた情報について、具体的な数を用いながら話し合っている。

ウ　地域の方に伝える内容や方法を決めるために、集めた情報を関係付けながら話し合っている。

エ　水害からの身の守り方を分かりやすく伝えるために、自分たちの水害の体験をもとにして話し合っている。

2

六年生のたいきさんは、体育科の時間に聞いた**【先生の話】**から「睡眠《すいみん》」に興味をもち、調べることにしました。次は、**【先生の話】**とたいきさんが調べた**【本の一部】**および**【資料A】**～**【資料C】**です。これらを読んで、後の(1)～(5)の問いに答えなさい。ただし、字数に限りのある問題では、句読点も一字として数えることとします。

【資料A】

毎日六時に夕食をとり、八時に入浴するというような、同じサイクルでリラックスしながら過ごすこと。そして、寝る時間も一定にすること。そのようなくり返しが自然な眠気をうながし、睡眠の質を高めることになるのだ。

【資料B】 年齢《ねんれい》別必要とされる睡眠時間（１日あたり）

・ 3～ 5才： 10～13時間
・ 6～13才： 9～11時間
・14～17才： 8～10時間
・18～25才： 7～ 9時間

（駒田陽子・井上雄一「子どもの睡眠ガイドブック」により作成）

【資料C】 たいきさんの睡眠時間の記録

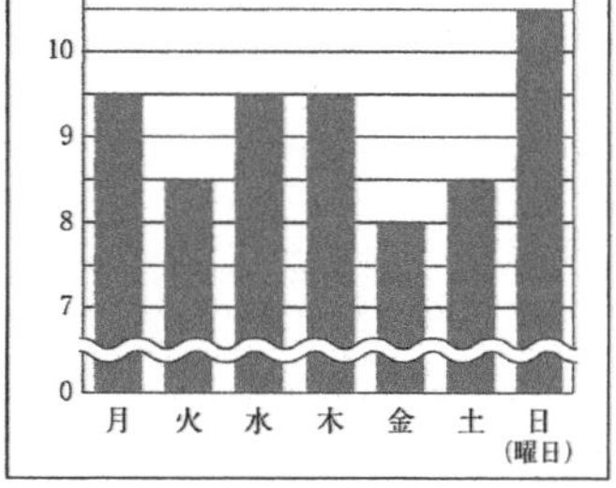

(1) たいきさんは、**【先生の話】**の(あ)「寝る子は育つ」ということわざについて、そのように言える理由を**【本の一部】**から見付けました。なぜ「寝る子は育つ」と言えるのか、その理由を**三十字以上、三十五字以内**で書きなさい。

(2) たいきさんは、**【本の一部】**の(い)一日の行動には、睡眠をさまたげるものがあることを知りました。それはどのような行動ですか。**【本の一部】**から、**十四字**で書きぬきなさい。また、その行動をとることにより、体内ではどのような変化が起こりますか。**【本の一部】**の言葉を用いて、**二十字以上、三十字以内**で書きなさい。

(3) たいきさんは、**【本の一部】**から、睡眠の質を高めるためには、(う)寝室の環境も関係していることに気付きました。それはどのような環境ですか。(う)寝室の環境にあてはまることを**すべて**を**【本の一部】**の言葉を用い、文末を「～こと」の形にしてそれぞれ書きなさい。

(4) たいきさんは、**【資料A】**に書かれている内容が、**【本の一部】**のある段落《だんらく》の内容と似ていることに気付きました。それはどの段落ですか。**【本の一部】**から一つ選び、その番号を書きなさい。また、選んだ理由を**【本の一部】**と**【資料A】**にある言葉を用いて、具体的に書きな

【メモ用紙】

【資料1】ゆみさんが書きこみをした地図

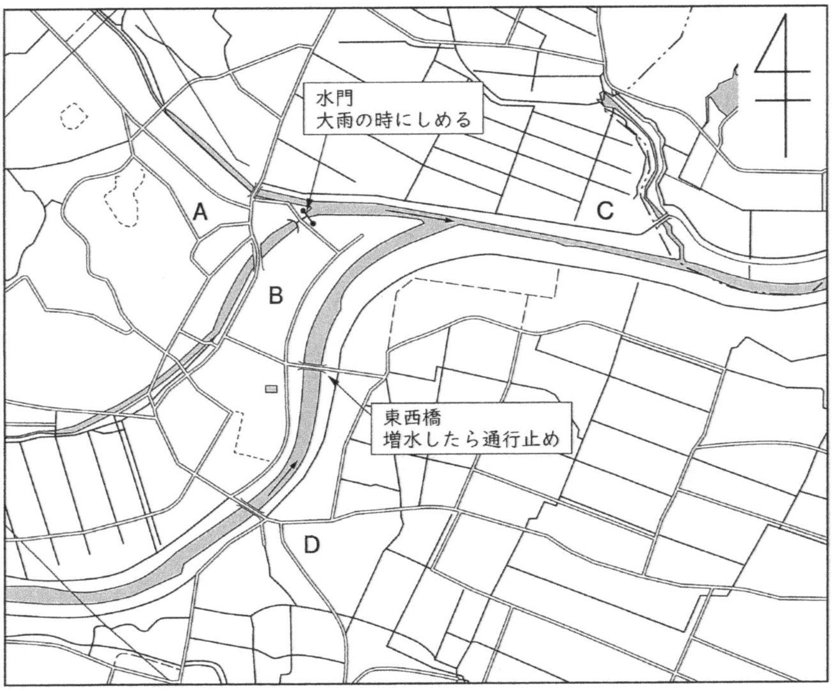

【資料2】そらさんのメモ

○災害に強い地いきづくり

・地いきの特ちょう　川の合流点の近く→こう水が起きやすい

※町内会長の上田さんから

↓

平成２年の水害を体験

◇むずかしい言葉

しん水…物が水にひたること

し流……本流に流れこむ、または本流から分かれて流れる川

・きけんな場所を知る
・ひなん場所を家族で話し合う
・より高いところににげる

→ 身の守り方

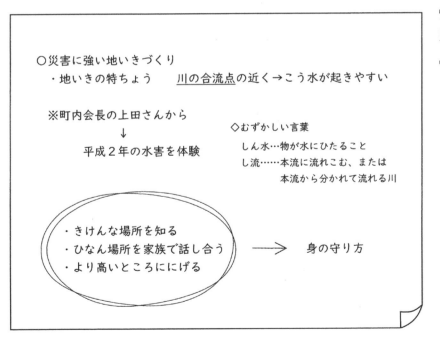

【メモ用紙】

みたい。

そら　小学校は水門より上流側にあるから、危ないね。

ゆみ　うん。それから、増水したら東西橋が通行止めになるという看板も見付けたよ。上田さんの話と合わせて、危険な場所も地域の人に伝えられないかな。

そら　それはよいアイデアだね。でも、ぼくは、危ないときにどうすればよいかを具体的に伝えることが大切だと思う。

ゆみ　どういうこと。

そら　たとえば「大雨のときは水門を閉めます」と呼びかけるだけでは、どう行動すればよいか分からないよね。だから、「水門には近づかない」のように伝えるといいと思う。

ゆみ　確かにその方が分かりやすいね。授業のときに先生が、「身の守り方は状況によって違う」と話していたよね。自分で状況を判断して行動できるように、身の守り方を具体的に伝えよう。

そら　それなら、上田さんに、水害からの身の守り方を他にも教えてもらったよ。さっきの二つの他に、「どこに、どのように避難するかを家族で話し合う」ことと「水平でなく、垂直ににげる」こと。

ゆみ　「垂直ににげる」ってどういうこと。

そら　より高いところににげるという意味だよ。

ゆみ　ちょっと難しいなあ。誰にでも分かる表現で伝えたいね。

そら　そうだね。分かりにくい表現は使わないように注意しよう。それから、ゆみさんは、どんな方法で伝えるといいと思う。

ゆみ　「地域の危険な場所」をかいた防災マップはどうかな。地域の施設に掲示すれば、多くの人が見てくれるよね。

そら　たしかにそうだね。ただ、「水害からの身の守り方」も発信するのなら、防災マップだけでは難しいね。

ゆみ　いいことを思いついたよ。防災についてのパンフレットを作って配るという方法はどうかな。

そら　それはいいね。パンフレットという方法なら防災マップものせられるよ。そこに、内容として「水害からの身の守り方」と「地域の危険な場所」という二つが記されていれば、地域の人たちの役に立つかもね。

以上で放送は終わりです。それでは、問題用紙と解答用紙を開きなさい。
解答用紙に受験番号を書いてから、問題に答えなさい。
答えはすべて、解答用紙の決められた場所に書きなさい。それでは、始めなさい。

放送原稿

※教英出版注
音声は，解答集の書籍ＩＤ番号を教英出版ウェブサイトで入力して聴くことができます。

令和六年度　適性検査２　放送台本

これから放送による問題を始めます。

この問題は、【メモ用紙】の中にある【資料】を見ながら放送を聞き、内容につい答える問題です。それでは、右側にある【メモ用紙】だけを開きなさい。問題用紙開いてはいけません。

（十秒後）

くぼた小学校の六年生は、総合的な学習の時間に「災害に強い地域づくり」につて学習しています。ゆみさんとそらさんは、毎年のように各地で水害が起きているとに注目し、「私たちの地域と水害」について調べ、地域の方に発信しようと計画した。【メモ用紙】にある【資料】は二人が調べた内容の一部です。

これから【資料】を読む時間をとります。気が付いたことなどを、【メモ用紙】にいてもかまいません。ただし、声に出して読んではいけません。時間は三十秒です

では、始めなさい。

（三十秒後）

終わりです。それでは、これから、ゆみさんとそらさんが話し合う様子を放送す。放送は一度だけです。【メモ用紙】にメモを取りながら聞いてもかまいません。送を聞いた後に、問題に答えます。では、始めます。

ゆみ　調べ学習をがんばったから地域の方に伝えたい情報がたくさん集まったね

そら　そうだね。ぼくは、町内会長の上田さんから聞いた話が印象に残ったよ。田さんはずっとこの地域に住んでいて、平成二年の水害を体験したのだってそのことをみんなにも、ぜひ伝えたいと思ったよ。

ゆみ　特に伝えたいのはどんなことなの。

そら　特に伝えたいことは二つあるよ。まずは、「危険を感じたら早めににげる」と。浸水してから避難するのは難しくて、ひざの高さまで水がくると歩けななるそうだよ。次に、「地域のどこが危険なのかを知っておく」こと。地域をることも、身を守ることになるそうだよ。

ゆみ　それなら、私が調べたことが役に立ちそう。私はね、川の近くを歩いて、険だと思った場所を地図に書き込んできたよ。

そら　それはいいね。どんなところが危険だと思ったの。

ゆみ　特に危険だと思った場所は三か所あるよ。まずは、わたしたちのくぼた小校。川に囲まれた低い土地にあるから水害の時には避難所にできないのだって

そら　それは知らなかったなあ。

ゆみ　次に水門。くぼた小学校の北にあるよ。逆流を防ぐために大雨のときは水を閉めるそうだけど、支流の水が行き場を失って上流側にあふれることもあ

令和５年度

Ⅰ　適性検査１

（ 9時30分 ～ 10時30分 ）

注　　意

○　「始めなさい。」の指示があるまで，問題用紙を開いてはいけません。

○　問題用紙は３枚《まい》あります。

○　声に出して読んではいけません。

○　解答用紙は**この用紙の裏《うら》**です。

○　**受験番号**を解答用紙の決められた場所に記入しなさい。

○　答えはすべて，解答用紙の決められた場所に記入しなさい。

○　「やめなさい。」の指示があったら，すぐに筆記用具を置きなさい。

○　解答用紙の※印のらんには記入してはいけません。

福島県立会津学鳳中学校
福島県立ふたば未来学園中学校

☆

受験番号
番

※

1	(1)	①	
		②	A　　　B
		③	あ
			い
	(2)	①	
		②	
	(3)	①	
		②	C　　D　　E　　F
		③	

※　※

2	(1)	①	7人のグループが　　組
			8人のグループが　　組
		②	分
	(2)	①	
		②	㎡
		③	男子　　人
			女子　　人
		④	(答え)　　人分
			(求め方)
	(3)	①	約　　%
		②	(答え)　　個
			(式)

※　※

② さきさんは，下線部(え)が起きた年代と同じ頃《ころ》の資料として**＜資料５＞**と**＜年表＞**を見付けました。この頃，人々のくらしはどのように変化しましたか。**開国**という言葉を使ってかきなさい。

＜資料５＞牛なべを食べる人

（仮名垣魯文「安愚楽鍋」東京大学明治新聞雑誌文庫蔵より）

＜年表＞

1853年	ペリーが浦賀《うらが》に来る
1854年	日米和親条約《にちべいわしんじょうやく》を結ぶ
1858年	日米修好通商条約《にちべいしゅうこうつうしょうじょうやく》を結ぶ
1867年	徳川慶喜《とくがわよしのぶ》が政権《せいけん》を朝廷《ちょうてい》に返す
1868年	明治新政府軍と旧江戸幕府軍の間で戦いが起きる
1872年	横浜《よこはま》でガス灯がつく

（3） 環境《かんきょう》問題に興味があるたけしさんとあゆみさんは，東北地方と九州地方で，環境を守るために発電方法を工夫していることについて話し合いました。次は，その一部です。

たけし：東北地方には，風力や太陽光など自然の力を利用して発電できる施設《しせつ》が多くありますが，九州地方にも同じような施設はありますか。
あゆみ：九州地方では，地熱を使った発電に力を入れていて，発電所もあります。地熱のように自然の力を利用してつくるエネルギーのことを，再生可能エネルギーというのですよね。
たけし：東北地方でも地熱を使った発電に力を入れていますよ。わたしは，(お)発電をするためのエネルギーに興味があるので，調べてみようと思います。
あゆみ：わたしは，再生可能エネルギーを使って，(か)どのように発電しているのか興味があるので，調べてみようと思います。

①～③の問いに答えなさい。

① たけしさんは，下線部(お)について調べ，**＜資料６＞**と**＜資料７＞**を見付け，問題があることに気付きました。**＜資料６＞**と**＜資料７＞**から分かる問題はどのようなことですか，かきなさい。

＜資料６＞
日本の発電にしめるエネルギーの割合《わりあい》

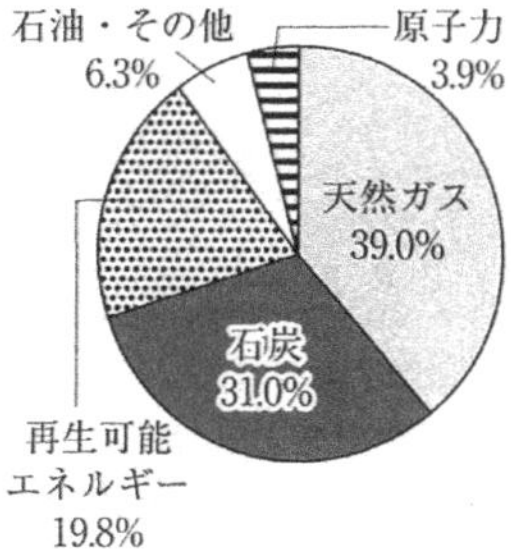

＜資料７＞
日本のエネルギーの輸入状況《じょうきょう》

エネルギー	輸入の割合（%）
天然ガス	97.7
石炭	96.6
石油	99.7

（資源エネルギー庁「総合エネルギー統計2020」により作成）

② あゆみさんは，下線部(か)について調べ，**＜表＞**のようにまとめました。（　C　）～（　F　）にはどのような言葉が入りますか。**太陽光**，**地熱**，**水力**，**風力**の中から１つずつ選び，かきなさい。

＜表＞５つの発電方法の主なよい点と主な課題

発電方法	主なよい点	主な課題
火力発電	・安定して発電することができる。 ・発電量を調節しやすい。	・地球温暖化の原因の一つとされている二酸化炭素を多く排出《はいしゅつ》する。 ・燃料のほとんどを輸入している。
（ C ）発電	・二酸化炭素をほとんど排出しない。 ・海の上にも施設をつくることができる。	・騒音《そうおん》の問題がある。 ・気候条件に合わせた風車の開発が必要である。
（ D ）発電	・二酸化炭素をほとんど排出しない。 ・天候に左右されずに発電できる。	・火山や温泉がある場所など，施設をつくる場所が限定される。 ・発電量が少ない。
（ E ）発電	・二酸化炭素をほとんど排出しない。 ・せまい場所でも発電できる。	・天候に左右され，発電量が安定しない。
（ F ）発電	・二酸化炭素をほとんど排出しない。 ・安定して発電することができる。	・ダムをつくるときに環境に影響《えいきょう》をあたえる。 ・施設をつくる場所が河川《かせん》の上流に限定される。

③ たけしさんは，これからのエネルギーについて調べ，**＜資料８＞**を見付けました。日本は2030年度までにどのようなことを目標としているといえますか。**＜表＞**から読み取れることにふれて，**地球温暖化**と**二酸化炭素**という言葉を使ってかきなさい。

＜資料８＞日本における火力と再生可能エネルギーの発電量の変化

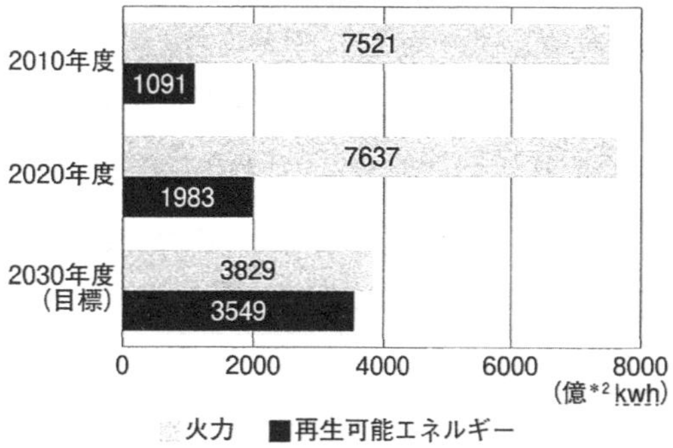

（資源エネルギー庁「今後の再生可能エネルギー政策について 2022年」「総合エネルギー統計2020」により作成）

*2 kwh：キロワットアワーと読み，ある時間内に使ったり，発電したりした電気の量をあらわす際に用いる単位

2　東北《とうほく》小学校６年生のはるとさんとほのかさんが来年度入学する福島中学校では，毎年，新入生体験入学が行われています。次は，中学校から届《とど》いた**＜新入生体験入学のお知らせの一部＞**と，それを読んだはるとさんとほのかさんの会話の一部です。

＜新入生体験入学のお知らせの一部＞

１３：２０	体育館で全体会 ・代表の中学生の話 ・小学生からの質問 ・中学生から小学生へのアドバイス
１３：４５	授業見学
１５：００	部活動見学
１６：００	終了《しゅうりょう》

○　全体会では，代表の中学生が中学校のことについて説明をしたり，小学生の質問に答えたりします。

○　当日は，東北小学校から45名，会津《あいづ》小学校から75名，浜中《はまなか》小学校から30名の６年生が参加します。

○　いくつかのグループに分かれて，授業や部活動を見学します。

　それぞれの小学校で，１つのグループの人数を７人か８人になるようにしておいてください。

はると：先生によると，新入生体験入学は，東北小学校から福島中学校まで歩いて行くそうだよ。地図を見ると，いろいろな道があるね。先生について行くけれど，どの道が一番近いのかな。

ほのか：それぞれの道のりを調べてみたら，下のようになったよ。☆は東北小学校の正門，★は福島中学校の正門をあらわしているよ。

＜東北小学校から福島中学校までの地図＞

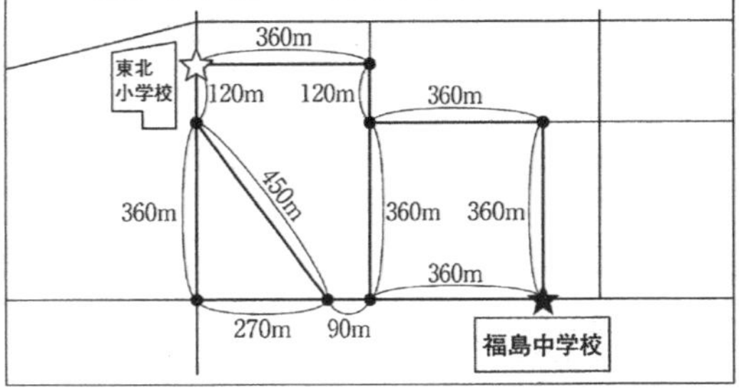

次の（１）～（３）の問いに答えなさい。

（１）　はるとさんたちは，新入生体験入学に行く準備をしています。

①，②の問いに答えなさい。

①　はるとさんは，グループの分け方について考えました。東北小学校では，７人と８人のグループがそれぞれ何組できますか，求めなさい。

②　はるとさんは，**＜東北小学校から福島中学校までの地図＞**を見て，最も短い道のりを通って歩くと，どのくらい時間がかかるか考えました。はるとさんの歩く速さが分速60ｍのとき，東北小学校の正門から出発し，福島中学校の正門に着くまでにかかる時間は何分ですか，求めなさい。

（２）　新入生体験入学の全体会では，代表の中学生から話がありました。次は，**＜配られた資料の一部＞**です。

＜配られた資料の一部＞

○　福島中学校ができてから，今年度で52年目です。

○　今年度の生徒数は，**＜表＞**のようになります。来年度は，３つの小学校から新入生150名が入学します。

＜表＞

	１学年	２学年	３学年
男子（人）	77	79	81
女子（人）	76	82	85

○　福島中学校の土地の面積は，東北小学校の1.4倍，会津小学校の1.6倍，浜中小学校の２倍になります。

○　学校行事は，合唱祭，体育祭，文化祭があります。中学校ができた１年目に合唱祭，２年目に体育祭，３年目に文化祭，４年目に合唱祭・・・と，順番にくり返し行われています。

○　生徒会活動では，環境《かんきょう》を守る活動に力を入れています。

・ペットボトルキャップ収集《しゅうしゅう》

集めたペットボトルキャップは，回収《かいしゅう》業者に渡《わた》されます。その後，海外の子どもたちの病気を治すワクチンの購入《こうにゅう》に役立てられます。キャップ1000個でワクチン１人分になります。

①～④の問いに答えなさい。

①　はるとさんは，福島中学校の学校行事について考えました。はるとさんたちが中学１年生のときに行う学校行事は何ですか。次の**ア**～**ウ**の中から１つ選び，記号でかきなさい。

ア　合唱祭　　　**イ**　体育祭　　　**ウ**　文化祭

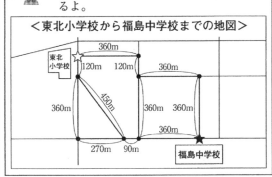

② あきこさんたちは，２つのみぞに同じ量の水を流しました。すると，砂場の砂でつくったみぞから流れ出た水の量は，少なくなっていました。それぞれの土と砂を観察すると，**<資料２>**のようになっていました。水の量が少なくなった理由を，校庭の土と砂場の砂のつぶの大きさのちがいにふれてかきなさい。

<資料２>

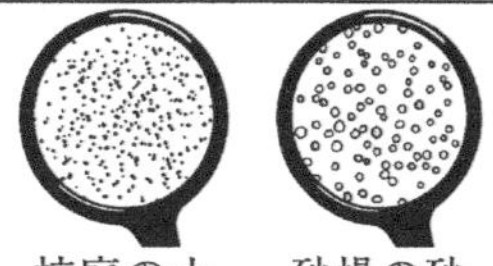

③ あきこさんは，校庭の土でつくったみぞに水を流した実験を，次のようにまとめました。

○メモ 流れている水は，みぞのはばが広いところまでくると，みぞのはばがせまいところよりも水面の高さが低くなった。また，**<図２>**の▨には，土が積もっていた。

<図２>

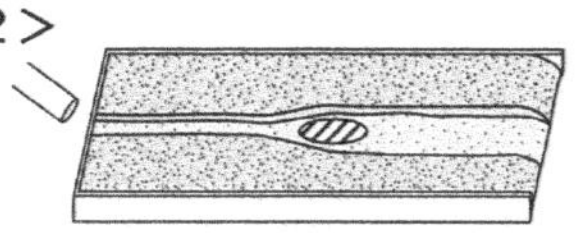

○考えたこと みぞのはばを広げると流れている水の水面の高さが低くなり，みぞのはばがせまいところよりも水はあふれにくくなる。また，みぞのはばが広くなった場所では，［　　う　　］と考えられる。

あきこさんは，▨のところで，流れの速さが変わったと考えて，［　う　］にまとめました。あきこさんは，流れの速さがどのように変わったとまとめましたか。流れる水のはたらきにふれてかきなさい。

（３） あきこさんたちは，「災害に備えてわたしたちにできること」について話し合っています。次は，そのときの会話の一部です。

しのぶ：災害の種類や大きさによっては，避難の指示が出る前に避難することも考えないといけないね。
まさお：例えば，㋓台風が近づいてきて大雨で避難するとき，どの避難所に行けばいいのかな。
あきこ：そうだね。近くにある避難所がどのような災害に対応しているのかを調べておけば，安心だね。
だいき：そうすると，㋔避難における行動について，調べた情報をもとに自分で判断するということが大事だね。
しのぶ：自分の命は自分で守れるようにしなさいとよく言われるけれど，この学習を通して，どういうことなのかがよく分かったわ。

①，②の問いに答えなさい。

① あきこさんたちが，近くにある４つの避難所の標識に示されている図や記号を調べてみると，**<資料３>**のようになっていました。下線部㋓のとき，避難に最も適していると考えられるのはどれですか。次のア～エの中から１つ選び，記号でかきなさい。

<資料３>

災害に応じた避難所として適している場合には○が，適していない場合には×がついています。

ア

洪水	*土石流	がけくずれ	火災	地震
×	○	○	○	○

イ

洪水	土石流	がけくずれ	火災	地震
○	○	×	○	○

ウ

洪水	土石流	がけくずれ	火災	地震
○	×	×	×	○

エ

洪水	土石流	がけくずれ	火災	地震
○	○	○	×	○

＊土石流：山などがくずれ土や石などが雨や川の水といっしょになって一気に流れること

② あきこさんたちは，台風が近づいてくる場合の下線部㋔のためには，どのような情報が必要かを話し合いました。話し合いの中で，台風の情報以外に下の２つが出されました。これらの情報から，どのようなことが分かれば，何を判断するのに役立てることができますか。それぞれの情報について具体的にかきなさい。

川の情報　　　ハザードマップの情報

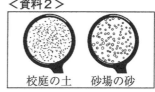

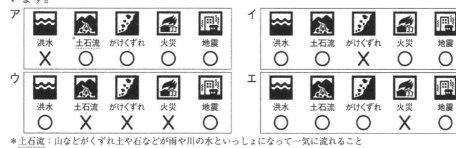

3

(200字)　(160字)

(5)

(140字)　(100字)

※

※

※

※

★教英出版注
音声は，解答集の書籍ＩＤ番号を
教英出版ウェブサイトで入力して
聴くことができます。

1

次の１～３の問いに答えなさい。

放送の内容について、次の(1)～(5)の問いに答えなさい。

(1) **【資料１】メモ（ア）**の「匹（ひき）と数える動物」と「羽（わ）と数える動物」のどちらにも加えることができる動物は何ですか。二人の話し合いの中から一つ選び、ひらがなで書きなさい。

(2) **【資料１】メモ（イ）**に加えることができる鬼《おに》の数え方は何ですか。漢字で書きなさい。また、そのように数えるのはどのような場合ですか、書きなさい。

(3) 放送から分かる二人の話し方や聞き方について、あてはまるものはどれですか。次の**ア**～**エ**の中から**すべて**選び、記号で書きなさい。

ア 聞き手がよりイメージしやすくなるように、自分の生活の中から、具体例をあげて話している。

イ 話している内容を補《おぎな》うために、実物や画像を提示しながら話している。

ウ 共感的に受け止めていることを伝えるために、「たしかに。」「本当だね。」のように話しながら、相手の話を聞いている。

エ 聞き手が話の中心をとらえやすくなるように、たとえ話を取り入れたり、図にあらわしたりしながら話している。

(4) りくさんは、「一膳（ぜん）」「一双（そう）」などの数え方に共通点があると話していました。数え方の共通点とはどのようなことですか。あなたの考えを書きなさい。

(5) **【資料２】りくさんのふり返り**にある、動物の数え方にあらわれた「日本人のものの見方」とは、どのようなことですか。二人の話し合いの中から二つ書きなさい。ただし、それぞれ**十字以上**、**二十字以内**とします。

2

むつみさんは、**【資料Ａ】ホームページの一部**を読んで「世界の水問題」に興味をもち、調べたことを友達に伝えることにしました。次は、**【資料Ａ】**ホームページの一部と**【資料Ｂ】**先生の話、**【資料Ｃ】**本の一部です。これらを読んで、後の(1)～(5)の問いに答えなさい。

【資料Ａ】ホームページの一部

…
っては当たり前のこと
はそれほど多くはなく，
あるのです。
ると，遠くの水場まで

（ユニセフホームページより）

々の飲み水の利用状況《じょうきょう》

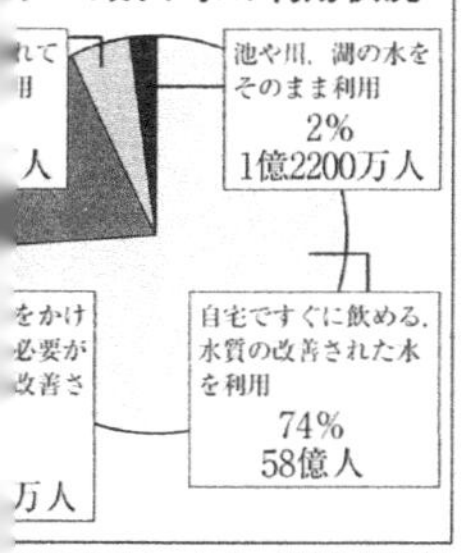

（ユニセフホームページにより作成）

【資料Ｃ】本の一部

世界の水問題を引き起こしている原因の一つは地球温暖化《ちきゅうおんだんか》である。地球温暖化により、地表の温度が上がることによって土の水分が蒸《じょう》発《はっ》しやすくなるため、乾燥《かんそう》が進み、＊2干《かん》ばつが起こりやすくなる。干ばつが起こった地域《ちいき》では、農作物が育たないばかりか、川や池の水も干《ひ》上《あ》がってしまい、飲み水すら確保できなくなってしまう。

このような地球温暖化を引き起こすものの中でも、二酸化炭素は最も排出量《はいしゅつりょう》が多く、温暖化への影響が大きい。二酸化炭素はわたしたちの生活の様々な場面で排出されており、(う)それはわたしたちが水を使う際にもあてはまる。下水処理場《しょりじょう》や浄水場《じょうすいじょう》などで用いられるポンプを動かすには、電力が必要となる。その電力を生み出す過程で二酸化炭素が発生する。

生活の中の様々な場面で排出される二酸化炭素を、どのようにして減らすことができるのか。自分たちの生活をふり返り、考えていく必要があるだろう。

＊2 干ばつ：長期間雨が降《ふ》らなかったり、雨が少なかったりして、土地がかわききってしまうこと

(1) むつみさんは、**【資料Ａ】**を読み、(あ)安全に管理された水についてくわしく説明したいと思いました。それはどのような水ですか。**二十五字**で書きぬきなさい。ただし、句読点も一字として数えます。また、その水を利用できない人々の割合《わりあい》は何％ですか。〈グラフ〉から読み取って書きなさい。

(2) むつみさんは、安全に管理された水が確保できないことで生じている問題について考えました。それはどのような問題ですか。**【資料Ａ】**の言葉を使って、**「～ことで、～という問題」**という形で二つ書きなさい。

(3) むつみさんは、(い)それは外国から大量の水を輸入しているとも言えることについて、友達に説明したいと思いました。あなたがむつみさんなら、どのように説明しますか。**【資料Ｂ】**の言葉を使って、小麦を例に、数値《すうち》を用いて書きなさい。

(4) むつみさんは、(う)それはわたしたちが水を使う際にもあてはまると言える理由について**【ノート】**にまとめました。むつみさんはどのようにまとめましたか。［ア］に入る二文を**【資料Ｃ】**から見付け、ただし、**一文目の最初の五文字**と**二文目の最後の五文字**を書きぬきなさい。ただし、句読点は一字として数えません。

放送原稿

★教英出版注
音声は，解答集の書籍ＩＤ番号を
教英出版ウェブサイトで入力して
聴くことができます。

令和五年度　適性検査2　放送台本

これから放送による問題を始めます。
この問題は、【メモ用紙】の中にある【資料】を見ながら放送を聞き、内容につ
答える問題です。それでは、右側にある【メモ用紙】だけを開きなさい。問題用紙は
てはいけません。
（十五秒後）
これから資料を読む時間をとります。気が付いたことなどを、【メモ用紙】の空い
るところや、【資料】に書いてもかまいません。ただし、声に出して読んではいけませ
時間は三十秒間です。では、始めなさい。
（三十秒後）
終わりです。
それでは、放送を始めます。放送は一度だけです。【メモ用紙】の空いているところ
【資料】にメモを取りながら聞いてもかまいません。放送を聞いた後に、問題に答えま
では、始めます。

六年生のりくさんとえみさんの二人は、国語の学習で日本語の特ちょうについて学
した。その中でも、特にものの数え方に興味をもち、おたがいに調べたことについて
し合うことにしました。
次は、その話し合いの様子です。

りく　日本語のものの数え方を調べてみたら、今まであまり気付いていなかったこと
かったよ。
えみ　どのようなことが分かったの。
りく　たとえば、ぼくは今までおはしを数えているときに、一本、二本、と数えてい
だ。でも、ものの数え方の本を読んでいたら、おはしの数え方は、何本と数える
も、一膳（ぜん）、二膳と数えるのが、より正しい数え方だということが分かっ
だ。
えみ　わたしも似たようなことを調べていてね。はしは二本で一膳と数えるでしょ。
も手ぶくろを一双（そう）と数えたり、竹馬を一対（つい）と数えるのも、同じ
方みたい。
りく　それらの数え方には、共通点があるね。ところで、えみさんは、本やインター
トで調べたいろいろな数え方を、メモを用いて分類していたよね。その中でどの
なものの数え方に興味をもったの。
えみ　わたしは絵本や物語に登場する鬼（おに）の数え方が、とてもおもしろいと思
よ。りくさんは、鬼のことをどう数えると思う。
りく　鬼は人のようだけれど人ではないから。一匹（ぴき）、二匹かな。
えみ　そうそう。りくさんの言うように、鬼は人ではないから一匹、二匹という数え方
基本的にはいいみたい。でもね、もう一つ数え方があって、それは人間と同じよ

一人、二人と数えるの。絵本などで鬼のことを一人、二人、三人と数えるのは、人と友好的な関係を築いている鬼を数える場合だということなの。鬼に対する見方を変えているのよね。

りく　鬼に対する見方が変わることによって数え方が変わるなんて、とてもおもしろいね。ぼくもこれから物語や絵本などで、鬼がどのように数えられているのか、少し気を付けて読んでみるよ。

えみ　鬼のような空想上の生き物だけでなく、実際に生きている動物の数え方もいろいろあって不思議だよね。

りく　たしかに。動物ごとに一匹と数えたり一頭と数えたりするものね。

えみ　人間より小さい動物は一匹と数えることが多く、人間より大きい動物は一頭と数えることが多いのだってね。

りく　それはぼくも調べたよ。たしかに、人間より小さいねずみやねこを一頭とは数えないし、大きい牛や馬のことを一匹とは数えないかもね。

えみ　そうよね。わたしは、家でねこを一匹飼っているのだけれど、もし、そのねこを一頭と数えてしまったら、とてつもなく大きなねこを飼っているような感じで、なんだかおかしな感じになってしまうわ。

りく　本当だね。

えみ　他にわたしがおもしろいなと思ったのは、うさぎのことを一匹と数えるだけでなく、一羽（わ）とも数えることができるということだよ。調べた本には、うさぎの長い耳を羽に見立てているから一羽と数えるのだと書いてあったよ。

りく　うさぎに羽はないのに、一羽と数える日本人の感覚は本当におもしろいな。うさぎをはじめとする動物の数え方にも、やっぱり日本人の「ものの見方」があらわれているね。その一つは、人間の大きさと比べて考えるという「ものの見方」だね。もう一つは、うさぎの数え方にあらわれた、あるものを他のものに見立てるという「ものの見方」だね。

えみ　りくさんの言うとおりね。数え方を知ることは、比べたり、見立てたりのような、日本人の「ものの見方」を知ることにもなるのかもね。

りく　そう考えると、今まで知らなかった数え方や、そのように数えるようになった由来をさらに調べていけば、日本人の「ものの見方」についても、新たな発見があるかもしれないね。

えみ　本当ね。わたしももっとたくさんの数え方や由来を調べてみたくなったわ。

以上で放送は終わりです。
それでは、問題用紙と解答用紙を開きなさい。
解答用紙に受験番号を書いてから、問題に答えなさい。
答えはすべて、解答用紙の決められた場所に書きなさい。
それでは、始めなさい。

【メモ用紙】

資料１】えみさんが「ものの数え方」を分類したメモ（記述の一部）

動物の数え方

（とう），匹（ひき），羽（わ）

（ひき）と数える動物
ずみ，ねこ

（わ）と数える動物
ずめ，にわとり

（イ）ロボット・空想上の生き物の数え方

台（だい），匹（ひき）

・台（だい）と数えるロボット
ドローン，お掃除《そうじ》ロボット

・匹（ひき）と数える空想上の生き物

【資料２】りくさんのふり返り（記述の一部）

ものの数え方について，えみさんと話す中で気付かされたことは，数え方にあらわれた日本人のものの見方だ。
例えば，鬼《おに》の数え方は，日本人が鬼をどう見るかによって変わるのである。…
また，動物の数え方にも日本人のものの見方があらわれている。…

【メモ用紙】

世界の水問題に目

じゃ口をひねれば水が出てくるのは，
です。しかし，世界で水道水をそのまま
㋐安全に管理された水を利用できない国

水に恵《めぐ》まれない国々では，近くに飲み
何時間もかけて水をくみに行かなければな
水くみはほとんどが子どもの仕事です。水
のために，学校に行けない子どもがたくさ
また，ようやく水場にたどり着いても，そ
の場合，どろや細菌《さいきん》，動物のふん尿《にょう》などで
ます。そのようなよごれた水を飲むことで
の子どもが命を落としています。

*[1]ユニセフでは，水質が改善《かいぜん》され，必要な時に自宅《じたく》でいつでも手に入る水を安全に管理された水とし，すべての人に安全に管理された水が行き届《とど》くことを目指しています。そのために，世界中の人々が多くの支援《しえん》をしています。

みなさんも，世界の水問題に目を向け，水の大切さや自分にできることを考えてみませんか。

*[1]ユニセフ：世界中の子どもたちの命と健康を守るために活動する機関

世界には水を確保するのに困《こま》っている人々がたくさんいるのね。でも、日本は水が豊富なので、世界の水問題は、わたしたちの生活にはあまり関係がないような気がするな。

【資料B】先生の話

確かに、日本には関係ないことだと思う人も多いでしょう。でも、世界の水問題は、わたしたちの生活にも関係しているのですよ。日本は食料自給率が低いため、外国から多くの食料を輸入しています。㋑それは外国から大量の水を輸入しているとも言えるのです。パンの原料である小麦を例に見てみましょう（＜図＞を見せる）。つまり、日本は、外国から、食料を生産するために必要な水も大量に輸入していることになるのです。

日本が食料を輸入している国の中には、地下水のくみあげすぎにより、農業に使う水が不足している国があります。それにより、食料の生産力の低下が見られるようになりました。これらの国から、今までと同じように大量の食料を輸入できるかどうかは分かりません。もし、食料輸入がストップしたら、日本人の食生活はどうなるのでしょうか。世界の水不足が、日本の食生活にあたえる影響《えいきょう》について考えてみてはどうでしょう。

＜図＞

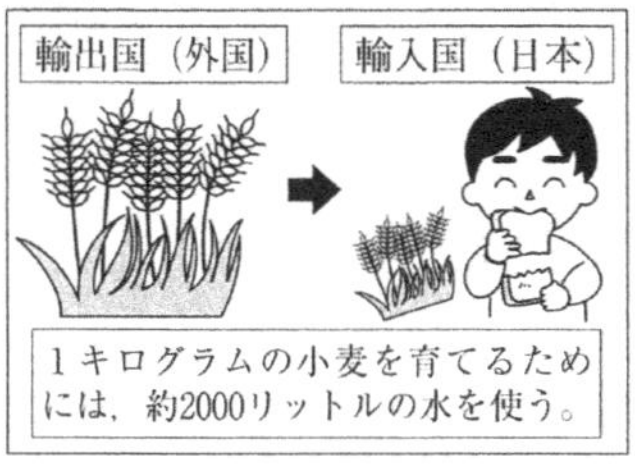

(5) むつみさんは、これまで調べたことをもとに、世界の水問題について友達に伝えることにしました。あなたがむつみさんなら、どのように伝えますか。後の**条件**にしたがって書きなさい。

条件

① あなたが伝えたい「世界の水問題」を、**【資料A】**～**【資料C】**をもとに一つ書くこと。

② ①の問題の解決に向けて、自分が取り組みたいことと、その取り組みを考えた理由を書くこと。

③ **百字以上、百四十字以内**で書くこと。ただし、句読点も一字として数え、解答らんの書き出しに続けて書くこと。また、改行せずに続けて書くこと。

3

現代の社会では、多くの人々がインターネットを利用して生活しています。下のグラフは、小・中学生のインターネット利用状況に関するアンケート調査の結果の一部です。これらは、それぞれの項目《こうもく》について、「利用している」と答えた人の割合を示しています。グラフを見て、後の**条件**にしたがって、あなたの考えを書きなさい。

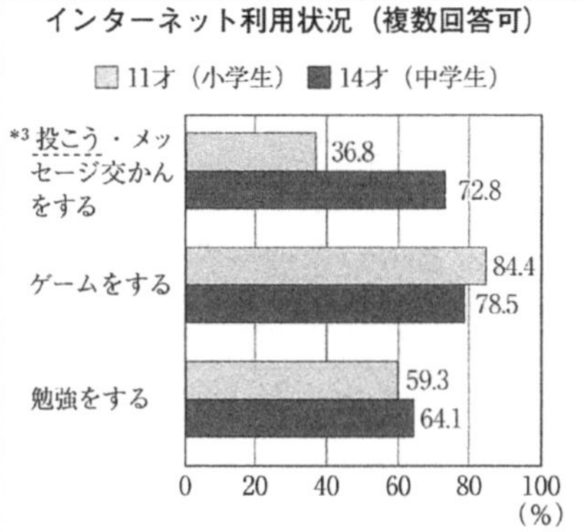

*[3]投こう：インターネット上に意見や動画などをのせること

（内閣府「令和３年度青少年のインターネット利用環境実態調査」により作成）

条件

① **百六十字以上、二百字以内**で書くこと。ただし、句読点も一字として数えること。

② **二段落《だんらく》構成**とし、**前段**は、グラフを見て気付いたことを書くこと。**後段**は、気付いたことをふまえ、これからあなたがインターネットをどのように使っていきたいかを書くこと。

③ 原稿《げんこう》用紙の使い方にしたがって、文字やかなづかいを正しく書き、漢字を適切に使うこと。

④ 題名や氏名は書かないで、本文から書き始めること。

令和５年度

Ⅱ　適性検査２

（11時00分 ～ 12時00分）

注　　意

○　指示があるまで，問題用紙とメモ用紙を開いてはいけません。

○　問題用紙は１枚《まい》あります。

○　声に出して読んではいけません。

○　解答用紙は**この用紙の裏《うら》**です。

○　**受験番号**を解答用紙の決められた場所に記入しなさい。

○　答えはすべて，解答用紙の決められた場所に記入しなさい。

○　最初の問題は**放送を聞いて**答える問題です。放送は**１度だけ**です。

○　「メモ用紙だけを開きなさい。」の指示があったら，配られたメモ用紙を開きなさい。

○　「やめなさい。」の指示があったら，すぐに筆記用具を置きなさい。

○　解答用紙の※印のらんには記入してはいけません。

受験番号
番

※

※40点満点
（配点非公表）

5 Ⅱ 適性検査２解答用紙

注意

① ※印のらんには記入しないこと。
② 解答に数値《すうち》を書く場合は、数字でも漢字でもよい。

1

(1)

(2) 数え方　場合

(3)

(4)

(5) (10字) (10字) (20字) (20字)

2

(1) %　(25字)　(20字)

(2)

(3)

3

あきこさんたちの学年では，総合的な学習の時間に「防災のための安全な町づくりとわたしたちにできること」というテーマで学習を進めています。

次の（1）～（3）の問いに答えなさい。

（1）　あきこさんたちは，防災訓練などをふり返っています。次は，そのときの会話の一部です。

あきこ：消防署《しょうぼうしょ》の方が，心肺蘇生《しんぱいそせい》では(あ)胸《むね》の真ん中あたりをテンポよく何度もおすことが特に大事だと話していたでしょう。わたしは，その理由が知りたいの。
まさお：理由を知っておくことって大事だよね。ぼくは，火事で避難《ひなん》するときに，どうして姿勢《しせい》を低くするのかが分かってよかったよ。
しのぶ：火事のときは，けむりの多くはまず上の方にいって，天井《てんじょう》などにぶつかると横に広がるからと教わったよね。
だいき：でも，(い)どうして上の方にいくのだろうね。

＜心肺蘇生＞

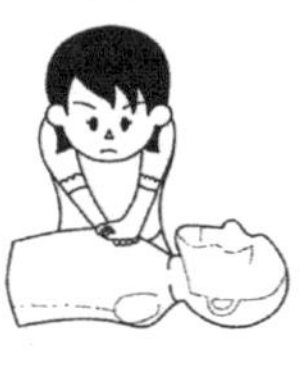

①，②の問いに答えなさい。

① しのぶさんは，あきこさんに下線部(あ)を説明しようと理科室から＜資料１＞の模型《もけい》を借りてきて，心臓《しんぞう》に見立てた２つのポンプを同時に何度かおしました。赤い色水が流れていく様子を見ていたあきこさんは，下のように話しました。［　あ　］にあてはまる言葉はどれですか。次のア～エの中から１つ選び，記号でかきなさい。

＜資料１＞

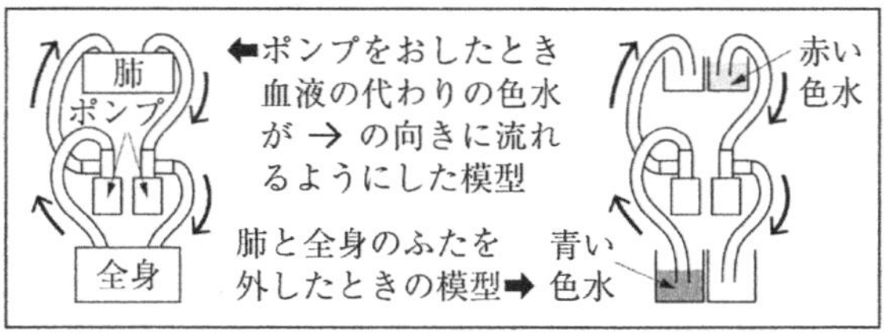

⬅ポンプをおしたとき血液の代わりの色水が → の向きに流れるようにした模型
肺と全身のふたを外したときの模型➡

心臓を何度もおすのは，血液を全身に送ることができるからなんだね。肺から出た血液を赤い色水であらわしたのは，［　あ　］が多い血液が全身に送られることを分かるようにするためなんだね。

ア　養分　　イ　体の中でいらなくなったもの　　ウ　酸素　　エ　二酸化炭素

② だいきさんは，下線部(い)を調べるために，＜実験１＞を行いました。すると，けむりの多くは底の方にいきました。まさおさんが「お湯でぬらしたハンカチをそのビーカーの底に当てたらどうかな。」と話したので試してみると，けむりは上の方にいきました。お湯でぬらしたハンカチをビーカーの底に当てる目的は何ですか，**空気**という言葉を使ってかきなさい。また，けむりが上の方にいく理由を，空気の性質にふれてかきなさい。

＜実験１＞

（2）　あきこさんたちは，「防災のための安全な町づくり」について話し合っています。次は，そのときの会話の一部です。

まさお：火事や地震《じしん》が起きたときの行動は学んだね。でも，風や雨でも災害は起きるよね。
だいき：この辺でも，昔はよく洪水《こうずい》が起きていたと，おじいちゃんが話していたよ。
しのぶ：どうして今は，洪水が起きにくくなったのかな。
だいき：堤防《ていぼう》をコンクリートなどで固めたり，川のはばを広げたりしたからだそうだよ。
あきこ：堤防を固めるとこわれにくくなるのは分かるけれど，(う)川のはばを広げるとどんなよいことがあるのかな。

①～③の問いに答えなさい。

① あきこさんたちは，下線部(う)を調べるために，＜実験２＞を考えました。

＜実験２＞

○実験　川に見立てたみぞのはばを広げると，流れる水の様子がどのように変化するのかを調べる。

○方法　＜図１＞のようなみぞを校庭の土と砂場《すなば》の砂でそれぞれつくる。ホースで水があふれないように流し続け，流れる水の様子を観察する。

＜図１＞

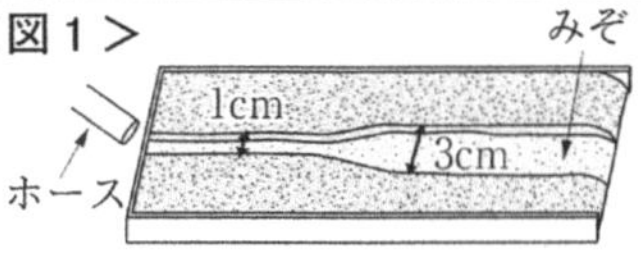

あきこさんたちは，２つのみぞの形について話し合い，右のようにしました。［　い　］にあてはまる言葉をかきなさい。

○みぞの形
・みぞ全体の長さを，等しくする。
・みぞのはばを，同じ位置で１cmから３cmに広げる。
・水の流し始めから終わりまで，みぞの［　い　］を等しくする。

② ほのかさんは，福島中学校の土地の面積を知りたいと思いました。<図>は，東北小学校の土地をあらわしています。福島中学校の土地の面積は何㎡ですか，求めなさい。

<図>

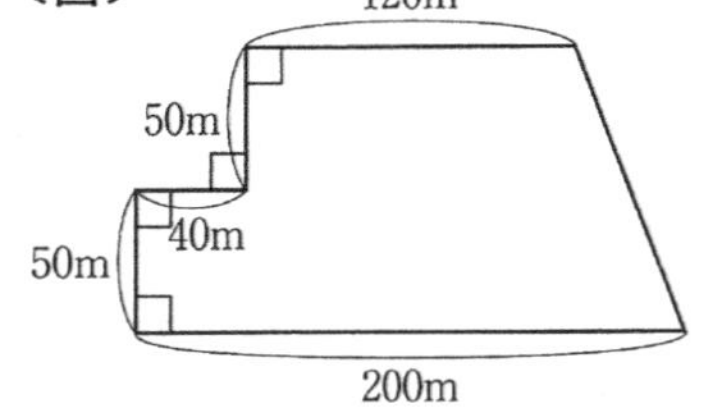

③ はるとさんは，来年度，中学校に入学する男子と女子の人数について知りたいと思いました。来年度は，全校生の男子と女子の人数が等しくなるそうです。来年度入学する男子と女子の人数はそれぞれ何人ですか，求めなさい。

④ ほのかさんは，中学生がペットボトルキャップをどのくらい集めているのか質問したところ，右のように教えてくれました。よごれていないキャップは，何人分のワクチンになりますか，求めなさい。また，求め方を**言葉**や**式**を使ってかきなさい。

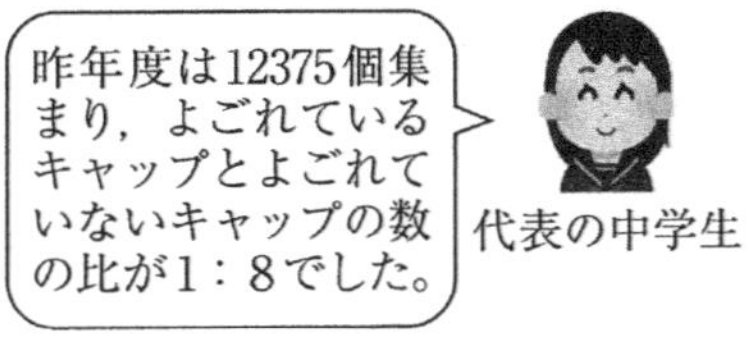

(3) 新入生体験入学を終えたはるとさんとほのかさんは，中学校入学に向けて自分の生活を見直そうと思いました。次は，はるとさんとほのかさんの会話の一部です。

> ほのか：代表の中学生が，１日の家庭学習の時間とインターネットを利用する時間を自分で決めたほうがいいと話していたね。
> はると：そうだね。ぼくは，インターネットを利用する時間が１日２時間くらいだけれど，他の６年生は１日にどのくらい使っているのかな。東北小学校の㋐6年生全員にアンケートをして，調べてみたいな。
> ほのか：それはいいね。では，女子のアンケート集計は，わたしが手伝うわ。

①，②の問いに答えなさい。

① はるとさんは，下線部㋐を行ったところ，男女の結果が**<グラフ１>**，**<グラフ２>**のようになりました。
１日のインターネットを利用する時間が１時間未満の男女合わせた人数は，６年生全体の何％ですか，求めなさい。ただし，四捨五入《ししゃごにゅう》して，上から２けたのがい数で答えること。

<グラフ１>　6年生男子25名のアンケート結果

1時間未満	1時間以上2時間未満	2時間以上3時間未満	3時間以上
12%	44%	28%	16%

<グラフ２>　6年生女子20名のアンケート結果

1時間未満	1時間以上2時間未満	2時間以上3時間未満	3時間以上
25%	45%	20%	10%

② はるとさんたちは，中学校入学に向けての目標を画用紙にかき，**<掲示《けいじ》の方法>**のようにろう下の掲示板に並《なら》べることにしました。45人分90枚《まい》の画用紙を並べると，磁石《じしゃく》は全部で何個必要ですか，求めなさい。また，児童の人数を○人，磁石の個数を△個として，○と△の関係を**式**にあらわしなさい。

<掲示の方法>

○　画用紙の１枚に学習面の目標を，もう１枚に生活面の目標をかき，１人２枚ずつ並べる。
○　並べ方は，１人分の画用紙を上下２段《だん》にして，用紙の４つのすみを磁石でとめる。
○　画用紙と画用紙のはしを重ね，重ねた部分を磁石でとめる。

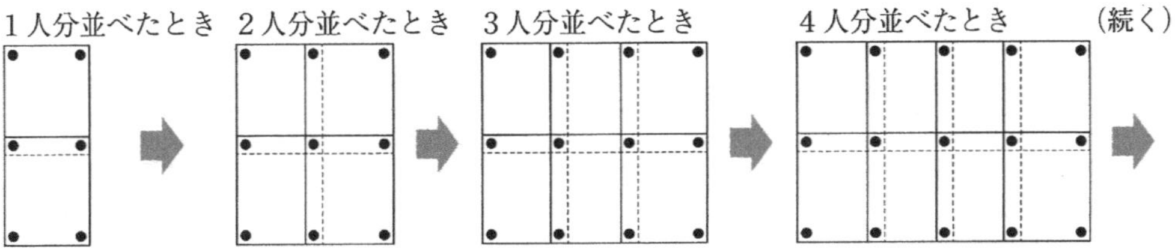

●は，磁石をあらわしている。

1　福島県の学校に通うたけしさんとさきさんたちは，総合的な学習の時間の授業で，福岡《ふくおか》県の学校に通うあゆみさんとけんじさんたちと，住んでいる県や地方のことをオンラインでたがいに紹介《しょうかい》し，興味があることについて話し合うことにしました。

次の（1）～（3）の問いに答えなさい。

（1）　たけしさんとあゆみさんは，住んでいる地方の特徴《とくちょう》について紹介し合いました。次は，その一部です。

> たけし：東北《とうほく》地方には，果樹栽培《かじゅさいばい》が盛《さか》んな地域《ちいき》が多く，りんごやももなどの果物が収穫《しゅうかく》されます。雪がたくさん積もる地域では，冬にスキーを楽しむことができます。九州《きゅうしゅう》地方の産業や気候には，どんな特徴がありますか。
>
> あゆみ：九州地方では，㋐牛や豚《ぶた》などの食用肉の生産が盛んに行われています。冬も比較的温暖《ひかくてきおんだん》であることが特徴ですが，雪が降《ふ》る山もあり，㋑スキー場もあるんですよ。

①～③の問いに答えなさい。

① たけしさんは，下線部㋐のことを知り，＜資料１＞を見付けました。＜資料１＞からいえることは何ですか。次のア～エの中から１つ選び，記号でかきなさい。

> **ア**　九州地方の北部で畜産《ちくさん》が盛んに行われている。
> **イ**　農業産出額の１位と３位の金額差が最も大きいのは，肉用にわとりである。
> **ウ**　福島県よりも南に位置する県の豚の農業産出額の合計は，全国の６分の１以下である。
> **エ**　九州地方にある県の肉用牛の農業産出額の合計は，全国の４分の１以上である。

＜資料１＞
主な食用肉の*1農業産出額　（単位：億円）

	都道府県	肉用牛	都道府県	豚	都道府県	肉用にわとり
1位	鹿児島《かごしま》県	1278	鹿児島県	847	鹿児島県	695
2位	北海道《ほっかいどう》	1049	宮崎県	521	宮崎県	687
3位	宮崎《みやざき》県	780	北海道	455	岩手《いわて》県	549
	全国	7482	全国	6122	全国	3510

*1 農業産出額：農畜産物とそれを原料として作られた加工農産物をはん売した売上額
（農林水産省九州農政局「のぞいてみよう！九州の農業～2021～」により作成）

② たけしさんは，九州地方の下線部㋑について調べ，＜資料２＞を見付けました。さらに，分かったことを次のようにまとめました。（　A　）と（　B　）にはどのような言葉が入りますか，かきなさい。

> 点P●の場所から北東に向かって，土地のかたむき具合は（　A　）になっていることが分かる。点P●の場所の高さは，1550mよりも（　B　）ことが分かる。

＜資料２＞スキー場周辺の地図

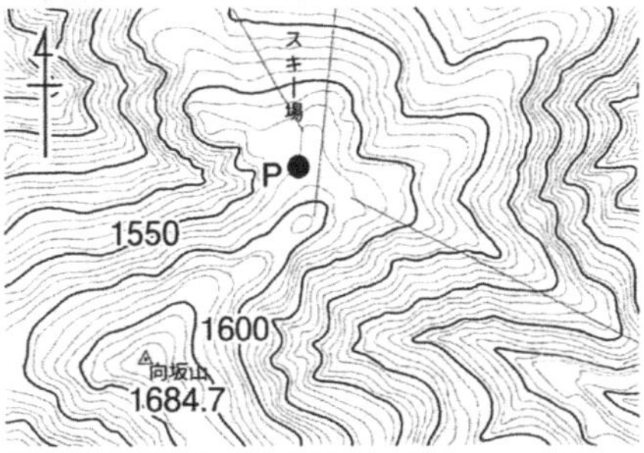

（国土地理院「地理院地図Vector」により作成）

③ たけしさんは，アメリカ人の留学生も話を聞くことを知り，福島県のことを紹介する英文を作成しました。（　あ　）と（　い　）に入る単語はどれですか。次のア～エの中から１つずつ選び，記号でかきなさい。

> This is a peach. You can（　あ　）delicious peaches.
> This is Mt.Bandai. You can（　い　）skiing.
> Mt.Bandai is beautiful.
> （注）peach(es)：もも　Mt.Bandai：ばんだい山　skiing：スキー

ア　eat　　イ　live　　ウ　go　　エ　listen

（2）　歴史の学習に興味があるさきさんとけんじさんは，東北地方と九州地方に関わりのある出来事について話し合いました。次は，その一部です。

> さ　き：鎌倉幕府《かまくらばくふ》が，九州北部にせめてきた元《げん》と戦ったことを学習したのですが，けんじさんが住んでいる地方には，そのことに関する遺跡《いせき》などはありますか。
>
> けんじ：元がせめてきたときに守りを固めるために築いた㋒防塁跡《ぼうるいあと》が残っていますよ。さきさんは，東北地方の歴史について知っていることはありますか。
>
> さ　き：㋓福島県では，明治新政府軍《めいじしんせいふぐん》と旧江戸幕府軍《きゅうえどばくふぐん》の間で戦いが起きたと聞いたことがあります。

①，②の問いに答えなさい。

① さきさんは下線部㋒の場所について調べました。鎌倉時代に＜資料３＞のような防塁が築かれた場所はどこですか。＜資料４＞のア～エの中から１つ選び，記号でかきなさい。

＜資料３＞防塁跡（福岡県）

＜資料４＞福岡県沿岸の地図

解答用紙

※60点満点
（配点非公表）

注意　※印のらんには記入しないこと。

(1)	①	
	②	（目的）
		（理由）
(2)	①	
	②	
	③	
(3)	①	
	②	（川の情報）
		（ハザードマップの情報）

令和４年度

Ⅰ 適性検査１

（９時30分 ～ 10時30分）

注　　意

○ 「始めなさい。」の指示があるまで，問題用紙を開いてはいけません。

○ 問題用紙は３枚《まい》あります。

○ 声に出して読んではいけません。

○ 解答用紙は**この用紙の裏**《うら》です。

○ **受験番号**を解答用紙の決められた場所に記入しなさい。

○ 答えはすべて，解答用紙の決められた場所に記入しなさい。

○ 「やめなさい。」の指示があったら，すぐに筆記用具を置きなさい。

○ 解答用紙の※印のらんには記入してはいけません。

福島県立会津学鳳中学校
福島県立ふたば未来学園中学校

受験番号
番

※

4 Ⅰ　適性検

1	(1)	①					
		②	生産だけではなく，				
	(2)	①	福島市		新潟市		
		②	a		b		c
		③	あ		働き		
	(3)	①					
		②					
		③					

2	(1)	①	円
		②	時　　　　分まで
		③	
	(2)	①	
		②	m
	(3)	①	倍
		②	mL
		③	（面積の比）小さな円１つ分の面積：大きな円の面積＝　　　：
			（求め方）

② としきさんは，福島県では100年以上前から，現在のようなももが栽培されていたことを知りました。そこで，そのころの主な出来事を**<年表>**にまとめました。**a**～**c**に当てはまる出来事はどれですか。次の**ア**～**ウ**の中から選び，それぞれ記号でかきなさい。

ア　大日本帝国憲法《ていこくけんぽう》が発布される

イ　第１回帝国議会が開かれる

ウ　廃藩置県《はいはんちけん》が行われる

<年表>

福島県に関わる主な出来事	日本に関わる主な出来事
1871年　若松《わかまつ》県，福島県，磐前《いわさき》県の３つの県ができる	1871年　（　a　）
	1873年　地租改正《ちそかいせい》が行われる
1876年　今の福島県が成立する 野口英世《のぐちひでよ》が生まれる	1877年　西南《せいなん》戦争が起こる
	1889年　（　b　）
	1890年　（　c　）
1891年ごろ　福島県のある地域《ちいき》で現在のようなももの栽培が始まる	1894年　日清《にっしん》戦争が起こる

③ としきさんは，下線部㋛について調べたことを，次のようにまとめました。

> 「あかつき」を開発したのは，［　あ　］のもとで実際の仕事を受けもつ省庁《しょうちょう》の１つである農林水産省です。試験栽培を中止する県がある中，福島県は，ねばり強く研究を続けました。その結果，現在のように味がよく，実が固く日持ちする「あかつき」が完成し，東日本を中心に出荷《しゅっか》されるようになりました。

（福島県農林水産部「ふくしまがおいしい理由」，2020一般社団法人福島市観光コンベンション協会「福島の人気桃『あかつき』が生まれるまで」により作成）

［　あ　］は，国会，裁判所《さいばんしょ》とともに国の重要な役割《やくわり》を分担《ぶんたん》しています。［　あ　］には，どのような言葉が入りますか，かきなさい。また，［　あ　］の働きとして正しいものはどれですか。次の**ア**～**エ**の中から１つ選び，記号でかきなさい。

ア　予算を使って，実際に国民のくらしを支えたり，外国と条約を結んだりする。

イ　争いごとや犯罪が起こったときに，憲法や法律《ほうりつ》にもとづいて判断し，解決する。

ウ　憲法を改めることを国民に提案する。

エ　条例を制定，改正，廃止《はいし》する。

（３）　さやかさんたちは，農家の人の現在の取り組みやこれからの福島県の農業について調べました。①～③の問いに答えなさい。

① としきさんは，ある店で売られている農産物にはられているシールには，**<資料４>**の**a**，**b**のように２種類のシールがあることに気付きました。**a**には，消費者に安心して買ってもらうための工夫がされています。それはどのような工夫ですか，かきなさい。

② さやかさんは，福島県が開発した「福《ふく》、笑《わら》い」という米に関する**<資料５>**を見付け，「福、笑い」について次のようにまとめました。（　**A**　），（　**B**　）にはどのような言葉が入りますか。**<資料５>**を参考にして，次の**ア**～**エ**の中から正しい組み合わせを１つ選び，記号でかきなさい。

> 生産量を（　**A**　）したり，生産条件や品質基準をきびしくしたりすることで，よりよい品質を保ち，価格を他品種よりも（　**B**　）設定することができます。

ア　A―多く　B―高く　　**イ**　A―少なく　B―高く

ウ　A―多く　B―低く　　**エ**　A―少なく　B―低く

③ さやかさんは，農業を行っている人の数について，福島県以外でも同じ課題があることを知りました。さらに調べていくと，福島県や国は，**<資料６>**のような機械を使った農業を広めようとしていることが分かりました。このような取り組みをしているのはなぜですか。**<資料１>**から読み取れることにふれて，**生産量**という言葉を使って，その理由をかきなさい。

<資料４>農産物のシール

a

産　地　福島市
品　名　きゅうり
198円
生産者
福島一郎

b

きゅうり
福島県産（福島市）
198円

<資料５>「福、笑い」と他品種

福、笑い
○　価格
2 kg　1600円程度
○　生産条件や品質基準
・県などが認《みと》めた農家以外は栽培できない。
・米つぶの大きさなど，基準を満たさなければ「福、笑い」と名乗ることができない。
○　生産量　37 t

福島県産の他品種
○　価格
5 kg　1900円～2300円程度
○　生産条件や品質基準
県が設けている条件は特になし
○　生産量　367000 t

（福島県農林水産部「福、笑い」「令和２年産『福、笑い』の先行販売について」，総務省「小売物価統計調査」，東北農政局「令和２年度水稲の収穫量（福島）」により作成）

<資料６>
農業における新たな機械

自動走行トラクター

自動運転田植え機

（農林水産省「スマート農業の展開について」，福島県農林水産部「福島県スマート農業等推進方針」により作成）

2

たくやさんは，冬休みに妹と弟の３人で計画を立て，祖父母の家に行きました。そのときに体験したことを，パンフレットにまとめて，３学期に学級の友達にしょうかいすることにしました。次は，**<旅の計画>**と**<たくやさんがまとめたパンフレット>**です。

次の（１）～（４）の問いに答えなさい。

<旅の計画>

旅のコース

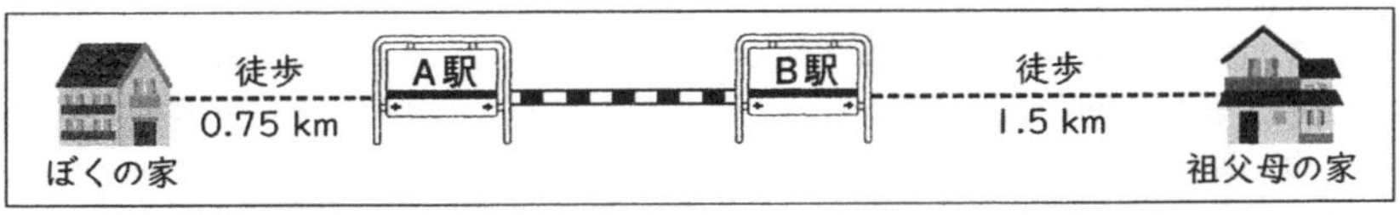

旅の計画メモ

<A駅の時刻表《じこく》>

A駅発	B駅着
8：58	9：18
9：13	9：33
9：35	9：55
9：50	10：10

<電車の料金>

【A駅からB駅まで】

おとな：360円

（おとな　12才以上）

こども：おとなの料金の半額

（こども　6才以上12才未満）

<おみやげ>

【種類】	【1個の値段《ねだん》】
まんじゅう	110円
どらやき	130円
クッキー	90円
カステラ	160円
プリン	200円

（値段は，すべて税《ぜい》込み）

<たくやさんがまとめたパンフレット>

おじいちゃん，おばあちゃんといっしょに

日本の伝統を感じる旅

おすすめ体験

1　昔あそび　たこあげに挑戦《ちょうせん》

<たこのつくり方>

① 和紙を線対称《せんたいしょう》な図形に切る。

② 竹ひごをはる。

③ あしと糸をつける。

ぼくが切った形は，対称の軸《じく》が２本だけの図形だよ。

2　昔からの便利グッズ　ふろしきのよさを知る

<ふろしきのつくり方>

① １辺の長さが90 cmの正方形の布を用意する。

② それぞれの辺を，三つ折りにしてぬう。

3　伝統の味　巻《ま》きずしをつくる

<米と水の分量>

（２人分）

・米　200 mL

・水　240 mL

<巻きずしの材料>

・ご飯　・すし酢《ず》

・たまご　・のり

・しそふりかけ

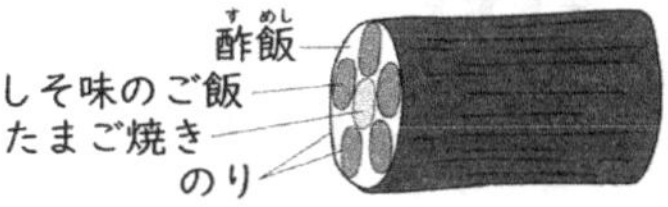

4　昔の人も学んでいた　江戸《えど》時代の問題に親しむ

<算額《さんがく》>

算額は，和算《わさん》（江戸時代に日本で独自に発達した数学）の問題をつくり，問題や解き方，答えを板に書いたもの。江戸時代の人々は，問題が解けたことを神や仏に感謝して，算額を神社や寺に納《おさ》めていた。

<神社に飾《かざ》られている算額の一部>

<みんなへの問題>

四角形ABCDは長方形です。三角形DEFの面積と等しい面積の三角形は？

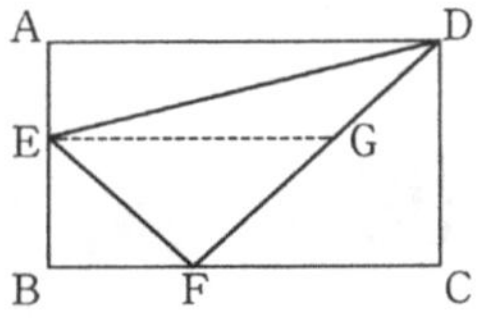

２つの点Eと点Gを結んだ直線は，辺AD，辺BCと平行

（１）　たくやさんは，**<旅の計画>**をもとに，祖父母の家に行く準備をしました。①～③の問いに答えなさい。

① たくやさんたちは，祖父母の家に行くために，A駅からB駅まで電車に乗ることにしました。そのとき，たくやさんの母がB駅までいっしょに行くことになりました。A駅からB駅までの４人分の電車の料金はいくらになりますか，求めなさい。

③　ひろとさんは，下線部㋔の話を聞いて，黒色のビニールシートのはたらきを予想し，それを確かめるために**＜実験２＞**を行いました。この実験結果は，ひろとさんの予想どおりになりました。ひろとさんは，シートにどのようなはたらきがあると予想しましたか，かきなさい。

＜実験２＞

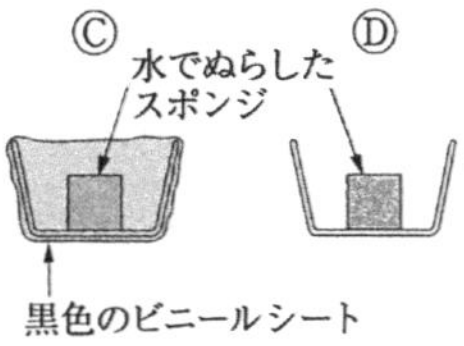

○実験方法

①　朝，２つの同じ透明な容器に，同量の水でぬらしたスポンジをそれぞれ入れる。Ⓒだけ黒色のビニールシートで包み，外の空気と中の空気の出入りがないようにする。

②　ⒸとⒹを朝から夕方まで日の当たる同じ所に置き，実験前と後の全体の重さを比べる。

○実験結果

	実験前	実験後
Ⓒの重さ（ビニールシートの重さ：２g）	68 g	68 g
Ⓓの重さ	66 g	57 g

④　ちはるさんは，下線部㋕と同じようなことが，身の回りでも見られるのではないかと考えました。下線部㋕のように水てきが付く仕組みとは**ちがうもの**はどれですか。次の**ア**～**エ**の中から１つ選び，記号でかきなさい。

ア　暑い日に，テーブルに置いてある氷水の入ったコップを見たら，表面がくもっていた。

イ　暑い日に，きりふきに水を入れて植物にふき付けたら，葉の表面がぬれた。

ウ　寒い日に，やかんでお湯をわかしていたら，近くのかべがぬれていた。

エ　寒い日に，学校のろう下の窓《まど》を見たら，窓ガラスがくもっていた。

（３）　ひろとさんたちは，収かくしたサツマイモを調理しています。次は，そのときの会話の一部です。

ちはる：わたしが焼いたサツマイモは，火が強くて黒くこげてしまったよ。ひろとさんのサツマイモは，こげなかったかな。

ひろと：ぼくは㋖ゆでたから，こげてはいないね。

山　田：失敗も大切な勉強だよ。それと，２人がつくったサツマイモのバターいためは，あまくておいしかったね。後かたづけで洗剤《せんざい》を使うときは，この洗剤を使ってフライパンやお皿を洗ってくださいね。

ひろと：すい事場のはり紙を見ましたが，この洗剤は，ふだんわたしたちが家で使っているものとはちがうのですか。

山　田：多くのみなさんが家で使っているものは，*合成洗剤です。ここでは，㋗水をよごしにくく，自然にやさしい洗剤を使っているのです。ここで使った水は，そのまま川や海に流れます。

＊　合成洗剤：石油を原料とした洗剤で，水のよごれの原因になりやすい

かまどの様子

すい事場のはり紙

①，②の問いに答えなさい。

①　ひろとさんが下線部㋖のように言ったのは，水のどのような性質をもとに考えたからですか。次の**ア**～**エ**の中から最も適切なものを１つ選び，記号でかきなさい。

ア　水は，温められると，体積が大きくなる。

イ　水は，氷や水蒸《すいじょう》気《き》にすがたを変える。

ウ　水は，ふっとうする温度が決まっている。

エ　水は，温められると，上の方から順に温まっていく。

②　ひろとさんたちは，下線部㋗の話を聞き，家庭からの排水《はいすい》について調べました。すると，台所から出される水が最もよごれていることが分かりました。台所から出される水のよごれを少なくするために，あなたにできることは何ですか。自然にやさしい洗剤を使うこと以外でかきなさい。

3

選んだ標語（　A　・　B　）どちらかに○をつける。

（200字）　（160字）

(5)

（140字）（120字）

※

※

※

※

※

※

★教英出版注
音声は，解答集の書籍ＩＤ番号を教英出版ウェブサイトで入力して聴くことができます。

1

次の１～３の問いに答えなさい。

放送の内容について、次の(1)～(5)の問いに答えなさい。

(1) 【資料２】の[　　]に入る意見は何ですか。二人の話し合いの中の言葉を使って書きなさい。

(2) あさみさんは、意見を分類することは大事だと話していました。その理由は何ですか、書きなさい。

(3) かずやさんが取り上げていた、たけるさんの「提案理由」は何ですか、書きなさい。また、その理由に合う「学級でやりたいこと」は何ですか。【資料２】の中にあり、二人の話し合いでも取り上げられた意見から、一つ選んで書きなさい。

(4) 二人の話し合いについてあてはまるものはどれですか。次のア～エの中から一つ選び、記号で書きなさい。

ア　家族や先生の意見と比べて話し合うことにより、考えをまとめようとしている。

イ　提案カードの提案理由をもとに話し合うことにより、集会の内容や順番を決定しようとしている。

ウ　学級会の記録にある言葉や数値《すうち》を引用して話し合うことにより、提案の目的を明らかにしようとしている。

エ　たがいに相手の意見を生かしながら話し合うことにより、考えを深めようとしている。

(5) あさみさんは、二人の話し合いの最後に、学級会で話題にすることを話しました。その内容は何ですか。「**一月の学級会では、**」に続けて書きなさい。

2

あかりさんの学級では、総合的な学習の時間に、自分たちの住んでいるあおば市に伝わる、地域《ちいき》の食文化について調べています。次は、あかりさんが調べた【本の一部】と、調べた後の【グループの話し合い】の様子です。これらを読んで、後の(1)～(5)の問いに答えなさい。

【本の一部】

日本は南北に長く、山、川、海などの自然にめぐまれ、季節に変化があります。そのため、収かくできる食材やそれらを使った料理が、地域によって異《こと》なります。このように、その土地ならではの食材や調理法で作られ、地域の伝統として受けつがれてきた料理を郷土《きょうど》料理といいます。

正月に食べる雑煮《ぞうに》もその一つです。雑煮とは、もちと地域の食材で作った汁物《しるもの》のことです。もちは、昔からお祝い事や特別な日の食べ物でした。年末にもちをつき、その地域の食材とともに神様へお供《そな》えをした後、雑煮にして、家族や仲間といっしょに食べていたそうです。

雑煮は、その地域の食材を使うため、地域性が強く出ます。〈**全国雑煮マップ**〉のよう

類していない。
り作成）

(1) あかりさんは、【本の一部】を読んで分かったことをまとめました。その内容として最も適切なものはどれですか。次のア～エの中から一つ選び、記号で書きなさい。

ア　日本は南北に長く、山、川、海などの自然にめぐまれているため、家庭ごとに様々な食文化が受けつがれてきた。

イ　人々は、地域の伝統を受けついでいくために、もちや地域の食材を神様へお供えしてきた。

ウ　雑煮は、地域の食材を使い、もちの形や汁の味付けなどが異なっているため、地域の文化を映し出しているといえる。

エ　雑煮には地域の特色が強く出るため、東北《とうほく》地方と九州《きゅうしゅう》地方では、もちの形も汁の味付けもちがう。

(2) あかりさんは、【グループの話し合い】で、福島県の雑煮について話しています。[あ]には、どのような説明が入りますか。「**福島県の雑煮は、**」に続けて、大阪府の例と同じように書きなさい。

(3) あかりさんは、【グループの話し合い】で、郷土料理とインスタント食品には、それぞれに特ちょうがあると気付き、ノートにまとめました。[A]～[C]には、どのような言葉があてはまりますか。【本の一部】と【グループの話し合い】から、それぞれ書きぬきなさい。ただし、その際、A、Bは**三字以内**、Cは**二十字以内**で書きなさい。句読点も一字として数えます。

【あかりさんのノート】

〇郷土料理の特ちょう
・旬の食材を使うため、[A]を感じることができる。
・[B]が出る。その理由は、その土地ならではの食材と調理法で作られるからである。

〇インスタント食品の特ちょう
・お湯を注ぐだけで、だれでも簡単に調理できる。
・非常食としても使われている。その理由は、[C]からである。

(4) あかりさんは、【グループの話し合い】で、家庭の中で、伝統的な地域の食文化が受けつがれにくくなっている理由の一つを考えました。あなたは、あかりさんが友達にどのように説明したと考えますか。[い]に入る説明を〈**資料**〉から読み取り、〰〰〰部の根拠《こんきょ》となるように書きなさい。

(5) あかりさんは【**広報誌**】を読み、地域の食文化を広める取り組みについて考えてみることにしました。あなたなら、〈**市民の思い**〉を実現できるような取り組みについて、どのように提案しますか。あなたの考えを後の**条件**にしたがって書きなさい。

放送原稿

★教英出版注
音声は，解答集の書籍ＩＤ番号を
教英出版ウェブサイトで入力して
聴くことができます。

令和四年度　適性検査２　放送台本

これから放送による問題を始めます。
この問題は、【メモ用紙】の中にある【資料】を見ながら放送を聞いて
る問題です。それでは、右側にある【メモ用紙】だけを開きなさい。問題用
開いてはいけません。
（十五秒後）
これから【資料】を読む時間をとります。気が付いたことなどを、【メモ
に書いてもかまいません。ただし、声に出して読んではいけません。時間は
秒間です。では、始めなさい。
（三十秒後）
終わりです。
それでは、放送を始めます。放送は一度だけです。【メモ用紙】にメモを
ながら聞いてもかまいません。放送を聞いた後に問題に答えます。では、始
す。

六年生のあさみさんとかずやさんの二人は、学級会の計画や準備を行う計
員になりました。二人は一月の学級会の議題である「お別れ集会を開こう」
いて、学級のみんなに意見を書いてもらった、【資料１】の提案カードをもと
話し合うことにしました。
それでは、これから、その話し合いの様子を放送します。

あさみ　提案カードの学級でやりたいことの中には、「一言スピーチ」や「
を伝える歌」というものがあったね。
かずや　ぼくも同じ提案カードを見たよ。あと、ぼくが見た中には「家族へ
謝の手紙」ということも書いてあったよ。
あさみ　歌を作ったり、「家族への感謝の手紙」を書いたりするのは時間が
ってしまうね。忙しい三学期には難しいかもね。
かずや　確かに感謝の気持ちが伝わるように、今までのことを思い出しなが
紙を書くのは時間がかかるね。でも、じっくり時間をかけて書き上げ
らこそ、感謝の気持ちは伝わるのではないかな。今話したことも含め
学級会で話題にしてみるのはどうかな。
あさみ　そうだね。みんなの考えを聞いてみなくてはね。他にも、カルタで
生活をふり返る「学級カルタ」や「雪合戦」、あとは「いす取りゲーム
どが書いてあったよ。
かずや「いす取りゲーム」はみんなが楽しめるし、準備に時間がかからない
ね。そういえば、この前、去年の６年生が書いていた学級会の記録を
んだ。その一月のページに、やっぱりお別れ集会でやりたいことについ
話し合ったことが書いてあったよ。
あさみ　去年の６年生も同じようなことを考えていたのね。

（さらに提案カードを見ていた二人は、【資料2】のように意見を分類することにしました。）

あさみ　やはり、意見を分類することは大事ね。みんなの思いや準備にかかる時間がイメージしやすくなったもの。

かずや　本当だね。みんなにも、この表を見てもらおうよ。よりよい集会にしていくためには、さらに何が必要になってくるのかな。

あさみ　みんなでお別れ集会をやるということは決まっているのだから、「何のために」集会を開くのか、目的を明らかにすることが必要だと思う。

かずや　それは提案カードでいえば、提案理由のところだね。

あさみ　そうそう。たとえば、みすずさんの提案カードには、【わたしたちは、家族や先生方にたくさん支えてもらって成長することができた。だからその感謝の気持ちを、小学校の最後に伝えたい。】と書いてあるよ。ふだんはなかなか言葉にできない感謝の気持ちを伝えるために、家族や先生方を招待するのもいいかもね。

かずや　ぼくも、家族や先生方を招待するのはとてもいいと思うよ。また、たけるさんの提案カードには、【今までの学校生活をふり返りながら、楽しい思い出をつくりたい。】と書いてあるよ。ぼくも、今までの学校生活をふり返りながら楽しむことができたら、忘れられない思い出になると思うな。

あさみ　なるほどね。こうして提案理由を見ながら目的を考えていると、感謝の気持ちを伝えるっていうのも大切なことだなと思ったし、学級のみんなで思い出をつくることもすてきだなと思ったよ。どちらか一つに決めるのは難しいね。

かずや　あさみさんの話を聞いていて思ったのだけれど、どちらか一つの目的にしぼるのではなくて、どちらの目的も達成できるような集会にしていけばいいのではないかな。たとえば、家族や先生方に感謝の気持ちを伝えるだけでなく、家族や先生方ともいっしょにできることを考えてみるのはどうかな。

あさみ　それはとてもいいアイディアね。では、一月の学級会では、お別れ集会について、二つの目的を意識しながら、家族や先生方ともいっしょにできるようなことを考えようと、話題にしてみようよ。

以上で放送は終わりです。
それでは、問題用紙と解答用紙を開きなさい。
解答用紙に受験番号を書いてから、問題に答えなさい。
答えは、解答用紙の決められた場所に書きなさい。
それでは、始めなさい。

【メモ用紙】

【資料1】提案カード

提案カード

名前

① 学級でやりたいこと

② 提案理由

【資料2】意見を分類した表

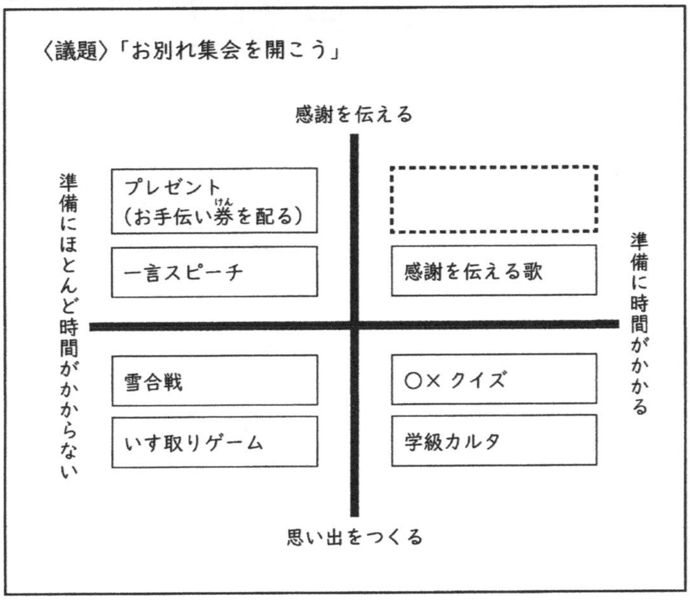

【メモ用紙】

は、大阪府の雑煮は、白みその
汁に、煮た丸もちなどが入っています。雑煮は、それぞれの地域の文化を映《うつ》し出しています。
このように、郷土料理は単なる料理ではなく、わたしたちの祖先が育んできた文化なのです。人々は、郷土料理を通して、家族や地域のきずなを深めてきました。これは、郷土料理の魅力《みりょく》といえるでしょう。家庭や地域の伝統を受けついだふるさとの味を、これからも大切にしていきたいものです。

〈全国雑煮マップ〉

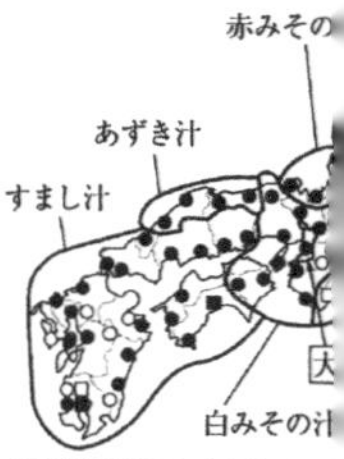

※北海道と沖縄県は、各家庭によっ
（農林水産省「全国雑

【グループの話し合い】

あかり：〈全国雑煮マップ〉では、［　あ　］。わたしは毎年、おばあちゃんの雑煮を家族で食べているけれど、アンケートでは、全校生の約四分の一は、給食でしか雑煮を食べたことがないと答えているわ。雑煮を食べる家庭が減っているのかな。

りょう：家庭の中で、伝統的な地域の食文化が受けつがれにくくなっているみたいだね。その理由は何かな。

あかり：この〈資料〉を見て。［　い　］。そのために、家庭ならではの食文化が、祖父母から親や子へ伝えられにくくなってきたんだね。

〈資料〉家族構成の割合《わりあい》の変化

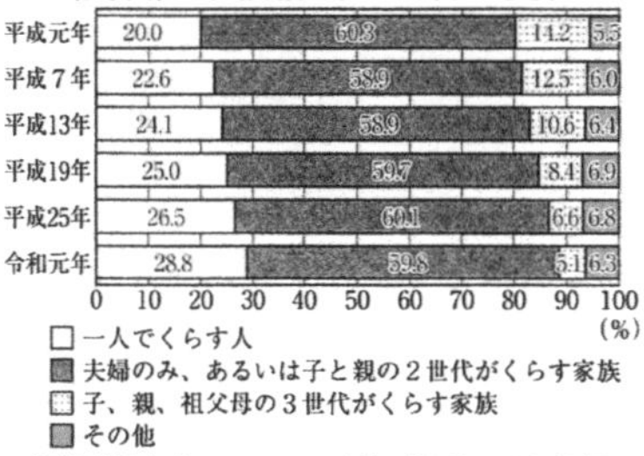

（厚生労働省「グラフでみる世帯の状況」により作成）

たかし：なるほどね。ぼくは、人々の食生活の変化も理由の一つだと思うんだ。お湯を注ぐだけで、だれでも簡単《かんたん》に調理できるインスタント食品などの消費量が増えているんだって。

ゆい：そうなんだ。インスタント食品のよさは、長い間保存《ほぞん》ができ、味や風味が変わらないところだね。非常食としても使われているよ。

りょう：その一方で、郷土料理は、地域の*旬《しゅん》の食材を使うから、食べることによって、季節を感じることができるし、地域を知ることもできるね。

ゆい：自分の生まれた地域のよさに改めて気付くことができるのも郷土料理の魅力だね。

あかり：そういえば、あおば市の広報誌《こうほうし》で、地域の食文化を広める取り組みを募集《ぼしゅう》していたわ。（話し合いは続く。）

＊ 旬…食べ物の最も味のよい時期

未来に残したい！あおば市の

あおば市では、
食文化を広める取
を募集しています。
さんのアイディアを
ちしています。

子ども	・郷土料理を作って、食べてみたい ・郷土料理のおいしさを伝えたい
子育て世代	・郷土料理を教えてほしい ・子どもといっしょに地域の特産物を育てる体験をしたい ・地域の特産物を知ってもらいたい
高れい者	・地域の子どもたちと交流したい ・郷土料理の作り方を伝えたい ・地域の特産物を教えたい

条件

① あなたが提案したい取り組みを書くこと。
② 次に、その取り組みを提案する理由を書くこと。その際、「子ども」「子育て世代」「高れい者」から二つの立場を選び、両者の思いにふれて書くこと。
③ 最後に、この取り組みのよさについて、**【本の一部】**または**【グループの話し合い】**にある郷土料理の魅力にふれて書くこと。
④ **百二十字以上、百四十字以内**で書くこと。ただし、句読点も一字として数え、改行せずに続けて書くこと。

3

次は、「読書」に関する標語です。**A**と**B**の標語からどちらか一つを選び、あなたが考えるその標語の意図と、あなたの読書についての考えを後の**条件**にしたがって書きなさい。

A　いつかじゃなくて、今読もう
B　最後の頁《ページ》を閉じた　違《ちが》うわたしがいた

（公益社団法人読書推進運動協議会「読書週間」ホームページにより作成）

条件

① **百六十字以上、二百字以内**で書くこと。ただし、句読点も一字として数えること。
② **二段落《だんらく》構成**とし、**前段**は、あなたが考えるその標語の意図を書き、**後段**は、**前段**をふまえて、あなたの読書についての考えを書くこと。
③ 原稿《げんこう》用紙の使い方にしたがって、文字やかなづかいを正しく書き、漢字を適切に使うこと。
④ 題名や氏名は書かないで、本文から書き始めること。

令和４年度

Ⅱ 適性検査２

（11時00分 ～ 12時00分）

注　　意

○ 指示があるまで，問題用紙とメモ用紙を開いてはいけません。

○ 問題用紙は１枚《まい》あります。

○ 声に出して読んではいけません。

○ 解答用紙は**この用紙の裏《うら》**です。

○ **受験番号**を解答用紙の決められた場所に記入しなさい。

○ 答えはすべて，解答用紙の決められた場所に記入しなさい。

○ 最初の問題は**放送を聞いて**答える問題です。放送は**１度だけ**です。

○ 「メモ用紙だけを開きなさい。」の指示があったら，配られたメモ用紙を開きなさい。

○ 「やめなさい。」の指示があったら，すぐに筆記用具を置きなさい。

○ 解答用紙の※印のらんには記入してはいけません。

受験番号

番

※

4

Ⅱ

適性検査２解答用紙

注意

※印のらんには記入しないこと。

1

(1)

(2)

(3)

（提案理由）

（学級でやりたいこと）

(4)

(5)

一月の学級会では、

(1)

(2)

福島県の雑煮は、

(3)

A (3字)

B (3字)

C (20字)

(4)

※40点満点
（配点非公表）

3

ひろとさんとちはるさんの学級では，秋の遠足で山田《やまだ》さんが経営する農園に行きました。
次の（1）～（3）の問いに答えなさい。

（1）　次は，ひろとさんたちがリンゴを収かくしているときの，山田さんとの会話の一部です。

ひろと：あの箱は，何ですか。
山　田：あれは，ハチの巣箱だよ。
ちはる：今もハチがいるのですか。
山　田：今はいないよ。４月の初めごろにハチの入った新しい巣箱を運んでくるんだよ。ハチは巣箱の中で，(あ)たまご，よう虫，さなぎ，成虫と育つんだ。そして，花がさいている４月の終わりから５月の初めにかけて，(い)ハチは，リンゴの木が実をつけるための大切な役割《やくわり》を果たすのだよ。
ひろと：そうなのですね。ところで，どうして木の下に，アルミニウムはくのような(う)銀色のシートをしいているのですか。
山　田：実の下の方にも光を当てて，実全体がきれいに色付くようにしているからだよ。リンゴは光が当たると，赤く色付くからね。

①～③の問いに答えなさい。

①　ひろとさんは，下線部(あ)の順に育つこん虫について調べました。ハチと同じ育ち方をするこん虫はどれですか。次の**ア**～**オ**の中から**すべて**選び，記号でかきなさい。

ア　チョウ　　**イ**　バッタ　　**ウ**　トンボ　　**エ**　カブトムシ　　**オ**　カマキリ

②　ちはるさんは，下線部(い)について調べました。その役割とは何ですか，かきなさい。

③　山田さんは，下線部(う)によって，実の下の方にも光が当たる理由を教えてくれました。その理由は何ですか，かきなさい。

（2）　次は，ひろとさんたちがサツマイモを収かくするときの，山田さんとの会話の一部です。

山　田：まずは，この黒色のビニールシートを取りましょう。
ちはる：シートの下は，暗いね。
ひろと：あれっ，シートの周りには草がたくさん生えているのに，シートの下には草があまりないね。生えている草も周りの草と比べて小さいものばかりだね。
ちはる：本当だね。(え)暗いことと何か関係があるのかな。
山　田：そうだね。(お)このシートには，サツマイモの成長を助けるはたらきがあるんだよ。
ちはる：（さらにシートを取っていくと）(か)シートの内側には，水てきが付いている部分があるね。

サツマイモ畑

①～④の問いに答えなさい。

①　ちはるさんは，下線部(え)について調べるために**<実験１>**を行いました。実験結果は，ちはるさんの予想とはちがうものとなりました。それはなぜですか。その理由を，**日光**という言葉を使ってかきなさい。

<実験１>

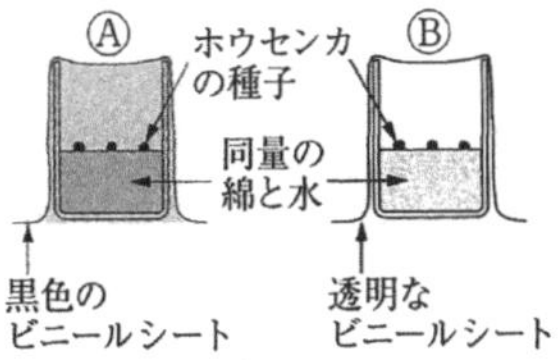

○**予想**　暗いところでは，ホウセンカはほとんど発芽しない。
○**実験方法**
　①　２つの同じ透明《とうめい》な容器に，同量の綿と水をそれぞれ入れ，その上にホウセンカの種子をのせる。
　②　空気の出入りができるように，Ⓐは黒色のビニールシートで，Ⓑは透明なビニールシートでおおう。
　③　ⒶとⒷを，日の当たる同じ所に置く。
○**実験結果**　５日後，ⒶとⒷのどちらの種子もすべて発芽した。

②　ちはるさんは，**<実験１>**のⒶとⒷを，その後も観察し続けました。すると，発芽して15日後には**<観察カード>**のようになりました。このような結果のちがいから，植物の成長についてどのようなことがいえますか，かきなさい。

<観察カード>

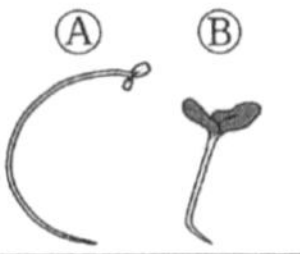

Ⓐのくきは細く，曲がっている。葉は小さく，色はうすい緑色。
Ⓑのくきは短いけれど，太くてまっすぐのびている。葉は大きく，色は緑色。

② たくやさんたちは，午前10時にＢ駅の改札口で祖父と会うことにしました。家からＡ駅まで，分速50 ｍで歩きます。また，Ａ駅に着いてから電車に乗るまでに５分，Ｂ駅に着いてから改札口まで３分かかります。たくやさんたちは，おそくても何時何分までに家を出なければならないですか，求めなさい。

③ たくやさんたちは，旅に出かける前日におみやげを買うことにしました。**<おみやげ>**の中から，２種類選んで**同じ数ずつ**買い，代金がちょうど1000円になるようにします。何と何を何個ずつ買えますか。組み合わせとして成り立つものを**すべて**かきなさい。

（２） たくやさんは，祖父と弟といっしょにたこあげをして遊んだことをしょうかいすることにしました。①，②の問いに答えなさい。

① たくやさんと弟は，**<たこのつくり方>**を祖父に教えてもらって，それぞれ好きな形のたこをつくりました。たくやさんが切った形は，どんな図形ですか。次の**ア**～**オ**の中から１つ選び，記号でかきなさい。

ア　**イ**　**ウ**　**エ**　**オ**

台形　正方形　ひし形　正五角形　正六角形

② 弟が，何度も挑戦してたこをうまくあげられたとき，祖父が真横から写真をとってくれました。そのときの様子を図で表すと，**<図１>**のようになります。地面からたこの中心までの高さは何ｍになりますか，求めなさい。ただし，糸はまっすぐであるものとします。

<図１>

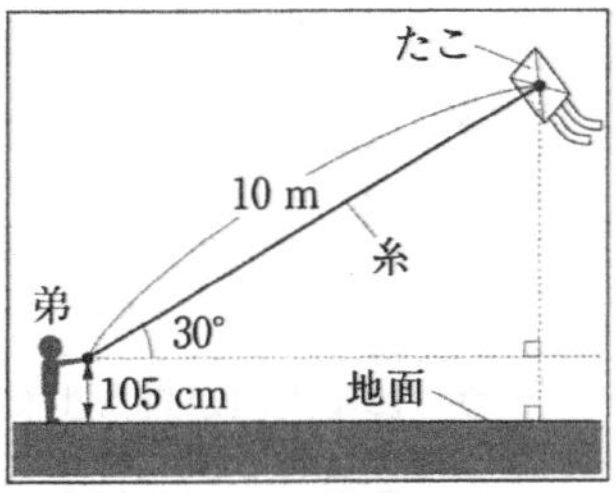

（３） たくやさんは，祖母と妹といっしょにさいほうと料理をしたことをしょうかいすることにしました。

①～③の問いに答えなさい。

① たくやさんと妹は，祖母に**<ふろしきのつくり方>**を教えてもらいました。**<図２>**のように三つ折りのはばを1.5 cmにしてぬうと，できあがったふろしきの１辺の長さは，正方形の布の１辺の長さの何倍になりますか，分数で表しなさい。ただし，布の厚さは考えないものとします。

<図２>

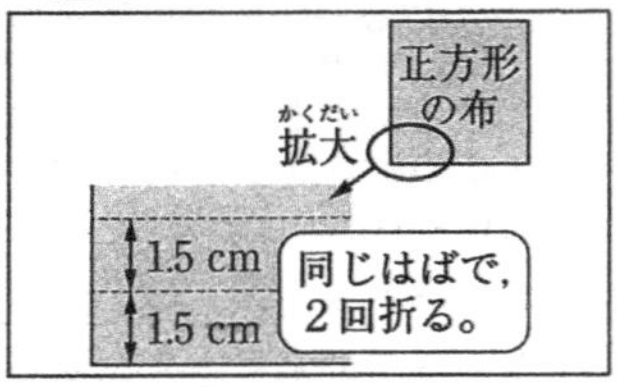

② たくやさんたちは，巻きずしをつくるために，**<米と水の分量>**をもとに4.5人分のご飯をたきました。必要な水の量は何mLになりますか，求めなさい。

③ たくやさんたちは，切ったときの断面が花の模様《もよう》になる巻きずしをつくりました。この模様を，**<図３>**のように大きな円の中に小さな円がぴったり入っている形と見たとき，たくやさんは，小さな円１つ分の面積と大きな円の面積の比を整数で表せることに気付きました。その面積の比を求めなさい。また，求め方を**言葉**や**式**を使ってかきなさい。ただし，円周率は，3.14とします。

<図３>

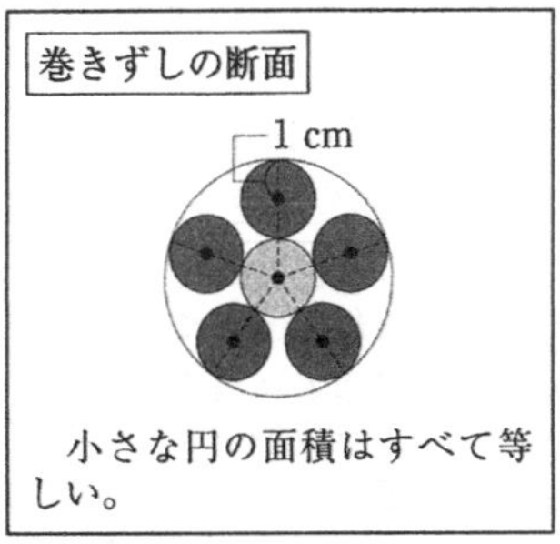

（４） たくやさんたちが近くの神社に行くと，大きな算額がありました。たくやさんは，それをもとに**<みんなへの問題>**を考えました。

その問題の答えの１つは，**<図４>**にある三角形ＡＢＧです。三角形ＤＥＦの面積と三角形ＡＢＧの面積が等しいといえるのはなぜですか，その理由をかきなさい。

<図４>

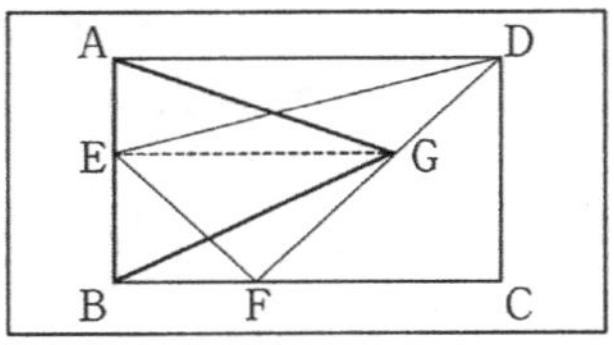

1 さやかさんとしきさんは，夏休みの自由研究で福島県の農業について調べ，まとめることにしました。次の（1）～（3）の問いに答えなさい。

（1） さやかさんたちは，福島県産の農産物について調べるために，近所の*道の駅に行きました。次は，そのときの会話の一部です。

* 道の駅：国により登録された，店や休けい所，公園などを利用できる施設《しせつ》

さやか：たくさんの福島県産の果物《くだもの》が売られているね。
としき：でも，㋐2011年に起きた東日本大震《ひがしにほんだいしん》災《さい》の影響《えいきょう》で農産物の価格が低くなるなど，苦労した農家の人が多かったとお母さんが話していたよ。どのような苦労をしたのか調べてみたいな。
さやか：きっと，たくさんの工夫《くふう》や努力があったのだろうね。ここに㋑農家の人が自分で栽培《さいばい》したももでつくったジャムがあるよ。
としき：果物を栽培するだけではなく，どうしてジャムをつくっているのだろう。

＜資料１＞
福島県産果物１kgあたりの平均価格と福島県の※農業人口

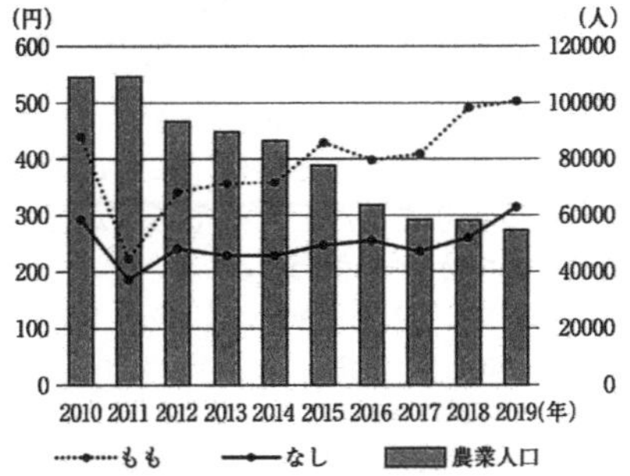

※ 農業を行っている人のうち「農業のみを行っている人」と「農業を中心に他の仕事もしている人」の合計
（農林水産省「農林業センサス」「農業構造実態調査」，東京都中央卸売市場「市場統計情報」により作成）

①，②の問いに答えなさい。

① としきさんは，下線部㋐のことを聞いて，東日本大震災の後の農業について調べると，**＜資料１＞**を見付けました。**＜資料１＞**からいえることは何ですか。次のア～エの中から１つ選び，記号でかきなさい。

ア 農業人口が多い年ほど，ももの１kgあたりの平均価格は高い。
イ 農業人口が前年より少なくなった年はすべて，なしの１kgあたりの平均価格も低くなっている。
ウ 農業人口が最も少ない年は，なしの１kgあたりの平均価格も最も低い。
エ 農業人口が前年より少なくても，ももの１kgあたりの平均価格が前年より高くなった年がある。

＜資料２＞ある農家の人たちの取り組み

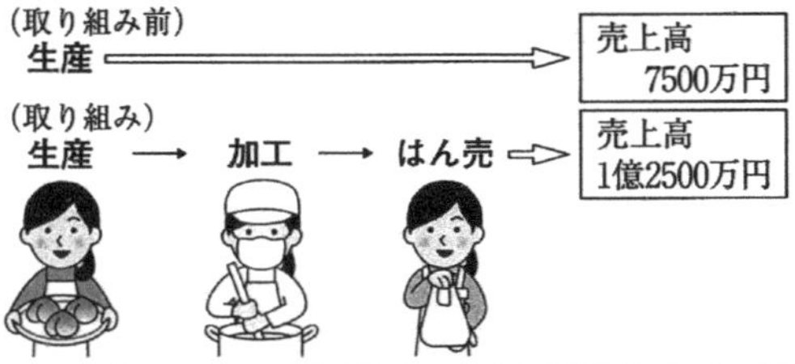

（政府広報オンライン「『農林漁業の６次産業化』とは？」，農林水産省「６次化の取組事例集」により作成）

② さやかさんが，下線部㋑のジャムについてお父さんに話すと，**＜資料２＞**を見せてくれました。このような取り組みをしている農家の人たちの目的は何ですか。**＜資料２＞**から読み取れることにふれて，「**生産だけではなく，**」の後に続けてかきなさい。

（2） さやかさんたちは，福島県産の農産物について，もっとくわしく調べることにしました。そこで，もも農家の木村《きむら》さんに話を聞きに行きました。次は，そのときの話の一部です。

福島県のももの収かく量は全国で２番目に多く，となりの㋒新潟《にいがた》県でも収かくされているよ。
わたしがつくっている「あかつき」という品種は，国が開発したものを福島県がさらに研究を重ねたことで，おいしいももにすることができたのだよ。㋓国と福島県の農家の人の努力の成果といえるね。

①～③の問いに答えなさい。

① 下線部㋒について知ったさやかさんは，ももを栽培できる理由に気候が関係していると考え，福島市と新潟市の月別の気温と降水量《こうすいりょう》をグラフにまとめました。福島市と新潟市のグラフは，次のア～ウの中のどれですか。**＜資料３＞**を参考にして，それぞれ記号でかきなさい。

＜資料３＞

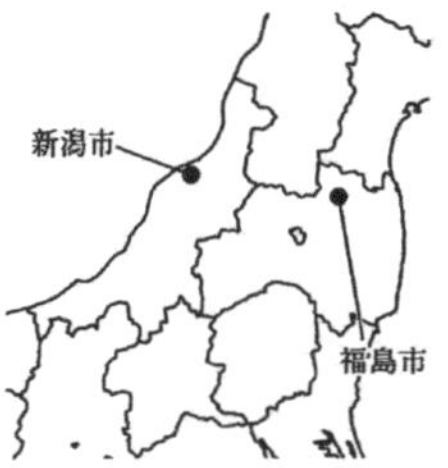

ア

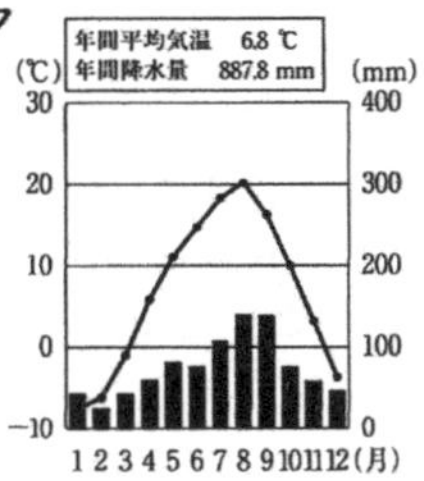

イ

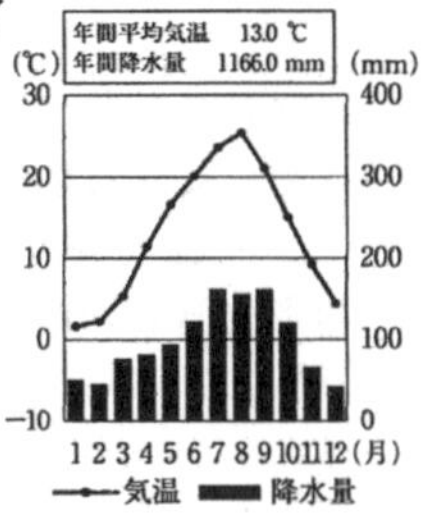

ウ

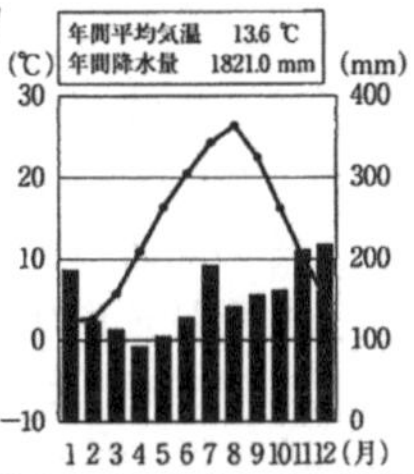

（「理科年表2021」により作成）

解答用紙

※60点満点
（配点非公表）

注意　※印のらんには記入しないこと。

2	(4)		

3	(1)	①	
		②	
		③	
	(2)	①	
		②	
		③	
		④	
	(3)	①	
		②	

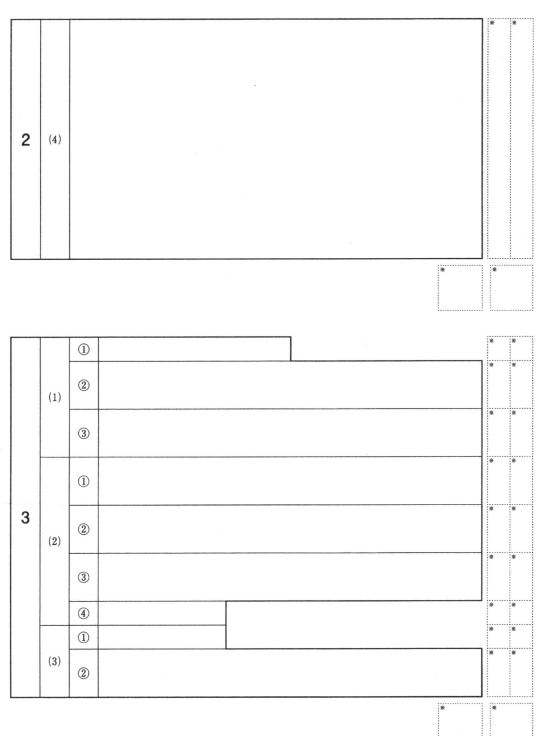

令和３年度

Ⅰ 適性検査１

（９時30分 ～ 10時30分）

注　意

○　「始めなさい。」の指示があるまで，問題用紙を開いてはいけません。

○　問題用紙は３枚《まい》あります。

○　声に出して読んではいけません。

○　解答用紙は**この用紙の裏《うら》**です。

○　**受験番号**を解答用紙の決められた場所に記入しなさい。

○　答えはすべて，解答用紙の決められた場所に記入しなさい。

○　「やめなさい。」の指示があったら，すぐに筆記用具を置きなさい。

○　解答用紙の※印のらんには記入してはいけません。

福島県立会津学鳳中学校
福島県立ふたば未来学園中学校

受験番号
番

※

3 Ⅰ 適性検

1	(1)	①	
		②	
			(理由)
		③	当時の横浜港は,
		④	
	(2)	①	位置　　　　出来事
		②	小国町は猪苗代町に比べて,
		③	あ　　い　　う　　え　　お
			(理由)

2	(1)	①	約　　　　個分
		②	
		③	通り
		④	ア　　イ
	(2)	①	km
		②	あ　　い　　う
	(3)	①	

ア　日本の１年間における国民１人あたりの所得は，ガーナの約30倍である。
イ　人口が少ない国の方が，１年間における国民１人あたりの所得は高い。
ウ　結核の予防接種を受けた子どもの割合が高い国ほど，人口は多い。
エ　１年間における国民１人あたりの所得が日本より低い国でも，結核の予防接種を行っている。

（２）　ゆいさんたちは，英世と関わりのある人物を調べていく中で，次のように話しました。

みなみ

みなみ：英世について調べていたら，北里柴三郎《きたさとしばさぶろう》という名前が何度か出てきたよ。
ゆ　い：その名前，聞いたことがある。次の千円札にえがかれる人だよね。
みなみ：そんなにすごい人なんだ。柴三郎について，調べてみるよ。

みなみさんは，柴三郎について調べてみると，感染症の研究者であることがわかりました。
①～③の問いに答えなさい。

① みなみさんは，柴三郎が，九州《きゅうしゅう》地方の熊本《くまもと》県出身であることがわかりました。熊本県の位置はどこですか。**＜地図＞**のア～クの中から１つ選び，記号でかきなさい。また，熊本県と関係のある出来事はどれですか。下の**A**～**D**の中から１つ選び，記号でかきなさい。

＜地図＞九州地方の一部

A　鎖国《さこく》の際に，オランダと中国に限り貿易船の出入りがあった。
B　四大公害病の１つである水俣病《みなまたびょう》が起きた。
C　元の大軍が２度にわたり，せめてきた。
D　ポルトガル人によって，日本に鉄砲《てっぽう》が初めて伝えられた。

② みなみさんは，1898年柴三郎が45才のとき，英世が同じ研究所で働きはじめたことを知りました。そこで，みなみさんは，２人のふるさとである現在の熊本県の小国《おぐに》町と福島県の猪苗代《いなわしろ》町がどのようなところなのか調べました。すると，農業の様子をあらわす**＜資料４＞**と**＜資料５＞**を見付けました。小国町の農業にはどのような特色がありますか。**らく農**と**畑の耕地面積**という言葉を使って，「**小国町は猪苗代町に比べて，**」の後に続けて，かきなさい。

＜資料４＞２つの町の耕地面積（単位：ha）

	小国町	猪苗代町
町全体の面積	13694	39485
田の耕地面積	680	2750
畑の耕地面積 （牧草地などをふくむ）	893	499

＜資料５＞２つの町の[*3]**農業産出額**

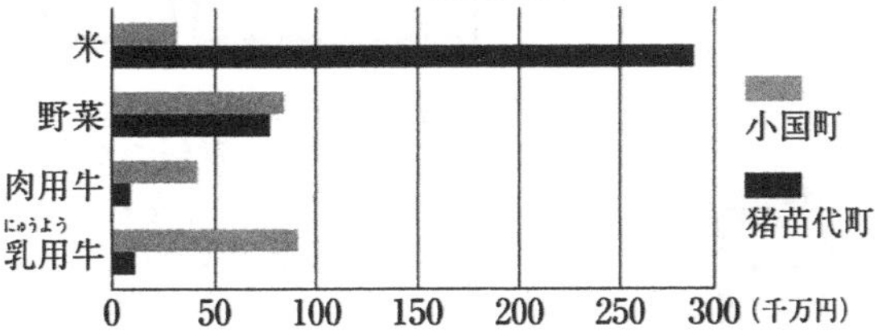

＊3　農業産出額：農家の人がつくった農産物と，それを原料としてつくった加工農産物をはん売した売上額のこと

（農林水産省「わがマチ・わがムラ－市町村の姿－」2018年により作成）

③ みなみさんは，1917年柴三郎が64才のとき，国会議員だったことがわかりました。みなみさんは，現在の国の政治がどのようなしくみになっているか興味をもち，**＜資料６＞**にまとめました。**あ**～**お**にはどのような言葉が入りますか。下の**a**～**f**の中から選び，それぞれ記号でかきなさい。また，**＜資料６＞**のように，役割《やくわり》を分担《ぶんたん》しているのはなぜですか，かきなさい。

a　最高裁判所《さいばんしょ》の長官を指名する
b　選挙
c　内閣《ないかく》総理大臣を指名する
d　裁判官をやめさせるかどうかの裁判を行う
e　衆議院《しゅうぎいん》を解散する
f　国民審査《しんさ》

＜資料６＞現在の国の政治のしくみ

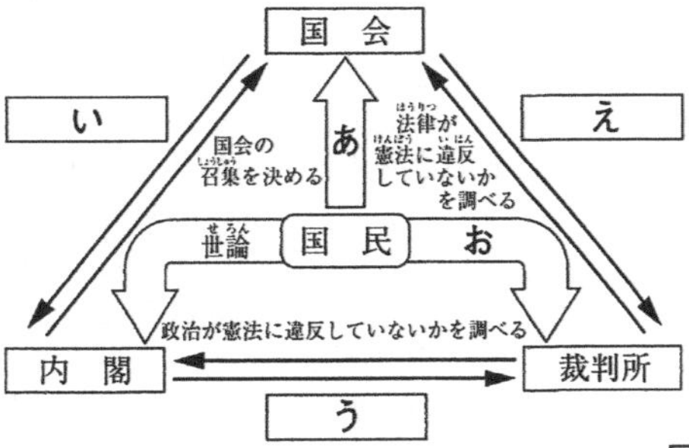

2　まさきさんの学級では，総合的な学習の時間に，「日本と世界のきずな」をテーマに調べ学習をしています。まさきさんのグループでは，世界の課題に対して，世界の国々が協力して取り組むために決められた持続可能な開発目標（SDGs（エスディージーズ））があることを知り，調べることにしました。次は，まさきさんのグループで，それぞれがこれまでに調べたことについて話している場面の一部です。

まさき：　SDGsには，17の目標があるよね。その1つに「15　陸の豊かさも守ろう」という目標があるよ。福島県の自然について見てみると，県全体の面積が約13784 km^{2}で，そのうち森林の面積が約9733 km^{2}なんだよ。それから，猪苗代湖《いなわしろこ》の面積は約103 km^{2}もあって，面積が全国第4位なんだよ。ぼくは，自然をより身近に感じられるように，街にある公園に，きれいな花に囲まれた**【ふん水広場】**をつくりたいな。

【ふん水広場】
- ふん水の外側に花だんをつくり，3種類の花を植える。
- ふん水には，2種類の大きさの水のふき出し口をつくる。

せいや：　ぼくは，SDGsの目標の「9　産業と技術革新《かくしん》の基盤《きばん》をつくろう」について調べてみたよ。福島県では，未来に向けた新たな取り組みをしていて，ドローンやロボットなどの新しい技術をつくり出しているんだ。平成29年には，ドローンを使って，㋐直線で12 kmはなれた場所に荷物を運ぶ実験を行って，成功したんだよ。ドローンやロボットは，人の目や手が届《とど》きにくいところで大活やくするよね。ぼくは，車型ロボットを使ってプログラミングの学習をしたとき，指示のとおりにロボットが動いて感動したよ。新しい技術を取り入れることで，便利で安全な生活ができるようになるね。

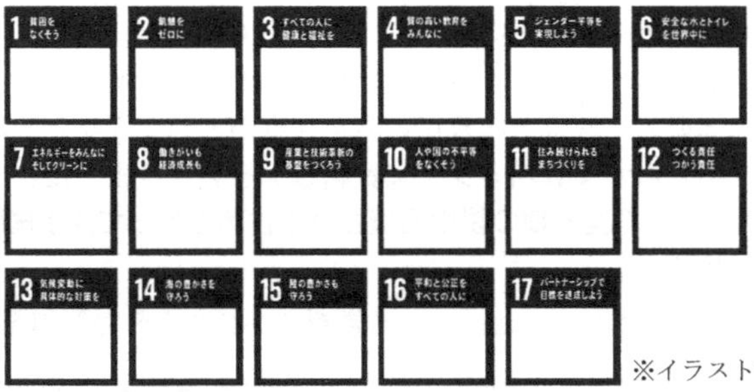

※イラスト省略

ななみ：　わたしは，最近「食品ロス」という言葉をよく聞くので，SDGsの目標の「12　つくる責任つかう責任」について調べてみたよ。まだ食べられる食品を捨《す》てることを「食品ロス」と言うの。例えば，**＜表＞**のように，平成29年度の日本の食品ロス量は，約612万tだったの。そのときの日本の総人口は，約1億2670万人なんだよ。福島県では，「もったいない！食べ残しゼロ推進《すいしん》運動」に取り組んでいるんだよ。わたしは，家の人といっしょに，わたしたちにもすぐにできることを考えてみたの。家にある材料をむだなく使って，料理を作ることにしたよ。おいしい料理が食べられることに感謝して，食べ物を大切にしていきたいね。

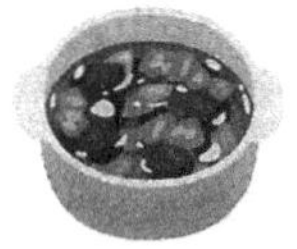

＜表＞日本の食品ロス量

	食品ロス量 （単位：万t）
平成24年度	642
平成25年度	632
平成26年度	621
平成27年度	646
平成28年度	643
平成29年度	612

（農林水産省食料産業局「食品ロスの発生量の推移」により作成）

次の（1）～（3）の問いに答えなさい。

（1）　まさきさんは，福島県の自然についてさらに考えました。
①～④の問いに答えなさい。

①　まさきさんは，福島県の森林の面積の大きさをイメージするために，猪苗代湖の面積をもとにして考えました。森林の面積は，猪苗代湖の面積の約何個分になりますか，求めなさい。ただし，答えは小数第一位を四捨五入《ししゃごにゅう》し，整数であらわしなさい。

②　まさきさんは，福島県全体の面積をもとにした森林の面積の割合《わりあい》を百分率で求めることにしました。百分率であらわした割合を求める式はどうなりますか，**1つの式**でかきなさい。ただし，計算の答えをかく必要はありません。

② さやかさんは，**<資料２>**の授業のノートを見返しました。そして，ろうそくの火が消えたのは二酸化炭素の割合が増えたからではないかと考えました。そこで，集気びんの中の酸素と二酸化炭素の体積の割合を，酸素を約20%，二酸化炭素を約80%にしたもので実験をしようと考え，**<資料３>**にあるものを準備しました。次の**ア**～**オ**はさやかさんが行った操作《そうさ》です。どの順番で操作したでしょうか。並《なら》べかえて，記号でかきなさい。

ア 集気びんの中の体積の約20%を酸素，約80%を二酸化炭素となるように気体を入れる。
イ 水を入れた水そうに集気びんをしずめる。
ウ 集気びんを水中で逆さにする。
エ 集気びんを横にして，集気びんの中を水で満たす。
オ 気体がもれないように集気びんの口にふたをして，集気びんを水そうから取り出す。

<資料２>

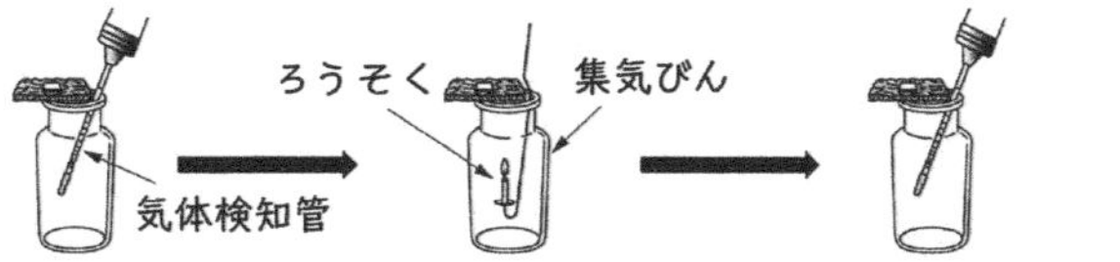

ろうそくを入れる前に，気体検知管で気体の体積の割合を調べる。

火のついたろうそくを集気びんに入れる。

火が消えてから，気体検知管で気体の体積の割合を調べる。

○実験結果

	酸素	二酸化炭素
ろうそくが燃える前の空気	約21%	約0.04%
ろうそくが燃えた後の空気	約17%	約３%

<資料３>

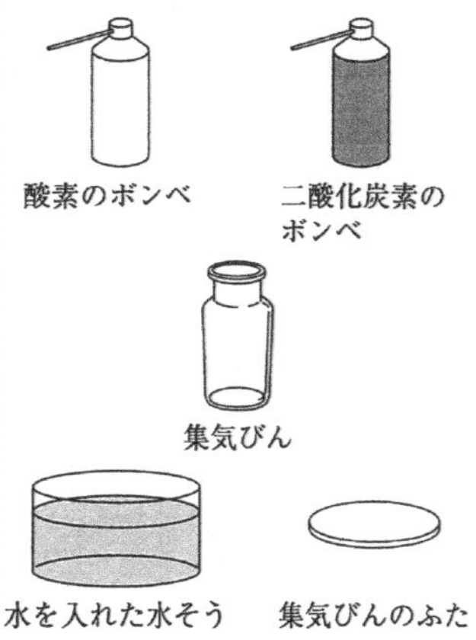

③ さやかさんは，②で用意した集気びん（酸素を約20%，二酸化炭素を約80%にしたもの）の中に，火のついたろうそくを入れました。ろうそくは，しばらく燃えてから消えました。この結果から，さやかさんの「ろうそくの火が消えたのは二酸化炭素の割合が増えたから。」という考えは，正しいといえますか。その理由もかきなさい。

④ れんさんは，㋑海水の温度が関係するのかどうかを調べようと**<資料４>**の実験を考えました。すると，さやかさんに，「この実験方法では海水の温度とガラス管の中の水面の位置の変化を正しく調べられないよ。」と言われました。実験方法を，どのように改善《かいぜん》するとよいですか。その理由もかきなさい。

<資料４>

○実験方法
海水を入れた試験管をお湯に入れて温め，ガラス管の中の水面の位置の変化を調べる。

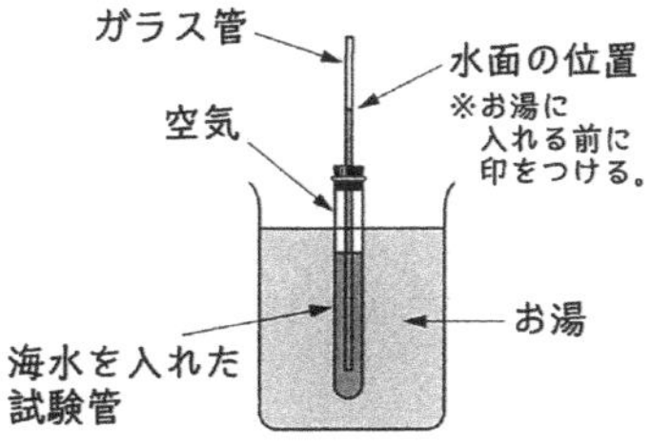

（3） みきさんとれんさんは，新聞のまとめにかきたいことについて話し合っています。

み き：レジぶくろが有料化されたのは，海洋プラスチックごみや地球温暖化などの環境問題を解決するためなんだね。
れ ん：プラスチックのごみや二酸化炭素を増やさないために，自分たちができることを，考えてもらえるようなまとめにしたいね。

わたしたちができることの１つに，リデュースという取り組みがあります。あなたができるリデュースにはどのようなことがありますか，かきなさい。

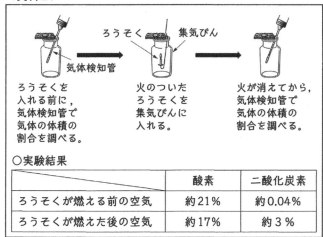

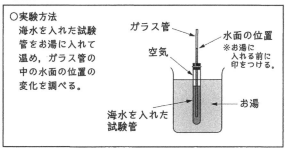

(3)

②

しかし、

(70字)

(90字)

※

※

※

※

3

(200字)

(240字)

※

※

★教英出版編集部注
問題音声は教英出版ウェブサイトで。
リスニングＩＤ番号は解答集の表紙を参照。

1 次の**1**～**3**の問いに答えなさい。

放送の内容について、次の(1)、(2)の問いに答えなさい。

(1) まなみさんのインタビューについて、①～③の問いに答えなさい。

① 最初の質問より前に、あいさつとして話した中で、まなみさんが感謝の言葉とともに伝えたことは何ですか。次の**ア**～**エ**の中からあてはまるものを一つ選び、記号で書きなさい。

ア 今回予定しているすべての質問
イ インタビュー前に調べた内容
ウ 吉川さんの健康を願う言葉
エ 今回のインタビューの目的

② インタビューで、**【メモ用紙】**の**【資料１】**にある「進め方のポイント」で考えた展開《てんかい》にならなかったところがありました。それはどのようなところですか、書きなさい。

③ まなみさんは、**【メモ用紙】**の**【資料２】**にある**1**～**4**の中で、今回のインタビューに生かすことができたものがあります。それはどれですか。**1**～**4**の中からあてはまるものを**すべて**選び、番号を書きなさい。

(2) まなみさんは、インタビューをして学んだことを学年で発表します。①、②の問いに答えなさい。

① まなみさんが、「ぜひ、しょうかいさせていただきます。」と言っていた吉川さんの思いは、どのような思いですか。**三十五字以内**で書きなさい。

② まなみさんは、学年で発表する時に、「これからもいっそう元気にあいさつしよう。」と呼《よ》びかけたいと考えました。それはなぜですか。解答用紙の書き出しに続け、吉川さんの言葉を使って、**十五字以上、二十字以内**で書きなさい。

2 六年二組では、総合的な学習の時間に、「ロボットのいる町の未来」について調べ、学級で発表することにしました。ゆうたさんは、「お年寄りのかい護に役立つロボット」について調べます。次は、ゆうたさんの疑問《ぎもん》です。

お年寄りのかい護に役立つロボットって、どんなロボットなんだろう。実際にお年寄りやかい護する人は、ロボットについてどう思っているのかな。調べてみよう。

ゆうた

次の(1)～(3)の問いに答えなさい。

(1) ゆうたさんは、疑問を解決するために、様々な資料で調べました。次は、ゆうたさんが読んだ記事です。①、②の問いに答えなさい。

【記事】

護のあり方も
かい護される
の日本の課題
されている。
う。

ている様子

い助の様子

あまり利用
改善《かいぜん》すべき

(2) これからの日本の課題についてくわしく知りたいと考えたゆうたさんは、さらに調べ、ノートにまとめました。次は、ゆうたさんのノートの一部です。〈わかったこと〉の　a　、　b　にあてはまる言葉は何ですか。後の**ア**～**エ**の中から選び、それぞれ記号で書きなさい。

【ゆうたさんのノートの一部】

年れい構成と＊2高れい化率の変化予測

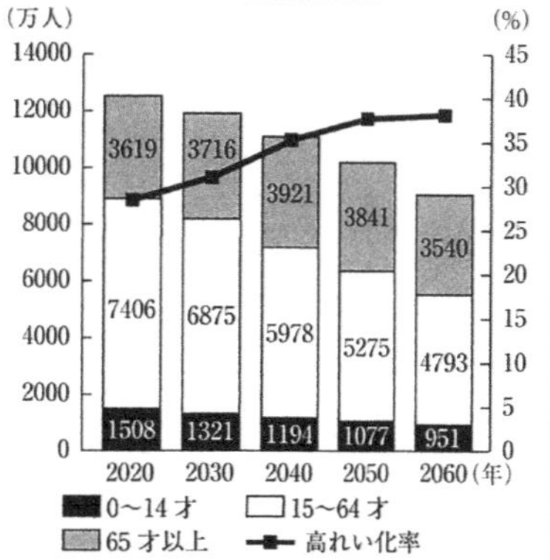

(国立社会保障・人口問題研究所「日本の将来推計人口（平成29年推計）」により作成)

〈わかったこと〉
○　今後、日本は人口減少が進む。
○　65才以上の人口は　a　。
働く人の中心となる15才から64才までの人口は　b　。
○　総人口に対する高れい者の割合《わりあい》は増加していく。

＊2　高れい化率：総人口に対する高れい者（65才以上）の割合

ア 増加し続ける　　**イ** 減少し続ける
ウ 増加後、減少する　　**エ** 減少後、増加する

(3) ゆうたさんは、実際にかい護する人がロボットについてどのように思っているのかを知りたいと考え、高れい者福祉施設でかい護士さんの話を聞きました。次は、ゆうたさんが聞いた、かい護士さんの話です。

【かい護士さんの話】

かい護ロボットが活やくし、かい護する人にも、かい護される人にも役立っているというニュースをよく見ます。ゆうたさんも二種類のロボットを調べたと言っていましたね。今、かい護の現場では人手不足が課題です。だから、この施設にもロボットがあればよいと思うことがあります。でも、かい護の現場では人間にしかできないことがあるのですよ。

一つは、様々な状きょうの変化に対応できることです。かい護の仕事は、人の命に大きく関わっています。わたしたち人間は、お年寄りの小さな体調の変化に気付き、その状きょうに合わせたかい助をすることができます。ロボットは、決められた動きしかできないですよね。

もう一つは、お年寄りの気持ちに寄りそうことができることです。例えば、お年寄りによっては、ゆっくり話したり、言い回しを変えたりする必要があります。ていねいに関わることで、うまくコミュニケーションがとれるようになるのです。こうしたやりとりは人間ならではですよね。

1　相手の答えに対する感想を述べながら、話がつながるように質問する。
2　相手の答えにわからない言葉があれば、その意味を確かめる質問をする。
3　相手の答えの中で、さらにくわしく知りたいことを質問する。
4　相手の答えに応じて、質問の順番を変えて質問する。

放送原稿

★教英出版編集部注
問題音声は教英出版ウェブサイトで。
リスニングID番号は解答集の表紙を参照。

令和三年度　適性検査２　放送台本

これから放送による問題を始めます。

この問題は、**【メモ用紙】**の中にある**【資料１・２】**を見ながら放送を聞き、内容について考えて答える問題です。それでは、右側にある**【メモ用紙】**だけを開きなさい。問題用紙は開いてはいけません。

（十五秒後）

これから資料を読む時間をとります。気が付いたことなどを、**【メモ用紙】**のあいているところや、**【資料１・２】**に書いてもかまいません。ただし、声に出して読んではいけません。時間は一分間です。では、始めなさい。

（一分後）

終わりです。

それでは、放送を始めます。放送は一度だけです。**【メモ用紙】**のあいているところや、**【資料１・２】**にメモをとりながら聞いてもかまいません。放送を聞いた後に、問題に答えるようになります。では、始めます。

まなみさんたち六年生は、自分たちの小学校生活を支えてくださった地域の方にインタビューをし、そこから学んだことを学年で発表し合うことにしました。まなみさんは、登校の時に交通安全ボランティアをしてくださっている吉川さんについて発表することにし、吉川さんの家を訪問しました。**【メモ用紙】**にある**【資料１】**は、まなみさんの作ったインタビュー計画です。**【資料２】**は、国語科で以前にインタビューについて学んだ時のまなみさんのノートの一部です。

それでは、これから、インタビューの様子を放送します。

まなみさん　今日はお忙しい中、ありがとうございます。わたしは、六年間お世話になった吉川さんにインタビューをして、そこから学んだことを学年で発表したいのです。特に、交通安全ボランティアとしての目に見える活動だけでなく、吉川さんの思いをみんなに知ってもらいたいと考えています。よろしくお願いします。

吉川さん　はい、よろしくお願いします。

まなみさん　まず、吉川さんは、毎朝学校前の横断歩道でわたしたちの登校の様子を見守ってくださっていますが、交通安全ボランティアを始めたのはいつですか。

吉川さん　十年前になります。六十才まで会社で仕事をしていたのですが、退職したら何か地域のためになることをしたいと思っていたので、交通安全ボランティアを始めました。

まなみさん　もう十年も続けているのですか。わたしが入学する前からとは知っていたのですが、十年はすごいですね。そのように長いこと続けていると、大変なこともあると思いますが、どうですか。

吉川さん　ははは、大変だと思ったことは一度もありません。

まなみさん　え、そうなのですか。天気が悪い日などにずっと立っているのは大変だろうなと思っていたのですが、どうですか。

吉川さん　そういう日は、みなさんだって天気が悪い中で歩いてくるのですから、わたしだけ大変だなんて思いませんよ。

まなみさん　大変だと思わずにやっていただいているなんてうれしいです。では、質問を変えます。交通安全ボランティアをする時に大切にしていることは何ですか。

吉川さん　それは、一番は、みなさんの大切な命を守ることです。

まなみさん　そうですか、それが一番なのですね。では、その命を守ることについて、もう少し詳しく教えてください。

吉川さん　わたしは交通安全ボランティアとして、みなさんが交通事故にあわないように見守っています。でも、続けていくうちに気付いたのですが、わたしがいると、わたしにたよりきって、左右を確にんしないで横断歩道をわたろうとする子もいるのです。だから、全員が自分で確にんして横断歩道をわたるようになってほしいという思いで続けているのです。

まなみさん　そう言えば、一年生がわたる時に、吉川さんが一緒になって左右を確認していたのを見たことがあります。

吉川さん　そうですね。小さい子にはそうやって教えることもあります。こればかりは何回もやらないと身に付きませんから。あとは、きちんと左右確にんができている子には、「しっかりできているね。」とほめることで、習慣にしてもらえるようにしてきました。

まなみさん　わたしたちが六年間安全に登校できたのは、吉川さんのおかげでよい習慣が身に付いたからだと、今、改めて思いました。ありがとうございます。発表の時には、全員が自分で確にんして横断歩道をわたるようになってほしいという吉川さんの思いを、ぜひ、しょうかいさせていただきます。

吉川さん　でも、ありがとうはこちらの方なんですよ。わたしがつかれているような時でも、みなさんが元気に「おはようございます。」と言ってくれると、つかれが吹き飛んで、一日がんばろうという気持ちになるのです。

まなみさん　そうだったのですね。そういうお話を聞くと、わたしもうれしいです。あいさつはやはり大切なものなのですね。

吉川さん　そうですね。

まなみさん　最後に、吉川さんは、交通安全ボランティアとして、今後に向けて考えていることはありますか。

吉川さん　はい。先ほどまなみさんが、「よい習慣が身に付いた。」と話してくれてうれしかったですし、長いこと続けてきてよかったと感じました。これからも、一人一人によい習慣が身に付くよう、「継続は力なり」で続けていきたいですね。

まなみさん　吉川さんのお話をお聞きして、継続というのは、交通安全ボランティアに限らず、わたしたちの学校生活にも大切なことだと感じます。わたしたちは卒業しますが、吉川さんはずっと健康でいてくださいね。今日はありがとうございました。

以上で放送は終わりです。
それでは、問題用紙と解答用紙を開きなさい。
解答用紙に受験番号を書いてから、問題に答えなさい。
答えはすべて、解答用紙の決められた場所に書きなさい。
それでは、始めなさい。

【メモ用紙】

【資料1】インタビュー計画

インタビューの相手は、交通安全ボランティアの吉川《よしかわ》さん

必ず聞きたいこと	進め方のポイント
	○あいさつ
1 吉川さんが交通安全ボランティアを始めたのはいつか。	・まずは答えやすい質問から始める。
2 大変なことは何か。	・長く続けていると大変なこともあるはず。この話題から、大変なことに対してお礼の気持ちを伝える。
3 大切にしていることは何か。	・一番聞きたいことなので、この話題を広げて、発表に生かせるようにする。
4 今後に向けて考えていることは何か。	・これからのことについてどのようにしていきたいのかを聞き、それに対して思ったことを伝える。

【資料2】以前にインタビューについて学んだときのノートの一部

【メモ用紙】

かい護ロボットのひみ

　世界では、日々新しいロボットが開発されてい
変わりつつある。「かい護ロボット」とは、かい護
人それぞれを支えんするロボットのことである。
が、かい護ロボットによって解決されるのではない
　では、どんなロボットがあるのか、いくつか例を
　まずは、「コミュニケーションロボット」である
このロボットは、人工知能で人の言葉や動きに反応
し、簡単《かんたん》な日常会話をしたり、動いたりすることか
できる。最近では、デイサービスの活動などで使わ
れることが多い。ロボットと会話したり、体操《たいそう》したり
することで、お年寄りは、心がいやされて笑顔《えがお》が増
えるという。また、かい護する人には時間に余ゆう
ができるという利点が生まれる。
　次は、「*1移乗かい助のロボット」である。高れ
い者福祉施設《ふくししせつ》で働くかい護士は、一日に何回も、お
年寄りがベッドや車いすなどへ移乗することをかい
助する。移乗かい助のロボットは、ロボット技術を
用いてそれらの作業を行い、かい護する人の体への
負担《ふたん》を軽くすることに役立っている。かい護される
人からも「ロボットになら遠りょせずにたのめる。
という声が聞かれている。
　しかし、かい護ロボットの開発は進んでいるも
されていない。買い手の予算に合う価格、安全性
点がある。

*1移乗：乗り移ること

① ゆうたさんは、【記事】の内容を次のようにまとめました。A〜Cにはどのような言葉があてはまりますか、それぞれ書きなさい。その際、Aは三十五字以内で書きぬき、B、Cはそれぞれのロボットの機能、利点が比かくできるよう、＝＝＝部分をそのまま使って書きなさい。

かい護ロボットとは、［　A　］

	機能	利点
コミュニケーションロボット	人の言葉や動きに反応し、簡単な日常会話をしたり、動いたりすることができる。	C
移乗かい助のロボット	B	かい護する人は、体への負担が軽くなる。また、かい護される人も、ロボットになら遠りょせずにたのめる。

② ゆうたさんは、【記事】の「かい護ロボットの開発は進んでいるものの、まだあまり利用されていない」ことについてもまとめます。かい護ロボットが広く利用されるようになるためには、どうすることが必要ですか。【記事】の中の言葉を使って、「〜ことが必要。」という文末に続くように、二つ書きなさい。

もとに、次のように発表原稿をつくることにしました。あなたがゆうたさんならどのように伝えますか。後の**条件**にしたがって書きなさい。

> これからの日本は、［❶］が増え、かい護の現場での［❷］がますます課題になるため、［❸］のようなかい護ロボットの必要性が高まっています。
>
> しかし、

条件

① ❶は【**ゆうたさんのノートの一部**】から**七字**、❷は【**かい護士さんの話**】から、ロボットを**一つ**選んで書く。❸は【**記事**】から**四字**でそれぞれ書きぬく。

② ［　］部分で伝えることを、書き出しをふくめて**七十字以上、九十字以内**で書く。
・一文目は、「**しかし、**」の書き出しに続け、❸で選んだロボットについて、【**かい護士さんの話**】の中で述べられている段落《だんらく》の中の言葉を使って、人間にしかできないことを書くこと。
・二文目は、どのようにロボットを取り入れていく必要があるかを考えて書くこと。
・句読点も一文字として数え、二文目は改行しないで書くこと。

3

春の情景をあらわした二つの俳句《はいく》があります。

次のAとBの俳句から、あなたが想像する春に合うものをどちらか一つ選び、後の**条件**にしたがってあなたの考えを書きなさい。

A　桜《さくら》舞《ま》い　友と別れの　朝がきた
B　桜《さくら》舞《ま》い　友と出会いの　朝がきた

条件

① **二百字以上、二百四十字以内**で書くこと。ただし、句読点も一文字として数える。
② **二段落構成**とし、**前段**は、選んだ俳句がわかるように書き出し、その俳句からどのような情景を想像したのか具体的に書くこと。**後段**は、前段をふまえて、学校生活に対する思いや願いを書くこと。
③ 原稿用紙の使い方にしたがって、文字やかなづかいを正しく書き、漢字を適切に使うこと。
④ 題名や氏名は書かないで、本文から書き始めること。

令和３年度

Ⅱ　適性検査２

（11時00分 ～ 12時00分）

注　　意

○　指示があるまで，問題用紙とメモ用紙を開いてはいけません。

○　問題用紙は１枚《まい》あります。

○　声に出して読んではいけません。

○　解答用紙は**この用紙の裏《うら》**です。

○　**受験番号**を解答用紙の決められた場所に記入しなさい。

○　答えはすべて，解答用紙の決められた場所に記入しなさい。

○　最初の問題は**放送を聞いて**答える問題です。放送は**１度だけ**です。

○　「メモ用紙だけを開きなさい。」の指示があったら，配られたメモ用紙を開きなさい。

○　「やめなさい。」の指示があったら，すぐに筆記用具を置きなさい。

○　解答用紙の※印のらんには記入してはいけません。

受験番号　　　　番

※

3 Ⅱ 適性検査2解答用紙

注意
※印のらんには記入しないこと。

※40点満点
（配点非公表）

1

(1)
①
②
③

(2)
①
(35字)

②
元気にあいさつすると吉川さんが、
(15字)
(20字)

2

(1)
①
A
(35字)

B
できる。

C
かい護する人は、
また、かい護される人も、

②
ことが必要。
ことが必要。

(2)
a
b

❶
(7字)

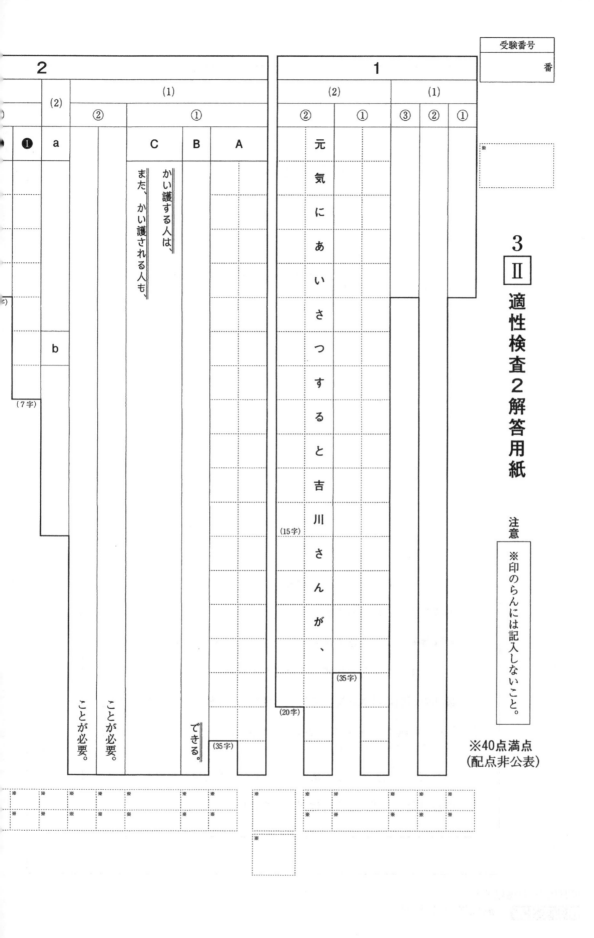

3　広報委員会のみきさんたちは，２月に出す新聞のテーマについて話し合っています。

み　き：レジぶくろが有料化されたのは，昨年の７月からだよね。
れ　ん：そもそも，どうしてレジぶくろが有料化されたのかな。
たくや：レジぶくろが有料化されたのは，環境《かんきょう》問題が関係しているみたいだよ。
さやか：きっと知らない人が多いと思うから，くわしく調べてみよう。

次の（１）～（３）の問いに答えなさい。

（１）　みきさんとたくやさんは，海洋プラスチックごみについて話し合っています。

み　き

たくや

み　き：海洋プラスチックごみというのは，レジぶくろやペットボトルなどが直接海や川に捨《す》てられたり，海に流れこんだりしたごみのことだよ。
たくや：ぼくは，川で㋐レジぶくろが流されていたのを見たことがあるよ。
み　き：前に海岸のごみを拾うイベントに参加したら，プラスチックのごみがたくさんあったよ。それに，拾ったものの中には，金属もあって分別するのが難《むずか》しかったんだ。
たくや：㋑空きかんだけなら鉄かアルミニウムだから，分別できるのにね。
み　き：海洋プラスチックごみは，海に残り続け，たまってしまうんだ。プラスチックは便利でいろいろなものに使われているけど，やっぱり処理《しょり》の仕方を考えないといけないね。

①～③の問いに答えなさい。

①　たくやさんは，㋐レジぶくろが流されていたのは，川の流れる水のはたらきによるものであると考えました。流れる水のはたらきのうち，何がえいきょうしたと考えられますか。次のア～ウの中から１つ選び，記号でかきなさい。

ア　たい積　　**イ**　しん食　　**ウ**　運ぱん

<図>

②　<図>は，みきさんの家の近くの川の様子です。みきさんが川を見てみると，外側と内側では流れていく木の枝の速さにちがいがあることに気付きました。どのようにちがっていたと考えられますか，かきなさい。

③　たくやさんは，㋑空きかんだけなら鉄かアルミニウムだから，分別できると考えています。鉄とアルミニウムを分別するにはどのような方法がありますか，かきなさい。

（２）　れんさんとさやかさんは，地球温暖化《おんだんか》について話し合っています。

れ　ん

さやか

れ　ん：地球温暖化の原因は，大気をあたたかく保つ気体である温室効果ガスが増えていることにあるんだよ。その気体の多くは二酸化炭素で，レジぶくろなどのごみや燃料などを燃やしたときに出るものなんだよ。
さやか：㋐二酸化炭素の量を減らす方法を考えないといけないね。
れ　ん：地球温暖化が進むと，南極などの氷がとけて海の水面が高くなってしまうんだよ。
さやか：海の水面が高くなるのは，㋑海水の温度が関係するとも聞いたことがあるよ。
れ　ん：海水の温度がどのように関係しているのか，実験して調べてみよう。

①～④の問いに答えなさい。

①　さやかさんは，㋐二酸化炭素の量を減らす方法を調べました。すると，植物が二酸化炭素をとり入れることがわかりました。そこで，よく晴れた日に，**<資料１>**の実験を行いました。さやかさんはベランダに，れんさんは暗い室内にはち植えを置きました。実験結果を見ると，れんさんよりさやかさんの方が二酸化炭素の割合《わりあい》が減っていました。このようになったのは，はち植えを置いた場所のちがいにより，何が変わったからだと考えられますか，かきなさい。

<資料１>

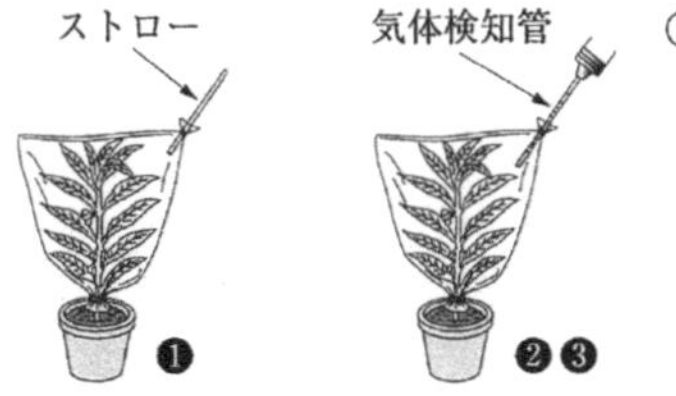

○実験方法
❶同じ種類で同じ大きさの植物のはち植えを２つ用意する。それぞれに透明《とうめい》なビニールぶくろをかぶせて，くきの下の方で結び，ふくろの中にストローで息をふきこむ。
❷気体検知管を使って，ふくろの中の二酸化炭素の体積の割合を調べる。
❸午前９時から正午まで置いておき，その後，気体検知管で二酸化炭素の体積の割合の変化を調べる。

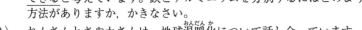

③　まさきさんは，【ふん水広場】の花だんを，＜図１＞のように８か所に分けて，３種類の花を植える方法を考えました。サルビアを４か所，ヒャクニチソウを２か所，マリーゴールドを２か所に植えます。ⓐにはサルビアを植えることにします。ⓑの位置から見たとき，同じ花がとなりどうしにならないようにするには，３種類の花の植え方は何通りありますか，求めなさい。

＜図１＞

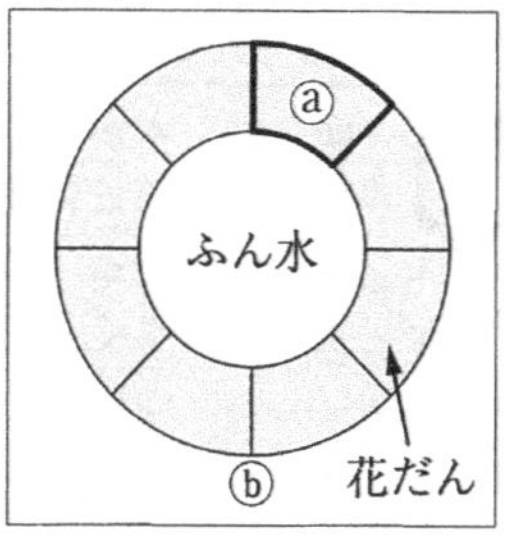

④　まさきさんは，ふん水に，＜図２＞のように大小２種類の水のふき出し口をつくり，水が出たり止まったりするようにしたいと考えました。１回に水が出る時間は，小さいふき出し口より大きいふき出し口の方が短くなるようにします。午前10時，午前10時30分，午前11時のように，30分ごとにすべてのふき出し口から同時に水がふき出し始めるようにするとき，次の［ア］，［イ］にあてはまる整数は何ですか，それぞれ求めなさい。ただし，［イ］にあてはまる整数が最も小さくなるようにします。

＜図２＞

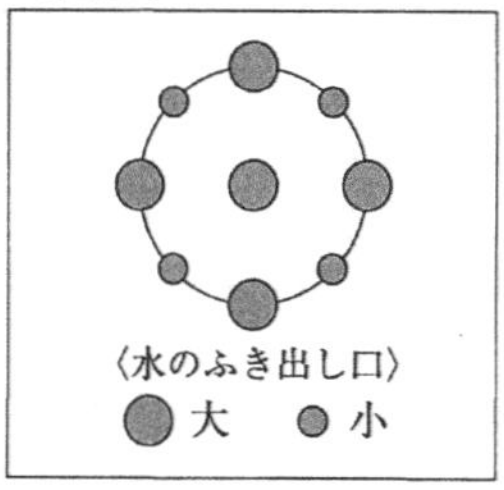

大きいふき出し口：水が［ア］分間出て，２分間止まる。
小さいふき出し口：水が［イ］分間出て，１分間止まる。

（2）　せいやさんは，新しい技術についてさらに考えました。
①，②の問いに答えなさい。

①　下線部㋐について，せいやさんは，ドローンが荷物を運んだときの出発地点と目的地点を地図上にあらわし，その２点の間を結ぶ直線の長さをはかると６cmありました。この地図上で，同じ場所へ自動車で荷物を運んだときの道のりをはかると，8.2 cmでした。実際の道のりは何kmになりますか，求めなさい。

②　せいやさんは，画用紙の上に１辺が30 cmの正五角形をかいて，その辺の上を車型ロボットが通るための指示のしかたを考えました。＜図３＞のようにスタート地点から出発し，正五角形の辺の上を動いて，スタート地点にもどるようにするために，せいやさんは次のような＜指示＞をしました。次の［あ］～［う］にあてはまる数は何ですか，それぞれ求めなさい。

＜図３＞

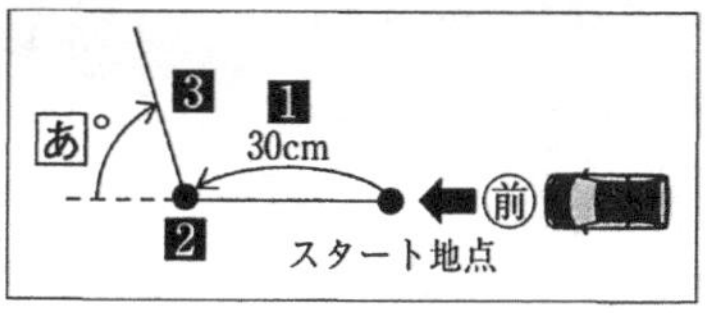

＜指示＞

1　前に30 cm進む
2　右に［あ］°向きを変える
3　前に［い］cm進む
（2・3を）［う］回くり返す

（3）　ななみさんは，食品ロスの現状についてさらに考えました。
①～③の問いに答えなさい。

①　ななみさんは，平成29年度の日本人１人あたりの食品ロス量が何㎏になるかを調べました。ななみさんは，「6120000000 ÷ 126700000の計算になるので，61200 ÷ 1267で答えを求めることができる。」と考えました。このように工夫《くふう》して計算することができるのはなぜですか。その理由を言葉や式を使ってかきなさい。

②　ななみさんは，＜表＞をもとに，それぞれの年度の日本の食品ロス量のちがいがわかるように＜グラフ１＞にあらわしました。さらに，ちがいをはっきりさせるため，＜グラフ２＞にあらわしました。＜グラフ１＞，＜グラフ２＞の１めもりは，何万tをあらわしていますか，それぞれかきなさい。

＜グラフ１＞

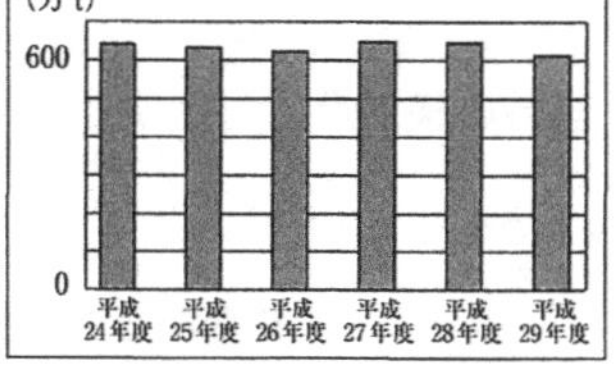

＜グラフ２＞

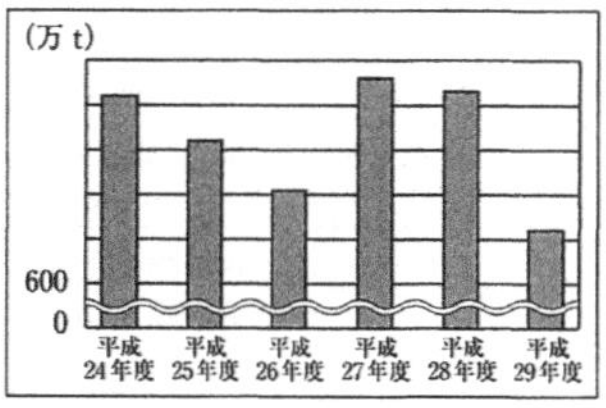

③　ななみさんは，家にあったとりもも肉90ℊをむだなく使って，スープをつくることにしました。そこで，＜資料＞と同じ味のスープにするために必要なスープの素《もと》の量を，比を使って求めようと考えました。スープの素の量をxℊとしたときの求め方を言葉や式を使ってかきなさい。また，必要なスープの素は何ℊになりますか，求めなさい。

＜資料＞

【スープの材料（４人分）】
・玉ねぎ　　　１個
・とりもも肉　150 ℊ
・スープの素　20 ℊ
・塩，こしょう　少々
・水　　　　　800 mL

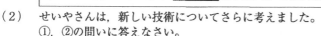

1　ゆいさんは，夏休みに祖父の家に行きました。祖父は歴史が好きで，部屋の本だなには，たくさんの本が並《なら》んでいました。次は，ゆいさんと祖父の会話の一部です。

ゆ　い

祖　父

ゆ　い：本がたくさん並んでいてすごい。
祖　父：ここに並んでいる本は，日本や海外で活やくした人たちの本だよ。
ゆ　い：あっ，ここに野口英世《のぐちひでよ》の本がある。
祖　父：よく見付けたね。今，感染症《かんせんしょう》が話題になっているけど，英世は約百年も前に感染症について熱心に研究をして，医学の発展《はってん》に力をつくしたんだよ。
ゆ　い：英世ってすごい人なんだ。くわしく調べてみよう。

ゆいさんは，友達のみなみさんに祖父とのことを話しました。その話を聞いて，みなみさんもいっしょに英世について，調べてみることにしました。
次の（1），（2）の問いに答えなさい。

（1）　ゆいさんは，英世の生がいについて，インターネットや本などで調べました。
①～④の問いに答えなさい。

①　ゆいさんは，情報を集めたり発信したりするために，インターネットの使い方について確認《かくにん》しました。インターネットの正しい使い方として適切なものはどれですか。下の**ア**～**エ**の中から**すべて**選び，記号でかきなさい。

ア　ホームページの情報は，すべて正しいと判断してよい。
イ　知らない人からファイル（データ）付きのメールが届いたら，開かない。
ウ　個人情報を入力する必要があるときには，信用できる相手か確かめる。
エ　インターネットから取りこんだ写真は，どれでもコピーして使ってよい。

②　ゆいさんは，1888年英世が11才のときに，磐梯山《ばんだいさん》の噴火《ふんか》を経験したことを知り，災害は身近なところでも起こることを改めて感じました。そこで，大雨が降《ふ》り，川の水があふれたときのためにひ難《なん》所を**＜資料１＞**で確認しました。ゆいさんは，どこにひ難すればよいですか。**＜資料１＞**の**A**～**C**のひ難所の中から１つ選び，記号でかきなさい。また，その理由をかきなさい。

＜資料１＞ゆいさんの家の周辺のハザードマップ

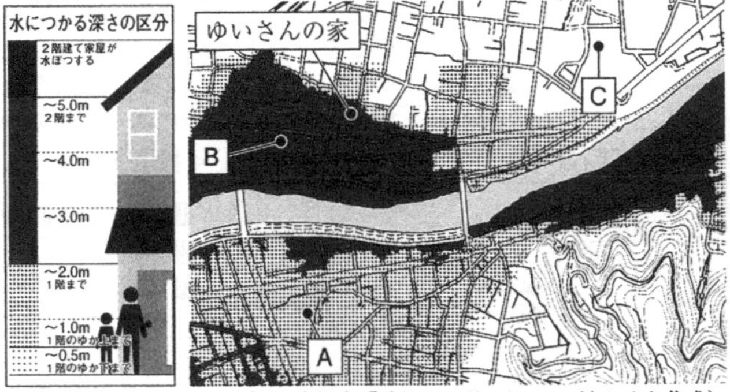

（国土交通省「重ねるハザードマップ」により作成）

③　ゆいさんは，1899年英世が22才のときに横浜《よこはま》の*1検疫所《けんえきじょ》に勤務《きんむ》を命じられたことがわかりました。そこで，ゆいさんは当時の横浜港について調べ，**＜資料２＞**のようなグラフにまとめました。**＜資料２＞**からどのようなことが読み取れますか。**輸出**と**輸入**という言葉を使って，「**当時の横浜港は，**」の後に続けて，かきなさい。

＊1　検疫所：感染症が広がるのを防ぐため，出入りする人や物を検査するところ

＜資料２＞日本の港別貿易額の割合《わりあい》（1899年）

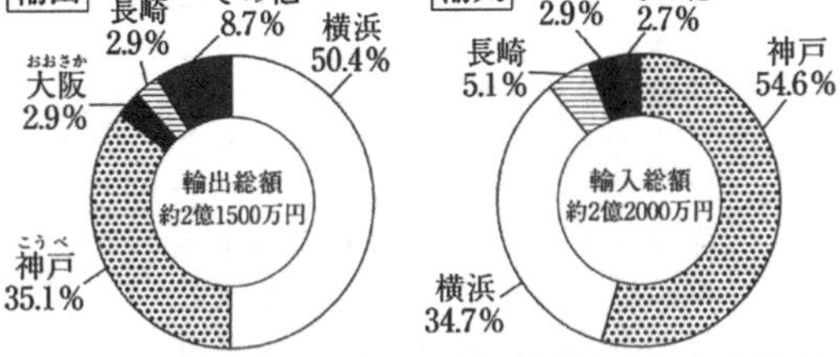

（大蔵省関税局「明治32年大日本外国貿易年表」により作成）

④　ゆいさんは，英世が横浜で勤務した後に，研究のために海外にわたったことを知りました。そこで，英世が関わった国の現在の様子について，**＜資料３＞**のようにまとめました。**＜資料３＞**からどのようなことがわかりますか。次の**ア**～**エ**の中から１つ選び，記号でかきなさい。

＜資料３＞英世が関わった国の現在の様子

国　名	人　口（単位：千人）	１年間における国民１人あたりの所得（単位：ドル）	*2結核《けっかく》の予防接種を受けた子どもの割合（単位：％）
日本	126860	39561	99
メキシコ	127576	8688	96
エクアドル	17374	6059	90
ペルー	31826	6249	81
ガーナ	30418	1978	98

＊2　結核：感染症の一種

（「世界国勢図会2019/2020」，総務省統計局「世界の統計2019」，ユニセフ「世界子供白書2019」により作成）

解答用紙

※60点満点
(配点非公表)

注意 ※印らんには記入しないこと。

2	(3)	②	＜グラフ１＞	万t	＜グラフ２＞	万t
		③	(求め方)			
			(答え)			g

※ ※

3	(1)	①	
		②	
		③	
	(2)	①	
		②	→ → → →
		③	
		④	
	(3)		

※ ※

令和２年度

Ｉ　適性検査１

（９時30分 ～ 10時30分）

注　　意

○「始めなさい。」の指示があるまで，問題用紙を開いてはいけません。

○　問題用紙は３枚《まい》あります。

○　声に出して読んではいけません。

○　解答用紙は**この用紙の裏《うら》**です。

○　**受験番号**を解答用紙の決められた場所に記入しなさい。

○　答えはすべて，解答用紙の決められた場所に記入しなさい。

○「やめなさい。」の指示があったら，すぐに筆記用具を置きなさい。

○　解答用紙の┆　　┆のらんには記入してはいけません。

＃教英出版　編集部　注
編集の都合上、白紙ページは省略しています。

福島県立会津学鳳中学校
福島県立ふたば未来学園中学校

受験番号

番

※

2 I 適性

1

(1)

① a　b　c　d

② あ

い

③

(2)

①

② 多い順に（　　　　），（　　　　），（　　　　）

③ 様々な国から福島県を訪れた外国人にとって，

(3)

①

②

※

※

2

(1)

① cm

② 通り

③ 約　cm

④

⑤ （求め方）

（答え）　cm以上

⑥ ２つの面に色がついた立方体　個

１つの面に色がついた立方体　個

すべての面に色がついていない立方体　個

(2)

①

<表>

		和菓子		合計
		まんじゅう	だんご	
洋菓子	ケーキ			
	シュークリーム			
合計				6

お菓子の代金　円

3

まさしさんたちは，夏休みに，それまでの学習をもとにした自由工作・自由研究に取り組んでいます。夏休み明けには，学級で発表会を行うことになっています。まさしさん，たつやさん，ひなたさんの３人は，夏休み中に集まって，それぞれが取り組んでいることについて相談しています。

次の（１）～（３）の問いに答えなさい。

（１）　まさしさんは，**＜設計図＞**をもとに，自由工作として，電磁石《でんじしゃく》を使ったおもちゃをつくっています。

①～③の問いに答えなさい。

① **＜設計図＞**どおりにつくってスイッチを入れたり切ったりしてみると，宇宙船《うちゅうせん》は予想よりも小さな動きでした。そこで，まさしさんはたつやさんに相談しました。すると，たつやさんは，次のようにアドバイスをしました。

宇宙船は，どうしたらもっと大きな動きになるのかな。

宇宙船がどうして小さな動きなのかというと，磁石と電磁石の極同士が（　**ア**　）からだよ。磁石と電磁石の極同士が（　**イ**　）ようにすれば大きな動きになるよ。だから磁石と電磁石の極を調べるといいよ。

（　**ア**　），（　**イ**　）に入る言葉を，下の［　　］から選び，それぞれかきなさい。

［しりぞけ合う　　引き合う］

＜設計図＞

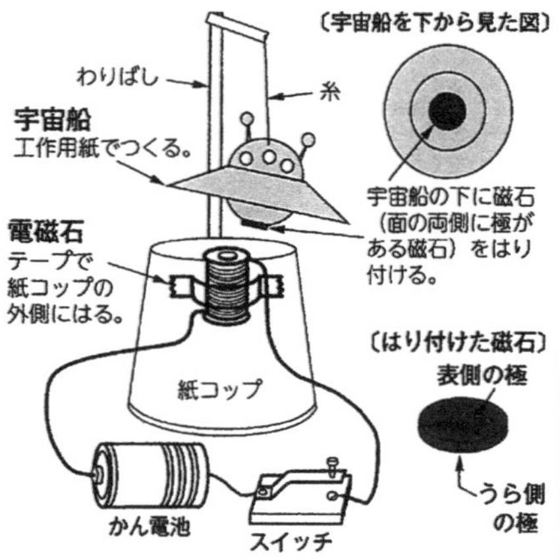

☆遊び方　スイッチを入れたり切ったりすると，宇宙船がゆらゆらとゆれて,おもしろい動きをする。

② まさしさんは，たつやさんのアドバイスをもとに，磁石や電磁石の極を調べることにしました。どんな方法が考えられますか，かきなさい。

③ 磁石や電磁石の極を調べたまさしさんは，たつやさんのアドバイスをもとに手直しをすると，宇宙船の動きが大きくなりました。どの部分をどのように直しましたか。考えられる方法を３つかきなさい。ただし，糸の長さやかん電池の数，電磁石の導線の巻《ま》き方や巻き数は変えないこととします。

（２）　たつやさんは，手づくりこん虫図かんをつくることを自由研究にしようと思いました。はじめに，カブトムシとバッタを見付けたたつやさんは，もっとたくさんのこん虫を調べてみたいと思い，家の近くの林や草むら，池で見付けた小さな生き物を**＜表＞**にまとめました。

①～④の問いに答えなさい。

＜表＞見付けた場所と生き物

場所	生き物
林	**A** クモ
	B クワガタ
	C セミ
	D ダンゴムシ
草むら	**E** チョウ
	F カタツムリ
	G カマキリ
池	**H** ザリガニ
	I トンボ
	J カエル

① たつやさんは，まず，**＜表＞**の生き物を，こん虫とこん虫以外の生き物に分けました。こん虫以外の生き物はどれですか。**A～J**から**すべて**選び，記号でかきなさい。

② たつやさんは，カブトムシを観察し，そのからだを「頭・胸《むね》・腹《はら》」の３つの部分に分け，気付いたことや見付けた場所を絵と言葉で**＜観察カード＞**にまとめました。それを見たひなたさんは，次のようにアドバイスをしました。

このからだのつくりの分け方はちがうと思うよ。こん虫を***はら側**から観察すると，からだのつくりがよくわかるよ。

*あしの付け根が見える側をはら側とする。

そこで，たつやさんは，ひなたさんのアドバイスをもとに，カブトムシを**はら側**から観察し，絵をかきました。ひなたさんは，なぜ分け方がちがうと思ったのか，その理由をかきなさい。また，カブトムシの胸はどこですか。解答用紙の**＜はら側から観察した絵＞**の胸の部分をぬりつぶしなさい。

＜観察カード＞

＜名　前＞
カブトムシ

＜からだの色＞
茶色や黒色

＜からだの特ちょう＞
オスのカブトムシには，りっぱなつのがある。

＜見付けた場所＞
林

＜からだのつくり＞

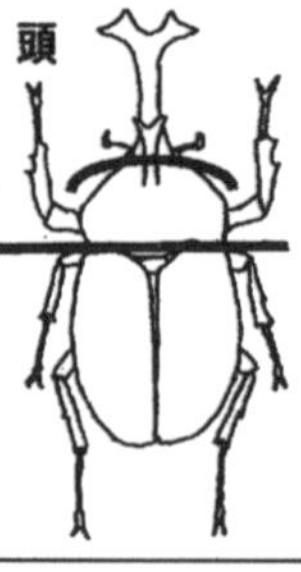

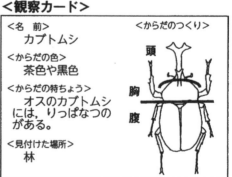

た〔**感謝の会の計画**〕です。

っとう芸

母の希望

にする。

焼くと

(弟) **ブロックパズル**

・同じ大きさの小さな立方体27個を，色と絵をヒントに組み合わせて，大きな立方体を完成させるパズルをつくる。

＜おやつ＞（お菓子《かし》２つとゼリーの３種類で１人分）

洋菓子《ようがし》から１つ

ケーキ
200円

シュークリーム
180円

和菓子《わがし》から１つ

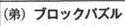

まんじゅう
90円

だんご
80円

・選んだ２つのお菓子は，まとめて無料の箱に入れてもらう。

※値段《ねだん》には，すべて消費税がふくまれている。

ゼリー

・容器に，お湯にとかしたゼラチンとジュースを混ぜ合わせてゼリーの液をつくる。それを，６つのカップが同じ量になるように分けてから冷蔵庫《れいぞうこ》で固める。

＜飲み物＞
（２種類）

お茶

コーヒー

　母へのプレゼントは，**とう器の皿**です。まおさんは，母が希望する大きさの皿をつくるために，焼く前の大きさを考えました。真上から見た皿の形を円として考えると，希望する大きさにつくるには，焼く前の皿の直径を何cm以上にする必要がありますか，整数で求めなさい。また，求め方を**式**や**言葉**を使ってかきなさい。

　弟には，**ブロックパズル**をつくります。まおさんは，大きな立方体の下になる面以外の５つの面に，それぞれちがう色をつけ，絵をかきました。すると，小さな立方体には，３つの面に色のついた立方体が４個あることに気付きました。そこで，残りの小さな立方体も調べてみることにしました。**＜図４＞**のように，２つの面に色がついた立方体，１つの面に色がついた立方体，すべての面に色がついていない立方体は，それぞれ何個ありますか，求めなさい。

＜図４＞

２つの面に色がついた立方体

１つの面に色がついた立方体

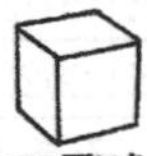

すべての面に色がついていない立方体

まおさんは，**＜おやつ＞**の準備を始めました。
①，②の問いに答えなさい。

①　まおさんは，お菓子の注文と，代金の支払《しはら》いを，感謝の会の前日までに行います。１人１人が選んだ２つのお菓子を，まとめて箱に入れてもらうために，全員の希望を**＜表＞**にまとめ直すと，どうなりますか。**＜メモの一部＞**をもとに，数字をかき入れ，解答用紙の**＜表＞**を，完成させなさい。また，お菓子の代金は何円ですか，求めなさい。

＜表＞家族の希望を聞いた結果（人）

		和菓子		合計
		まんじゅう	だんご	
洋菓子	ケーキ			
	シュークリーム			
合計				6

＜メモの一部＞
○ケーキとまんじゅうの組み合わせを選んだのは３人。
○シュークリームとだんごの組み合わせを選んだのは２人。
○ケーキを選んだのは４人。

②　まおさんは，**＜図５＞**のゼリーの液を容器からカップに分けます。容器のめもりを使って分けようとしましたが，うまく分けきることができません。そこで，玉じゃくしで３回すくって入れると，**＜図６＞**のようになり，うまく分けきることができると気付きました。１つのカップには，ゼリーの液を玉じゃくしで何回すくって入れればよいですか，求めなさい。また，求め方を**式**や**言葉**を使ってかきなさい。ただし，玉じゃくしで１回にすくって入れるゼリーの液の量は，いつも同じと考えます。

＜図５＞

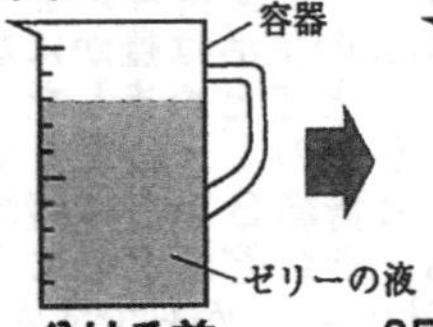

分ける前

＜図６＞

３回すくって入れた後

1　みきさんとかずやさんの学級では，2020年に東京オリンピック・パラリンピックが開催《かいさい》されるので総合的な学習の時間に「オリンピック・パラリンピック」をテーマに，興味をもったことについて調べることになりました。次は，みきさんとかずやさんが，それぞれどのようなことを調べるか話し合っている様子の一部です。

みき：夏季オリンピックが東京で開催されるのは２回目だね。でも，わたしのおじいさんが「1940年にも東京で開催されることになっていたけど，その時はできなかった。」と言っていたよ。ほかにも何かわかるかもしれないから，わたしは㋐夏季オリンピックと日本に関わる歴史的な出来事について調べてみようかな。

かずや：ぼくのおばあさんが「1964年の東京オリンピックでは，福島県出身の＊古関裕而《こせきゆうじ》が作曲した『オリンピック・マーチ』が使われていた。」と言っていたよ。だから，ぼくは㋑福島県とオリンピックの関わりについて調べてみるよ。

＊ 明治42年（1909年）福島市生まれの日本を代表する作曲家

次の（１）～（３）の問いに答えなさい。

（１）　みきさんは，㋐夏季オリンピックと日本に関わる歴史的な出来事について，まとめようと考え<資料１>の年表にあらわしました。

①～③の問いに答えなさい。

<資料１>みきさんがまとめた年表

	夏季オリンピックの開催年・開催地（国名）	日本に関わる歴史的な出来事
明治	1896年　第１回アテネ（ギリシャ） 1912年　第５回ストックホルム（スウェーデン） →日本が初めて参加	1886年Ⓐノルマントン号事件が起こる
大正	1916年　第６回ベルリン（ドイツ）→中止	1914年　（　a　）
昭和	1932年　第10回ロサンゼルス（アメリカ） 1940年　第12回東京（日本）→返上 第12回ヘルシンキ（フィンランド）→中止 1948年　第14回ロンドン（イギリス） →日本は不参加 1956年　第16回メルボルン（オーストラリア） ※一部の種目をストックホルム（スウェーデン）で開催 1964年　第18回東京（日本）	1931年　（　b　） 1939年　（　c　） 1946年　（　d　） 1956年Ⓑ国際連合に加盟《かめい》する 1964年　東海道新幹線が開通する
平成	2012年　第30回ロンドン（イギリス）	2011年　東日本大震災《ひがしにほんだいしんさい》が起こる
令和	2020年　第32回東京（日本）	2019年　消費税率が10%に引き上げられる

①　みきさんは，年表を完成させようと考えました。<資料１>のa～dにあてはまる出来事はどれですか。下のア～エの中から選び，それぞれ記号でかきなさい。

ア　第一次世界大戦が起こる　　**イ**　第二次世界大戦が起こる

ウ　日本国憲法《けんぽう》が公布される　　**エ**　満州事変《まんしゅうじへん》が起こる

②　みきさんは，Ⓐノルマントン号事件が起こってから，1912年の第５回オリンピックに日本が初めて参加するまでの日本の様子について調べ，<資料２>のようにまとめました。（　**あ**　），（　**い**　）にあてはまる**人物名**を，下の［　　］からそれぞれ選び，漢字またはひらがなでかきなさい。

<資料２>みきさんのノートの一部

ノルマントン号事件が起こり，国民は不平等条約を改めることをさらに強く求めるようになった。このような中，1894年に（　**あ**　）はイギリスとの条約の一部を改正して，領事裁判権《りょうじさいばんけん》をなくすことに成功した。また，1911年に（　**い**　）が条約改正に成功し，関税《かんぜい》自主権《じしゅけん》が回復されるなどして，日本の地位は向上した。

福沢諭吉《ふくざわゆきち》　小村寿太郎《こむらじゅたろう》　板垣退助《いたがきたいすけ》　大隈重信《おおくましげのぶ》　陸奥宗光《むつむねみつ》

③　みきさんは，Ⓑ国際連合に加盟してから，1964年に東京オリンピックが開催されるまでの間の国民の生活について，<資料３>と<資料４>をもとに，「国民の生活は豊かになってきた。」とまとめました。みきさんがこのようにまとめたのは，<資料３>と<資料４>から，それぞれどのようなことがわかったからですか，かきなさい。

<資料３>国民総生産の変化

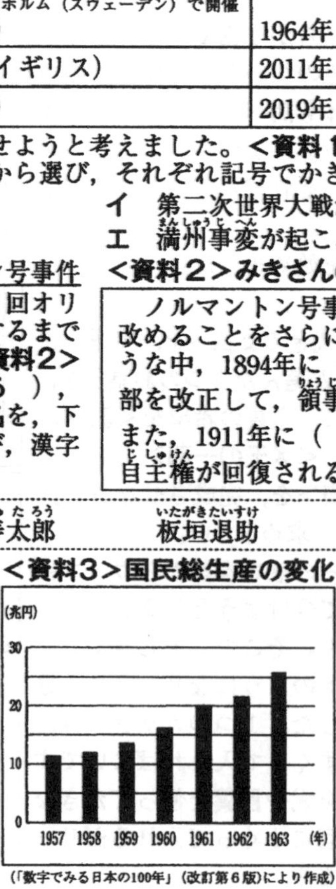

（「数字でみる日本の100年」（改訂第６版）により作成）

<資料４>主な電化製品のふきゅう

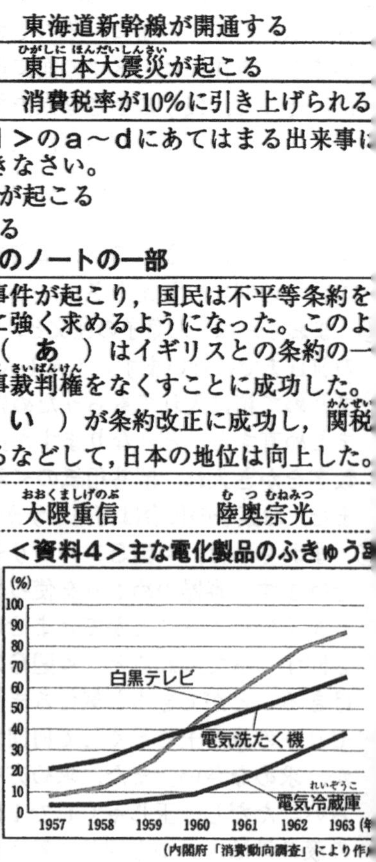

（内閣府「消費動向調査」により作

1 解答用紙

※60点満点
(配点非公表)

注意 のらんには記入しないこと。

2

(2) ②

(求め方)

(答え)　　　　　回

※　※

3

(1)

①	ア		イ	
②				
③				

(2)

①

② (理由)

<はら側から観察した絵>

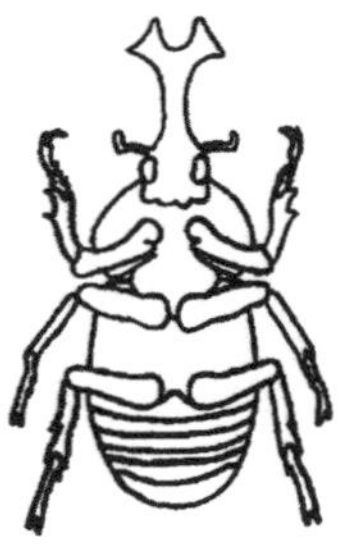

③

④

(3)

①	の方法	出てくるミョウバンの量	g

② 記号

(理由)

※　※

令和２年度

Ⅱ 適性検査２

（11時00分 ～ 12時00分）

注　意

○ 指示があるまで，問題用紙とメモ用紙を開いてはいけません。

○ 問題用紙は１枚《まい》あります。

○ 声に出して読んではいけません。

○ 解答用紙は**この用紙の裏《うら》**です。

○ **受験番号**を解答用紙の決められた場所に記入しなさい。

○ 答えはすべて，解答用紙の決められた場所に記入しなさい。

○ 最初の問題は**放送を聞いて**答える問題です。放送は**１度だけ**です。

○「メモ用紙だけを開きなさい。」の指示があったら，配られたメモ用紙を開きなさい。

○「やめなさい。」の指示があったら，すぐに筆記用具を置きなさい。

○ 解答用紙の※印のらんには記入してはいけません。

受験番号
番

※

2 Ⅱ 適性検査2解答用紙

注意

※印のらんには記入しないこと。

1

(1)

(2)

(3)

(4)

(5)

(5字)

※ ※ ※ ※ ※

※ ※ ※ ※ ※

2

(1)

(2)

(10字)

(3)

記号

グループ名

記号

グループ名

(4)

(5字) (5字)

その中で印象に残った手すき和紙のよさは、

※ ※ ※ ※ ※ ※

※ ※ ※ ※ ※ ※

※ ※

※40点満点
(配点非公表)

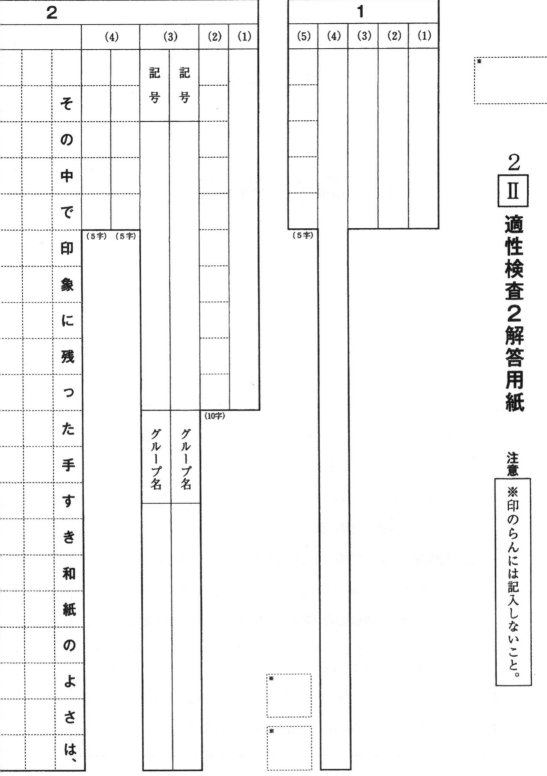

【メモ用紙】

<資料>　よしきさんが選んだ新聞記事

「ペットに情報チップ」提案

飼い犬や飼いねこに、飼い主の情報を記録したマイクロチップをうめこむことが義務化されるかもしれません。犬やねこの殺処分《さつしょぶん》をなくそうと活動する議員連盟《れんめい》は、国会に動物愛護法《どうぶつあいごほう》の改正案を提出する予定です。

マイクロチップは、長さ十ミリメートル、直径二ミリメートルほどの円筒形《えんとうけい》の電子器具です。十五けたの番号が記録され、獣医師《じゅういし》が犬やねこの首の後ろにうめこみます。せん用の機械で番号を読み取ることで、飼い主の連絡先《れんらくさき》などの登録情報がわかる仕組みです。

マイクロチップを取り付けることで、飼い主が犬やねこをむやみに捨《す》てることを防いだり、地震《じしん》などの自然災害でペットが迷子《まいご》になった時に、飼い主をさがしたりすることに役立ちます。

マイクロチップを取り付けることは、アメリカやヨーロッパでは義務化されていて、日本でも導入を求める声が上がっていました。

（2019年５月23日「読売 KODOMO 新聞」により作成）

※　2019年６月に、この記事にある動物愛護法の改正案が成立している。

⑦手すき和紙にふれ、（　　　　　　　　　）し

かつて、わたしたちの町は、手すき和紙づくりが盛《さ》
た。木村さんをはじめ、今でも手すき和紙をつくり続
る人たちがいます。代々《だいだい》受けつがれてきた手すき和紙
ることで、地いきのよさを再発見してみませんか。
どなたでも参加できます。みなさん、おこしくださ

〈日　時〉令和元年11月16日（土）午後１時から
〈場　所〉地いき伝承館
〈内　容〉・和紙の紙すき体験
　　　　　・しおり、コースターづくり
〈参加費〉無料

★こんなところにも手すき和紙が使われることがあります★

・しょうじ　・ふすま　・お祝いの袋《ふくろ》
・書道、版画などの紙
・賞状　・ちょうちん　・照明器具
・和菓子《わがし》の包み　・うちわ　など

手すき和紙づく

木村さん

わたしは、手すき和紙づくりを50年続けてきま
すき和紙には、洋紙とはちがう魅力《みりょく》がたくさんあ
だからこそ、手すき和紙の伝統を絶やさぬよう、
のみなさんにも手すき和紙の魅力を伝えていきた

【資料２】ゆかさんのメモ

＜木村さんの話＞

A　手すき和紙は、空気を通しやすい。その性質を生かして、湿気《しっけ》の多い日本の家で多く使われている。

B　ノートや本、新聞など、生活の中で多く使われているのは洋紙。

C　千年以上前の和紙が、今も奈良《なら》県の正倉院《しょうそういん》に保ぞんされている。手すき和紙は、じょうぶでいたみにくい。

D　洋紙の原料は、木の幹など。機械を使ってつくるので、一度に大量につくることができる。

E　手すき和紙は、水をすってもやぶれにくい。絵の具やすみがうまくにじむ。

F　手すき和紙は、リサイクルに向いている。再生紙として、ハガキや便せんなどに再生されている。手すき和紙は、かん境にやさしい。

G　洋紙は、せんいが細かくくだかれているので、表面はつるつるしていて、なめらか。

H　手すき和紙は、光を通しやすい。せんいとせんいの間に細かなすき間があるから。

の課題について調べ【資
のグラフを見付けました。そして、【資料１】～【資料４】をもとに、わかったことや思ったことを木村さんに手紙で伝えることにしました。あなたがゆかさんなら、どのようなことを書きますか。後の＜木村さんへの手紙の一部＞の［　　］に書くことを、解答用紙の書き出しに続けて**三つの文**で書きなさい。その際、書く字数は全体で**百字以上、百三十字以内**とし、二文目は「**例えば、**」で書き始め、**【資料３】【資料４】**の二つのグラフからそれぞれわかる課題にふれることとします。三文目は「**しかし、**」で書き始めなさい。ただし、句読点も一文字として数え、それぞれの文は改行しないで書きなさい。

（経済産業省「工業統計調査」により作

＜木村さんへの手紙の一部＞

わたしは、体験教室がきっかけで手すき和紙に興味をもち、さらにいろいろ調べました。そして、手すき和紙のよさがたくさんわかりました。

その中で印象に残った手すき和紙のよさは、

これからも、手すき和紙について調べ、学級のみんなにも伝えていきたいと思います。

3

あなたは、自分の将来《しょうらい》をよりよいものにしていくために、どのようなことが大切だと考えますか。あなたの考えを次の**条件**にしたがって書きなさい。

条件

①　**二百字以上、二百四十字以内**で書くこと。ただし、句読点も一文字として数える。
②　**二段落構成**《だんらくこうせい》とすること。**前段**では、あなたが大切だと考えることを一つと、そう考える理由を書くこと。**後段**では、前段をふまえて、これまでの経験を交えながら中学校生活をどのように送りたいか、書くこと。
③　原稿《げんこう》用紙の使い方にしたがって、文字やかなづかいを正しく書き、漢字を適切に使うこと。
④　題名や氏名は書かないで、本文から書き始めること。

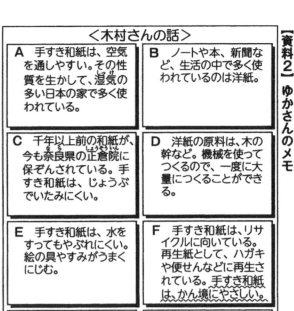

ことに役立ちそうで、とてもよいことだと思いました。

確かに、大切なペットなら、常に目をはなさないようにしておくべきだという意見もあるかもしれません。しかし、自然災害など、何がきっかけでペットとはなれてしまうかわかりません。そのようなときのためにも、このマイクロチップを取り付けるのはよいことだと思います。

ぼくは、ペットの迷子が減って、ペットを飼っている全ての家庭で、飼い主とペットが安心して仲よく暮らせる関係が続いていくとよいと思います。

よしき　これでぼくのスピーチを終わりますが、どうでしたか。

まりこ　よしきさんのスピーチは、内容も組み立てもとてもよかったと思いますよ。

よしき　ありがとうございます。そう言ってもらえるとうれしいです。

まりこ　まず、内容のよさとして、一つ目は、複数の記事を読んで調べ、マイクロチップの安全性について伝えていたことです。マイクロチップをうめこんだらかわいそうだという意見もあるかもしれませんが、安全性を伝えているので、みんな安心してくれそうですね。よしきさんの調べ方はとてもよいので、わたしも参考にしたいです。二つ目は、自分の家のペットが迷子になった不安について、自分の経験をもとにして飼い主としての気持ちを話したことです。わたしは、とても共感できました。

次に、組み立てのよさとして、最初の一文が工夫されていたと思います。それから、予想される反対意見と、それに対する自分の考えを伝えていたことも、よいと思いました。

よしき　ありがとうございます。自信になります。

まりこ　改善点も考えたので、よかったら参考にしてください。まず、マイクロチップの大きさや形にふれていますが、写真や絵で提示するともっとわかりやすくなると思います。

よしき　それはよいアイディアですね。ぜひ準備してみます。

まりこ　それと、質問なのですが、マイクロチップには、場所を伝える発信器が付いているのですか。

よしき　いいえ、そうではありません。迷子のペットが保護された場合、まず、せん用の読取器で、マイクロチップに記録された番号を読み取ります。その番号をけんさくして、登録されている飼い主を特定します。そして、飼い主に連絡を取り、ペットが家に帰れるのです。

まりこ　そうだったのですね。でも、先ほどのスピーチだけを聞いた人は、発信器が付いていると思ってしまうかもしれませんよ。

よしき　なるほど。この新聞記事の中に、登録情報がわかる仕組みについて書かれている一文があるので、それをしょうかいしながら説明を付け加えたいと思います。まりこさん、ありがとうございました。

では、次はまりこさんの番です。お願いします。

以上で放送は終わりです。
それでは、問題用紙と解答用紙を開きなさい。
解答用紙に受験番号を書いてから、問題に答えなさい。
答えはすべて、解答用紙の決められた場所に書きなさい。
それでは、始めなさい。

放送原稿

令和二年度　適性検査2　放送台本

　これから放送による問題を始めます。
　この問題は、【メモ用紙】の中にある＜資料＞を読んで放送を聞き、内容について考えて答える問題です。それでは、右側にある【メモ用紙】だけを開きなさい。問題用紙は開いてはいけません。
（十秒後）
　よしきさんの学級では、国語科の時間に、興味をもった新聞記事を選び、その内容と自分の考えをスピーチすることになりました。明日《あす》の発表を前に、今日の国語科の時間は、友達とペアをつくって互いにスピーチを聞き合い、内容や組み立てについて改善《かいぜん》することになっています。はじめに、よしきさんがまりこさんに聞いてもらうところです。【メモ用紙】にある＜資料＞は、よしきさんが選んだ新聞記事です。
　これからその新聞記事を読む時間をとります。気が付いたことなどを、【メモ用紙】に書いてもかまいません。ただし、声に出して読んではいけません。時間は九十秒間です。では、始めなさい。
（九十秒後）
　終わりです。
　それでは、よしきさんとまりこさんのやりとりを放送で流します。放送は一度だけです。【メモ用紙】にメモをとりながら聞いてもかまいません。放送を聞いた後《あと》に、問題に答えるようになります。それでは始めます。

よしき　今からスピーチをするので、後で、まりこさんの意見を聞かせてくださいね。
まりこ　はい。よしきさんは、この新聞記事をもとにスピーチするのですね。よろしくお願いします。
よしき　では、始めます。

　みなさんは、大切にしているペットが迷子になってしまったら、その飼い主は、どのような気持ちになると思いますか。
　ぼくの選んだ新聞記事に、飼い犬や飼いねこに、飼い主の情報を記録したマイクロチップを取り付けることについてのっていました。
　ぼくの家でも犬を飼っていて、以前に一度迷子になってしまったことがあり、とても興味をもったので、この新聞記事を選びました。
　新聞記事によると、このマイクロチップは、長さ十ミリメートル、直径二ミリメートルほどの円筒形《えんとうけい》の電子器具で、十五けたの番号が記録され、獣医師《じゅういし》が犬やねこの首の後ろにうめこむそうです。ぼくは、これを読んで、犬やねこの体にうめこむのはかわいそうだと思い、インターネットなどで複数の記事を読んで、安全性について調べました。すると、犬やねこの体に対する影響《えいきょう》についていろいろな意見はありましたが、安心できるものだとぼくは感じました。
　また、新聞記事には、自然災害でペットが迷子になったときに、飼い主をさがすことに役立つとありました。ぼくの家で飼っていた犬が迷子になったとき、心配で泣きながらさがしました。すると、それを見た近所の人が手伝ってくれて、何とか見付け出すことができました。そのときのことを考えると、このマイクロチップを取り付けることは、迷子になってしまったペットを見付け出す

★教英出版編集部注
問題音声は教英出版ウェブサイトで。
リスニングＩＤ番号は解答集の表紙を参照。

1

次の**1**〜**3**の問いに答えなさい。

放送の内容について、次の(1)〜(5)の問いに答えなさい。

(1) よしきさんのスピーチの内容として、正しいものを、次の**ア**〜**エ**の中から一つ選び、記号で書きなさい。

ア よしきさんの家では、以前に飼いねこが迷子《まいご》になり、学級の友達にも手伝ってもらってさがした。

イ よしきさんの家では、迷子になったペットが見付からず、新しいペットを飼ってマイクロチップを取り付けた。

ウ マイクロチップを取り付けることが義務化されているアメリカやヨーロッパのことを調べた。

エ ペットを飼っているすべての家庭で、飼い主とペットが安心して仲よく暮《く》らせる関係が続くとよいと思った。

(2) 聞き手であるまりこさんのすぐれている点として、ふさわしいものを、次の**ア**〜**エ**の中から**すべて**選び、記号で書きなさい。

ア 事前に下調べをしている。

イ よさや改善点《かいぜんてん》を述べている。

ウ 不明な点を質問してはっきりさせている。

エ 声の強弱や話す速さについて述べている。

(3) まりこさんは、「組み立てのよさとして、最初の一文が工夫されていた」と述べています。その工夫としてふさわしいものを、次の**ア**〜**エ**の中から一つ選び、記号で書きなさい。

ア どのような記事であったか要約してしょうかいする。

イ どうしてこの記事を選んだのか理由を述べる。

ウ スピーチの内容に関係した問いかけを入れる。

エ 予想される反対意見について取り上げる。

(4) まりこさんは、「よしきさんの調べ方はとてもよい」と述べています。まりこさんがそう思ったのは、よしきさんがどのように調べたからですか、書きなさい。

(5) よしきさんは、まりこさんとのやりとりから、新たに説明を付け加えることにしました。**【メモ用紙】**の新聞記事の中から、説明のときにしょうかいする一文を探《さが》し、**最初の五文字**を書きぬきなさい。

2

ゆかさんは、**【資料1】町の広報誌《こうほうし》の記事**を読んで、「手すき和紙」体験教室に参加しました。その後、手すき和紙に興味をもったゆかさんは、手すき和紙をつくっている木村さんに話を聞いて、**【資料2】**のように、ふせんにメモをとりました。さらに、**【資料3】地いき伝承館にあったパンフレットの一部**を読んで調べました。これらの資料を読んで、後の(1)〜(5)の問いに答えなさい。

【資料1】 町の広報誌の記事

【資料3】 地いき伝承館にあったパンフレットの一部

★原料

手すき和紙の原料は、コウゾ、ミツマタ、ガンピなどの植物の木の皮です。そのせんいは、一本一本が長く、複雑にからみ合っています。これらの植物は、木をきった後から芽が出始め、毎年収《しゅう》かくできるため、木をきっても森林破壊《はかい》にはなりません。

★製造方法

まず、木の皮をにてからたたき、せんいをやわらかくほぐします。これを水そうに入れ、一枚《まい》一枚すいていきます。ですから、手すき和紙は一度にたくさんつくることができず、手間がかかります。しかし、製造の工程で薬品を使わないので、地球にやさしく、使われた後は自然にもどります。

★和紙のこれから

日本の手すき和紙技術は、ユネスコ無形文化遺産《いさん》[注]にも登録されています。しかし、現在では、様々な課題から、手すき和紙技術のけい承があやぶまれています。

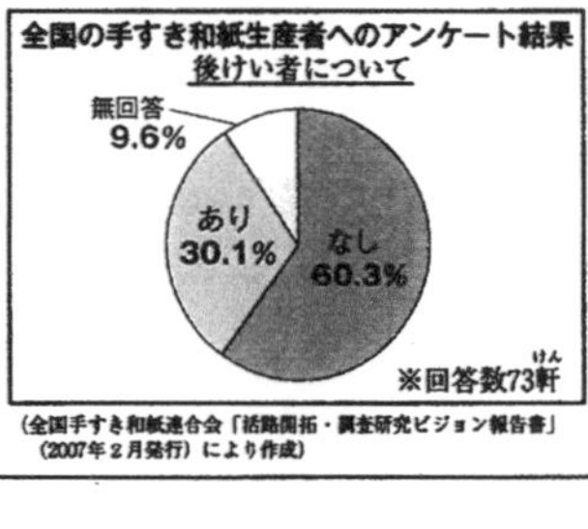

（全国手すき和紙連合会「活路開拓・調査研究ビジョン報告書」（2007年2月発行）により作成）

注　古くから各地いきで受けつがれてきた芸能、行事、伝統工芸技術などの中から、保護すべき文化としてユネスコが認めたもの。

(1) ゆかさんは、**【資料1】**〜**【資料3】**の内容をまとめようとしました。内容として正しいものを、次の**ア**〜**オ**の中から**すべて**選び、記号で書きなさい。

ア 和菓子の包みや賞状にも、手すき和紙が使われることがある。

イ 洋紙は、手すき和紙と比べて、表面がざらざらしている。

ウ 手すき和紙は、一度に大量につくることができない。

エ 洋紙は、わたしたちの生活の中で多く使われている。

オ 手すき和紙、洋紙ともに、原料は木の皮だけを使っている。

(2) **【資料1】**の下線部㋐は、［　　］に入る言葉を、［　　］の文章の見出しです。（　　　）の文章から**十字**で書きぬきなさい。

(3) ゆかさんは、**【資料2】**の八枚のメモを、紙の種類によって二つのグループに分けることができると考えました。**A**〜**H**を二つのグループに分け、記号で書きなさい。また、グループ名を付け、それぞれ書きなさい。

(4) ゆかさんは、**【資料2】**の「手すき和紙は、かん境にやさしい」は、リサイクルの面以外でも言えることがわかりました。そのことが理由をふくめて書いてある一文を**【資料3】**から二つ見付け、**最初の五文字**をそれぞれ書きぬきなさい。ただし、

3

(240字)

(200字)

※

※

※

※

(130字)

(100字)

※

※

③　たつやさんは，つかまえたバッタについて調べ，名前は「トノサマバッタ」だとわかりました。たつやさんは，見付けた場所やからだの特ちょうをまさしさんに話しました。トノサマバッタが，夏の間，草むらをすみかにしている理由は何ですか。**食べ物**と**かくれ場所**という言葉を使い，それぞれの言葉について，たつやさんが気付いたからだの特ちょうにふれて，かきなさい。

トノサマバッタは，草むらで見付けたよ。大きなあごと緑色のからだ，太くて長い後ろ足が特ちょうだね。

草むらは，トノサマバッタのすみかだからね。こん虫などの生き物たちは，食べ物やかくれ場所があるところをすみかにするからね。

④　たつやさんは，小さな生き物を探《さが》しているとき，「屋外で活動するときには，放射線《ほうしゃせん》にも気を付けましょう。」と，１年生のときの担任《たんにん》の先生が話していたことを思い出しました。先生がそう言っていたのは，原子力発電所の事故のえいきょうから身を守るためでした。原子力発電所などの事故のときに，放射線や放射性物質から身を守る方法の説明として，正しくないものはどれですか。下の**ア**～**エ**から１つ選び，記号でかきなさい。

ア　放射性物質から，はなれるほうがよい。
イ　風通しのよい，屋外にいるほうがよい。
ウ　空気を直接吸《す》いこまないように，マスクやハンカチで口をおおうほうがよい。
エ　放射線を受ける時間を短くするほうがよい。

3）　ひなたさんは，ミョウバンなどを使ったかざりづくりをとおして，物のとけ方について調べる自由研究をしています。40℃の水200mLにミョウバンをとけるだけとかした水よう液に，**＜図１＞**のようにモールでつくったかざりを，糸でつるしました。水よう液の温度を20℃まで下げると，かざりやコップの内側に，**＜図２＞**のようにミョウバンのつぶが付いていました。かざりにもっとたくさんのつぶを付けたいと考えたひなたさんは，たつやさんとまさしさんに相談しました。
①，②の問いに答えなさい。

＜図１＞　**＜図２＞**

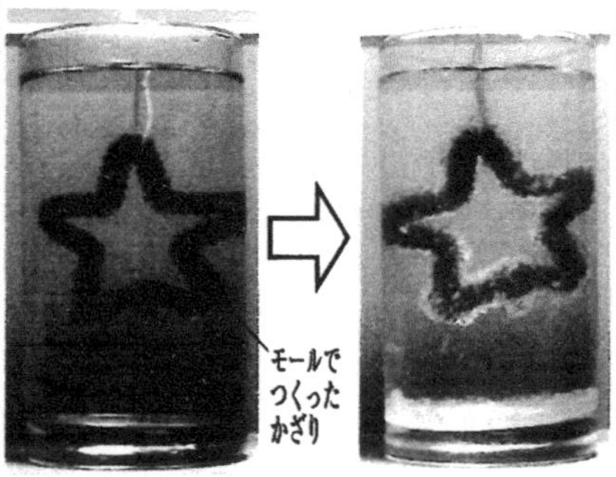

40℃のとき　20℃のとき

どうしたらミョウバンのつぶをたくさんかざりに付けられるかな。

①　たつやさんとまさしさんは，ミョウバンをたくさん付ける方法を，ひなたさんにそれぞれアドバイスしました。ひなたさんは，それらの方法を実験で確かめる前に，それぞれどれくらいミョウバンが出てくるのか，**＜グラフ＞**をもとに計算しました。計算の結果，ミョウバンがたくさん出てくるのは，次の２人の方法のうち，どちらの方法ですか，かきなさい。また，そのとき出てくるミョウバンの量は何gですか，求めなさい。

＜たつやさんの方法＞
新しいコップに40℃の水200mLを入れ，ミョウバンをとけるだけとかしてかざりをつるす。水よう液の温度を０℃まで下げる。

＜まさしさんの方法＞
新しいコップに60℃の水200mLを入れ，ミョウバンをとけるだけとかしてかざりをつるす。水よう液の温度を20℃まで下げる。

＜グラフ＞

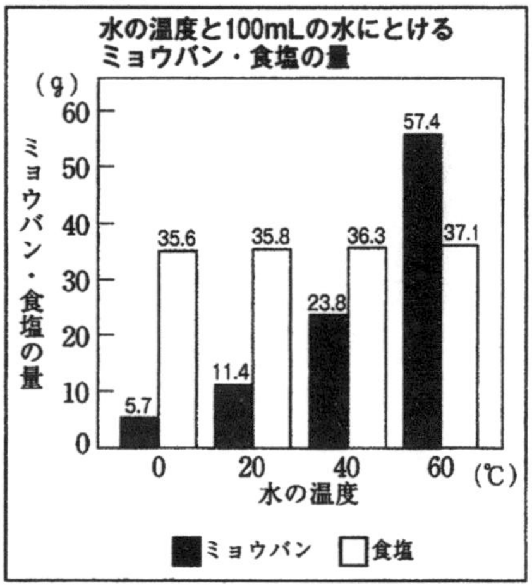

②　ひなたさんは，次に，食塩を使ってかざりをつくろうと考えました。ミョウバンと同じように，40℃の水200mLに食塩をとけるだけとかした水よう液にかざりをつるしました。水よう液の温度を20℃まで下げたとき，かざりやコップの内側はどうなっていると考えられますか。下の**ア**～**ウ**から１つ選び，記号でかきなさい。また，選んだ理由を，**＜グラフ＞**からわかる食塩の性質をもとに，かきなさい。ただし，コップにはラップをかぶせておいたので，コップの中の水は蒸発《じょうはつ》せず，水の量には変化がなかったものとします。

ア　ミョウバンと同じくらい食塩のつぶが付く。
イ　ミョウバンより多く食塩のつぶが付く。
ウ　ミョウバンより少なく食塩のつぶはほとんど付かない。

2

まおさんは，小学校の卒業を前に，家族を招いて感謝の会を開こうと考えました。次は，まおさ

〔感謝の会の計画〕

＜内容＞

○祖父，祖母，父，母，弟を招待する。

○手づくりのプレゼントをわたす。

○おやつと飲み物を用意する。

感謝の会

＜手づくりのプレゼント（完成予想図）＞

（祖父と祖母）フォトフレーム

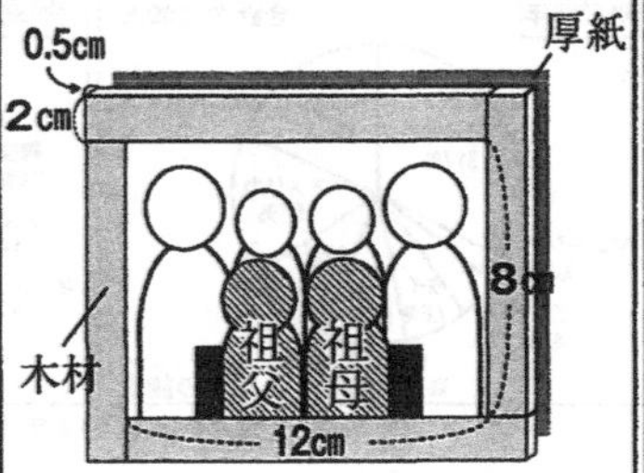

・1本の木材から，4つの部品を切り取って，写真の周りを囲むようにつくる。

（父）ペン立て

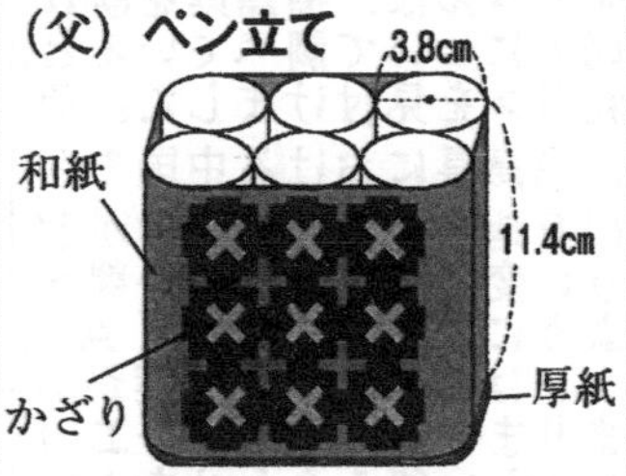

・トイレットペーパーのしんを組み合わせる。

・1枚《まい》の和紙（長方形）を周りに巻《ま》き付ける。

・1辺が3cmの正方形の折り紙で，かざりをつくる。

（母）と

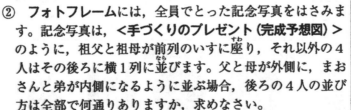

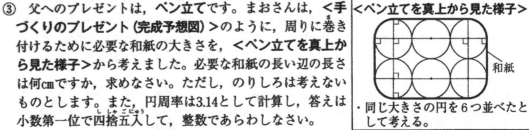

・公民館

教室」

・皿の大

で直径

・材料の

長さが

次の（1），（2）の問いに答えなさい。

（1）まおさんは，感謝の会に向けて，**＜手づくりのプレゼント（完成予想図）＞**の準備を始めました。

①〜⑥の問いに答えなさい。

① 祖父と祖母には，**フォトフレーム**を1つつくります。**＜図1＞**の木材から部品を切り取り，**＜図2＞**のように組み合わせてつくるとき，必要な木材の横の長さは何cmですか，求めなさい。

＜図1＞

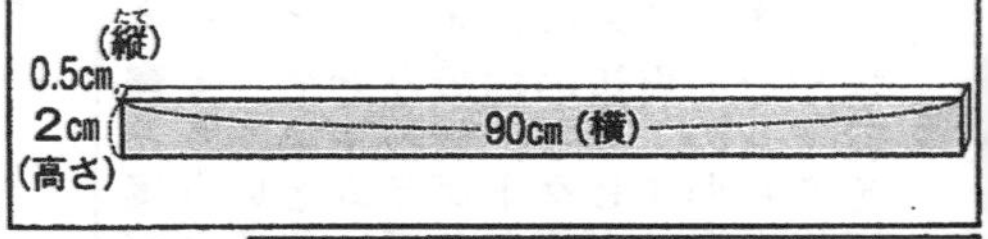

② **フォトフレーム**には，全員でとった記念写真をはさみます。記念写真は，**＜手づくりのプレゼント（完成予想図）＞**のように，祖父と祖母が前列のいすに座《すわ》り，それ以外の4人はその後ろに横1列に並《なら》びます。父と母が外側に，まおさんと弟が内側になるように並ぶ場合，後ろの4人の並び方は全部で何通りありますか，求めなさい。

＜図2＞

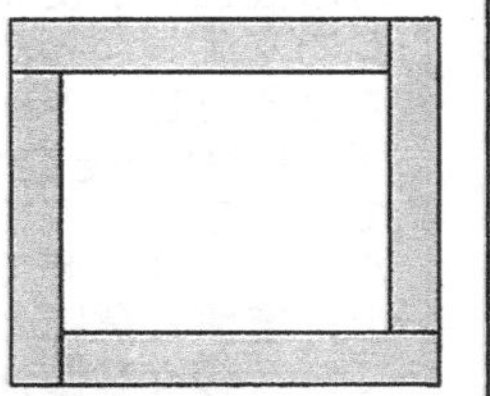

③ 父へのプレゼントは，**ペン立て**です。まおさんは，**＜手づくりのプレゼント（完成予想図）＞**のように，周りに巻《ま》き付けるために必要な和紙の大きさを，**＜ペン立てを真上から見た様子＞**から考えました。必要な和紙の長い辺の長さは何cmですか，求めなさい。ただし，のりしろは考えないものとします。また，円周率は3.14として計算し，答えは小数第一位で四《し》捨《しゃ》五《ご》入《にゅう》して，整数であらわしなさい。

＜ペン立てを真上から見た様子＞

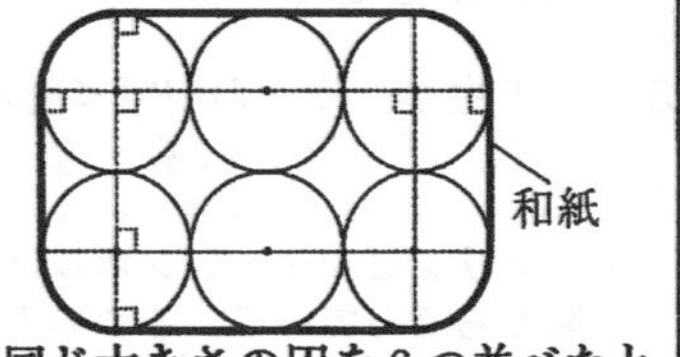

・同じ大きさの円を6つ並べたとして考える。

④ **ペン立て**のかざりは，折り紙でつくります。このかざりは，折り紙を**＜折り方＞**のように折り，はさみで一部を切り取った後，開いてできる形を使います。できた形が，**＜図3＞**のとき，2回折った状態の折り紙の切り方はどれですか。右の**ア**〜**エ**の中から1つ選び，記号でかきなさい。

＜折り方＞

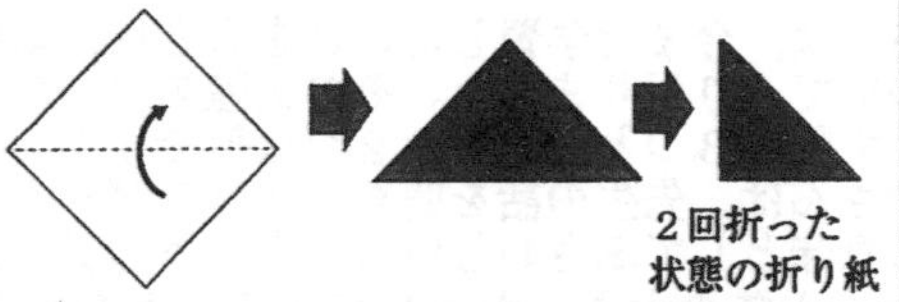

＜図3＞

ア

イ

ウ

エ

2)　かずやさんは，㋑福島県とオリンピックの関わりについて調べる中で，2020年の東京オリンピックにおいて，野球・ソフトボール競技の一部が福島県で開催されることから，多くの外国人が福島県を訪《おとず》れるだろうと考えました。
①～③の問いに答えなさい。

① かずやさんは，福島県を訪れた外国人について調べていると，**＜資料５＞**を見付けました。そして，福島県における中国や台《たい》湾《わん》を出身地とする宿泊者数がどのように変化しているのか調べ，下のようにまとめました。（**Ａ**），（**Ｂ**）にはどのような言葉があてはまりますか。下の**ア**～**エ**の中から正しい組み合わせを１つ選び，記号でかきなさい。

＜資料５＞
福島県における出身地別外国人宿泊者数（のべ人数）

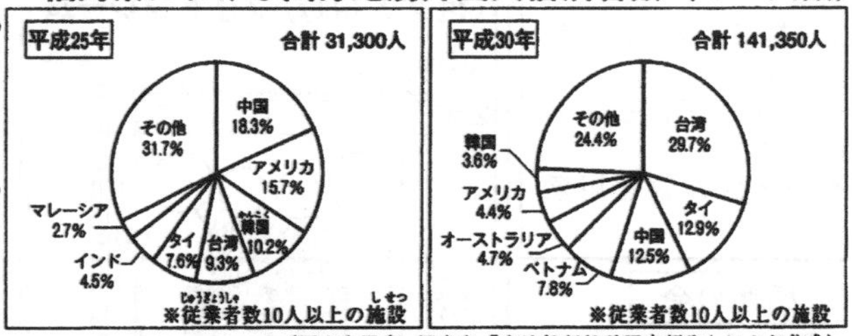

（国土交通省　観光庁「宿泊旅行統計調査報告」により作成）

○　中国を出身地とする宿泊者数は，平成25年と比べて平成30年は（　**Ａ**　）している。 ○　台湾を出身地とする宿泊者数は，平成25年と比べて平成30年は（　**Ｂ**　）している。

ア　**Ａ**－増加　**Ｂ**－増加　　**イ**　**Ａ**－増加　**Ｂ**－減少
ウ　**Ａ**－減少　**Ｂ**－増加　　**エ**　**Ａ**－減少　**Ｂ**－減少

② かずやさんは，**＜資料５＞**の平成30年の円グラフをもとに，宿泊者数の多い国の位置を，地図帳で調べ，**＜資料６＞**のようにまとめました。**＜資料６＞**の**あ**～**う**の国を宿泊者数の多い順に並びかえ，記号でかきなさい。

＜資料６＞かずやさんがまとめた地図

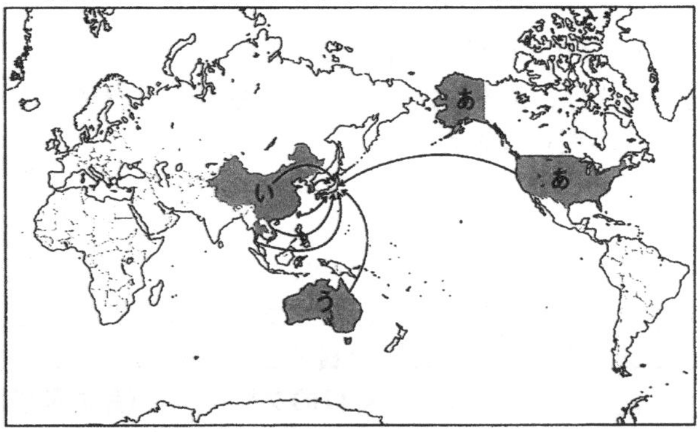

③ かずやさんは，オリンピック会場やその周辺の施《し》設《せつ》などで，**＜資料７＞**のような，競技や場所などをあらわすピクトグラムという案内用図記号が使われていることがわかりました。かずやさんは，このようなピクトグラムは，様《さま》々《ざま》な国から福島県を訪れた外国人にとって，役立つものであると考えました。それはなぜですか。その理由を，**言葉**と**意味**という言葉を使って，**「様々な国から福島県を訪れた外国人にとって，」**の後に続けて，かきなさい。

＜資料７＞ピクトグラムの例

野球　　ソフトボール　　非常口　　温泉
（「東京オリンピック・パラリンピック競技大会組織委員会ホームページ」，国土交通省「案内用図記号」により作成）

3)　先生が，授業の中で**＜資料８＞**のオリンピック・シンボルについて，次のように話しました。
①，②の問いに答えなさい。

オリンピック・シンボルは，同じ大きさの結び合う５つの輪からなっていて，５つの大陸をあらわしています。これは，世界の国々が，仲よくなることを象徴《しょうちょう》しています。輪の色は，左から順に，青，黄，黒，緑，赤となっています。オリンピックは，世界中の選手が技を競い合い，友好を深める大会です。

先生

＜資料８＞

（「オリンピック憲章」により作成）

① みきさんは，今まで学習したことをもとに，南極大陸のほか，世界の国々がある５つの大陸についてふり返りました。その大陸名は，北アメリカ大陸，南アメリカ大陸，オーストラリア大陸の３つと，あとの２つは何ですか，それぞれかきなさい。
② かずやさんは，先生の話を聞き，オリンピック・シンボルにこめられた意味を考えました。その意味としてふさわしいものを，下の**ア**～**エ**の中から２つ選び，記号でかきなさい。
ア　５つの大陸の大きさが同じであることをあらわしている。
イ　５つの大陸の団結をあらわしている。
ウ　一部の国や地《ち》域《いき》の選手だけが集《つど》うことをあらわしている。
エ　世界中の選手が集うことをあらわしている。

平成31年度

I　適性検査1

（9時30分～10時30分）

注　　意

- ○「始めなさい。」の指示があるまで，問題用紙を開いてはいけません。
- ○ 問題用紙は3枚《まい》あります。
- ○ 声に出して読んではいけません。
- ○ 解答用紙は**この用紙の裏《うら》**です。
- ○ **受験番号**を解答用紙の決められた場所に記入しなさい。
- ○ 答えはすべて，解答用紙の決められた場所に記入しなさい。
- ○「やめなさい。」の指示があったら，すぐに筆記用具を置きなさい。
- ○ 解答用紙の □ のらんには記入してはいけません。

#教英出版　編集部　注
編集の都合上、白紙ページは省略しています。

福島県立会津学鳳中学校
福島県立ふたば未来学園中学校

受験番号
番

※

1	(1)	①	ア	
			イ	
			ウ	
		②	エ	
		③	福島市は,	
		④	約	%
	(2)	①	分の 拍子《ひょうし》	
		②		
	(3)	①	A	
		②	江戸《えど》時代の中ごろになると,	
	(4)	①		
		②	環境《かんきょう》	
			資源《しげん》	

※ ※

2	(1)	①	A	
			B	
		②	A	本
			B	本
	(2)	①		
		②	緑のカーテンのない部屋	℃
			緑のカーテンのある部屋	℃
		③	(求め方) (答え) m	

(2)　るみさんは，全員合唱の指揮をすることになりました。**＜資料5＞**は，**福島県「県民の歌」**の最**初の4小節**です。

①，②の問いに答えなさい。

①　この歌は，何分の何拍子《ひょうし》ですか，かきなさい。

②　るみさんは，**＜資料5＞**にある ***mf*** を意識して歌うようにみんなに話しています。どのように歌えばよいですか，かきなさい。

＜資料5＞福島県「県民の歌」の最初の4小節

(福島県ホームページ「県民の歌」により作成)

(3)　さおりさんは，日本とタイの交流の歴史についてしょうかいすることになりました。次は，さおりさんの話の一部です。

①，②の問いに答えなさい。

> タイは，古くから日本とつながりのある国です。江戸《えど》時代の初めまで，日本はタイをはじめとする東南アジアの国々との貿易がさかんだったため，各地に［　A　］とよばれる町がつくられました。その後は，日本が鎖国《さこく》をしたため関係がうすれましたが，明治時代に入り，再び交流が始まりました。

①　［　A　］にあてはまる言葉は何ですか，かきなさい。

②　さおりさんは，上の話に続けて，鎖国によって貿易や交流が制限されているにもかかわらず，新しい知識や技術が広まっていったと説明しました。それはなぜですか。その理由を，**輸入**と**蘭学《らんがく》**という言葉を使って，「**江戸時代の中ごろになると，**」の後に続けて，かきなさい。

(4)　じゅんこさんは，タイの様子について話しています。次は，じゅんこさんの話の一部です。

> わたしの通っていたバンコクにある日本人学校は，日本人学校として世界で最も古く，現在は2000人以上の子どもたちが通っています。人数の多さにおどろくと思いますが，タイには日本の会社がたくさんあるからなのです。
> わたしのお父さんもタイにある日本の自動車会社で働いていました。㋐<u>タイには日本の自動車会社がたくさんあり，組み立て工場までありました。</u>

じゅんこ

この話を聞いたあきこさんは，タイでの自動車生産に興味をもち，5年生で学習したことをふり返ったり，新しく調べたりしました。

①，②の問いに答えなさい。

①　あきこさんは，**＜資料6＞**を自主学習でまとめました。そして，この学習を通して，じゅんこさんの話の㋐＿＿＿＿に改めて納得《なっとく》することができました。あきこさんが納得したのはなぜですか。その理由を，**材料**という言葉を使ってかきなさい。

②　あきこさんは，さらに調べていくと，自動車会社の多くは，持続可能な社会をめざした取り組みの1つとして，電気自動車の開発・生産に力を入れていることがわかりました。自動車会社が，電気自動車の開発・生産に力を入れているのはなぜですか。その理由を，**環境《かんきょう》**と**資源《しげん》**の両面からそれぞれかきなさい。

＜資料6＞あきこさんがまとめたノート

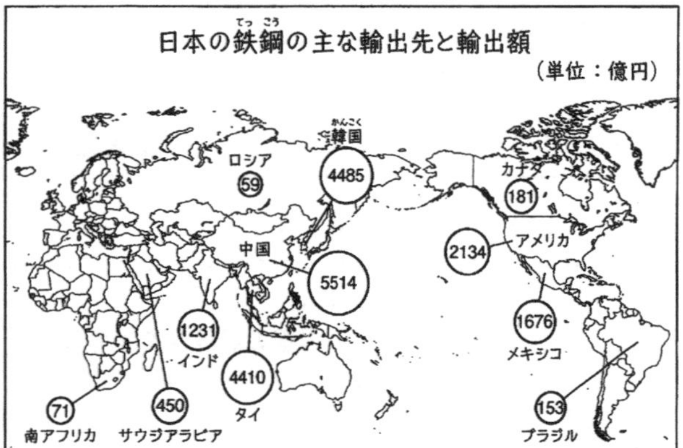

(「日本国勢図会2018/19版」により作成)

2 さくらさんたちの所属する環境《かんきょう》美化委員会では，「花と緑のプロジェクト」として，月ごとの計画を立て，様々な活動に取り組んでいくことにしました。次は，そのときの〔**話し合いの様子と記録の一部**〕です。

〔**話し合いの様子と記録の一部**〕

<黒板の記録>

○水やりの分担《ぶんたん》について

<水やり当番表>

	朝	昼休み	放課後
月	6年2組	6年1組	5年
火	4年2組	4年1組	3年
水	2年	1年	6年2組
木	6年1組	5年	4年2組
金	4年1組	3年	2年
月	1年	6年2組	6年1組

→後は順番にくり返す。

・6/10（月）から始める。
・土日と祝日はやらない。
・雨のときはやらなくてよいが，当番はずらさず，当番表のとおり進める。

○植える花のなえについて

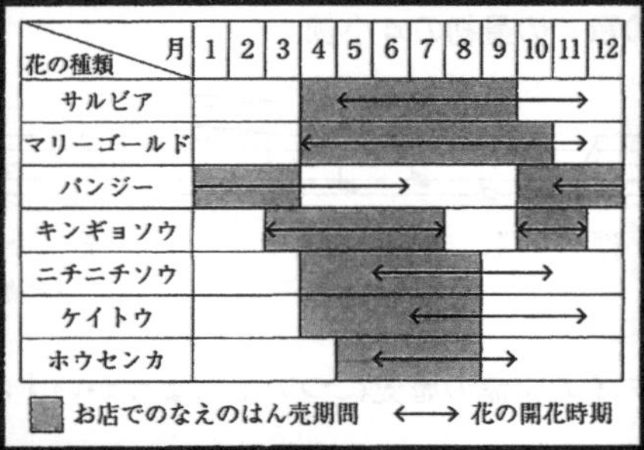

四月十二日（金）
前期活動計画
「花と緑のプロジェクト」
四月　木の周りへの花のなえ植え
五月　緑のカーテンづくり
六月　学校花だんづくり
七月　プランターへの花のなえ植え

<平面図に残したメモ>

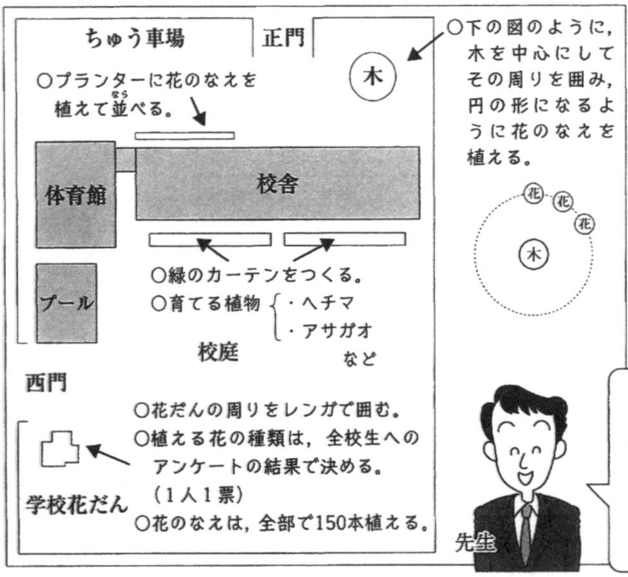

<先生が用意した資料>

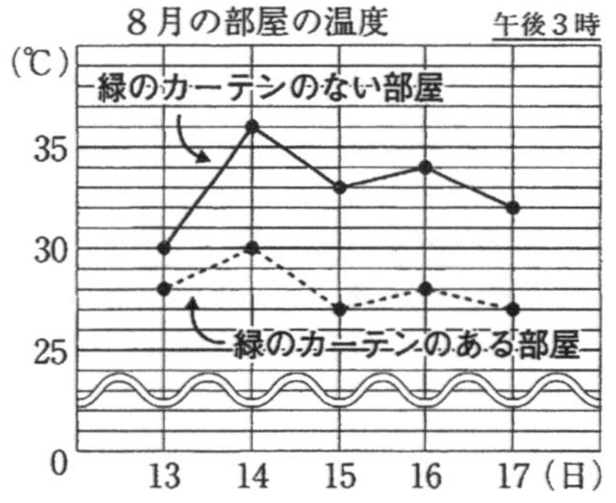

<先生の話>

緑のカーテンをつくると，植物の葉が日光をさえぎり，葉から出る水分のはたらきにより，周囲の温度が下がります。暑い夏をすずしく過ごすための工夫の1つと言えますね。
上のグラフは，去年，わたしの家族が8月の部屋の温度を調べた結果をまとめたものです。温度は，すべて整数です。

次の（1）～（4）の問いに答えなさい。

（1） 4月は，**<平面図に残したメモ>**のように，正門の近くにある木の周りに花のなえを植えます。①，②の問いに答えなさい。

① さくらさんたちは，**<黒板の記録>**を参考に，4月にさいている花のなえを2種類選んで，買うことにしました。それらの花はどれですか，それぞれかきなさい。ただし，開花時期の長い花を**A**，短い花を**B**とします。

② 花のなえを植える円の円周の長さは6 mです。この円周上に，**A**を60 cm間かくに植え，次に**A**と**A**の間に**B**を，となりの花のなえとの間かくがすべて20 cmになるように植えます。このとき，必要な花のなえの数は，それぞれ何本ですか，求めなさい。

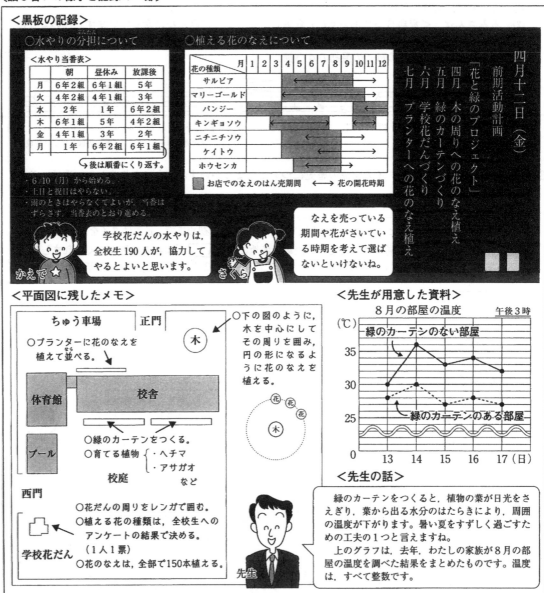

① ゆみさんは，はじめに＜図３＞のモビールをつくりました。アのおもりが18 gのとき，それをもち上げると，**棒A**は水平につり合いました。イのおもりは何gですか，求めなさい。

② 次に，ゆみさんは，＜図４＞のモビールをつくりました。それをもち上げると，**棒A**は水平につり合いましたが，**棒B**は水平につり合いませんでした。**棒B**は，左右どちらにかたむきましたか，かきなさい。また，その理由を，**棒B**のてこをかたむけるはたらきにふれて，かきなさい。

③ ゆみさんは，②でもち上げたモビールの**棒B**を，水平につり合わせようとしました。以下の**＜つり合わせるための条件＞**に合う方法を，それぞれかきなさい。ただし，**棒A**，**棒B**の支点の位置は変えず，すでにつるされているおもりは，はずしません。また，使えるのは，ウサギとパンダのおもりです。

＜つり合わせるための条件＞

条件１ 棒Aがつるされている位置は変えない。
条件２ おもりの種類と数は変えない。

（３） みなみさんは，サイエンスショーで，ペットボトルにお湯をかけると，ふん水のように水がストローの先から出てくる実験を見ました。みなみさんは，自分でも＜図５＞のように，ペットボトルで装《そう》置《ち》をつくり，実験しました。ところが，お湯をかけても水がほとんど出ませんでした。

そこで，みなみさんは，友達のあおいさんに，なぜうまくいかなかったのか，たずねました。

①～③の問いに答えなさい。

＜図５＞

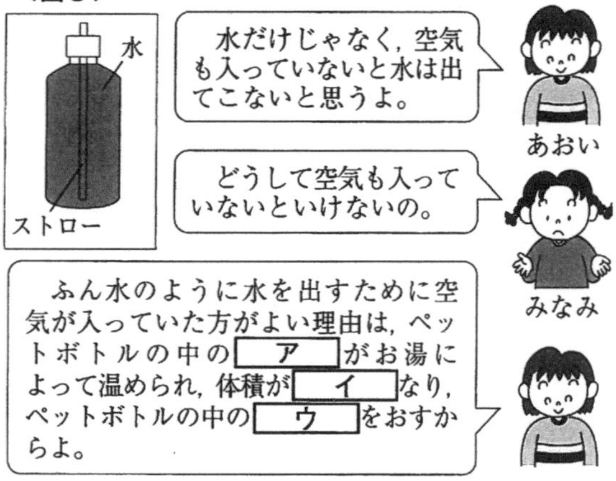

① あおいさんは，ふん水のように水を出すために空気が入っていた方がよい理由について，みなみさんに説明しました。 ア ～ ウ にあてはまる言葉は何ですか，それぞれかきなさい。

② みなみさんは，あおいさんの話を聞いた後，水をストローの先からできるだけ高く出すためにはどうしたらよいか調べました。＜表＞は，そのときのペットボトルの大きさ，ペットボトルの中の水の量，かけるお湯の温度の組み合わせを記録したものです。以下の**実験１**，**実験２**それぞれについて調べようとしたとき，**＜表＞**の**A～E**のどれとどれを比べればよいですか。それぞれの組み合わせを，**A～E**の記号でかきなさい。

実験１ ペットボトルの中の空気の量と水の高さの関係を調べる。
実験２ ペットボトルにかけるお湯の温度と水の高さの関係を調べる。

＜表＞

	A	B	C	D	E
ペットボトルの大きさ	2 L	500 mL	500 mL	2 L	500 mL
ペットボトルの中の水の量	500 mL	400 mL	250 mL	1 L	250 mL
かけるお湯の温度	80 ℃	40 ℃	40 ℃	40 ℃	80 ℃
実験装置の図	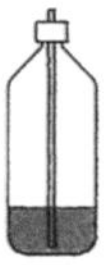				

○ ペットボトルの材質・厚みおよびストローの材質・太さは，すべて同じです。
○ ペットボトルの中の水の温度はすべて同じで，かけるお湯の量は１Lです。

③ **＜表＞**の**A～E**の中で，水がストローの先から一番高く出るのはどれですか。**A～E**の中から１つ選び，記号でかきなさい。また，選んだ理由を，**＜表＞**の条件や体積の変わり方にふれて，かきなさい。

3

(240字)
(200字)

(5)

(110字)

(140字)

※
※

※
※

【資料1】今年度の「工作・実験クラブ」年間活動計画表

5月	6月	7月	8月	9月
○話し合い ・役割分担《やくわりぶんたん》 ・年間活動計画表作成	○ペーパーブーメランづくり ○和紙を使ったランプづくり →	→	活動なし	○万華鏡《まんげきょう》づくり
10月	**11月**	**12月**	**1月**	**2月**
○ペットボトルロケットづくり	○紙版画カレンダーづくり →	→	○べっこうあめづくり ○3年生のクラブ活動体験会	○話し合い ・活動のふり返り ・来年度に向けた活動の見直し

【資料2】代表委員会が全校集会で行った提案の資料

来年度のクラブ活動の進め方として，次の2つを提案します。今年度最後のクラブ活動の時間に話し合ってください。

<提案の理由>

○　より多くの人にクラブ活動の成果を知ってもらうため。

○　クラブを選ぶ時の参考にしてもらうため。

提案1

年間を通してクラブ活動の様子を発表しませんか。

<発表の例>

① ビデオでの発表

② 展示《てんじ》による発表

③ 全校朝の会でのしょうかい

④ 校外活動と関連させてのしょうかい

提案2

「3年生のクラブ活

「クラブ活動発表会」

時　　期：1月後半

場　　所：体育館

参加児童：3年生以上

発表時間：出入りをふくめ5

次の**1**～**3**の問いに答えなさい。

1

★教英出版編集部注
問題音声は教英出版ウェブサイトで。
リスニングID番号は解答集の表紙を参照。

放送の内容について、次の(1)～(5)の問いに答えなさい。

(1) あおばさんとけんたさんは、**【資料2】**をもとに、代表委員会からの提案について考えています。**提案1**の**〈発表の例〉**のうち、二人の話題になっていないものはどれですか。①～④の中から一つ選び、その番号を書きなさい。

(2) あおばさんとけんたさんは、来年度、地域《ちいき》の人と関わりながら、どのようなことをしたいと考えましたか、二つ書きなさい。

(3) あおばさんは、見直した方がよい活動について話すけんたさんの述べ方が、とてもよいと思っています。あおばさんがそう思ったのは、けんたさんがどのような組み立てで述べているからですか、書きなさい。

(4) あおばさんは、下級生のけんたさんをリードしながら話しています。あおばさんの話の進め方の工夫としてふさわしいものを、次の**ア**～**エ**の中から**すべて選び**、記号で書きなさい。

ア　ほかのクラブのよさをしょうかいしながら進めている。

イ　けんたさんの意見を尊重《そんちょう》しながら自らも提案をしている。

ウ　資料と関わらせて話題を整理しながら進めている。

エ　不明なことや不安な点を先生と相談しながら進めている。

(5) **提案2**にある「3年生のクラブ活動体験会」をなくすことについて、この後、クラブ全員で話し合います。あおばさんは、けんたさんと話し合った結果をふまえて、どのように述べますか。解答用紙の書き出しに続けて、「工作・実験クラブのよさ」にふれながら、**四十字以上、五十五字以内**で書きなさい。ただし、句読点も一文字として数えます。

2

たろうさんたちは、総合的な学習の時間に、自分たちが住んでいる町をよりよくするための方法について、それぞれの班《はん》で考え、学習発表会で保護者や地域のみなさんに提案することにしました。たろうさんの班は、夢福《ゆめふく》商店街のにぎわいづくりについて発表内容を考えています。次の**【これまでの学習から】**は、夢福商店街会長に聞いたり、たろうさんの班で話し合ったりした内容をまとめたものです。また、**【商店街取り組み事例】**は、全国の事例を参考にしようとして調べた三つの商店街のパンフレットの一部です。これらを読んで、後の(1)～(5)の問いに答えなさい。

【これまでの学習から】

〈夢福商店街会長の話〉

夢福商店街の現状や課題

・年々、夢福商店街を訪《おとず》れる人が減っている。…❶

・平日より休日の方が人が少ない。

・各店のみりょくが伝わっていない。…❷

〈たろうさんの班の話〉

夢福商店街のにぎわいづくりのために必要なこと

・大型店にないみりょくを知ってもらう。

・新しいお客に来てもらう。

・若者《わかもの》を集める。

町のみりょく再発見　～C町商店街～

〈好評だった青空マーケット〉

C町商店街では、九月に青空マーケットというイベントを開きました。地元で採れた野菜や、手芸品のはん売コーナーにたくさんの人が集まっていました。また、会場では、ミニSL乗車や消しゴムはんこづくりなどが行われ、様々な年代のお客さんに楽しんでいただくことができました。

〈人の流れが生まれるスタンプラリー〉

青空マーケットにあわせて、町なかスタンプラリーを行いました。商店街の各店をチェックポイントとして、自分のカードにスタンプを集めるのです。たくさんの人が商店街をめぐって歩く取り組みになりました。初めての試みでしたが、参加者からは、「これまでは大通りに面した店にしか寄らなかったので、これほど多くの店があることにおどろいた。」「ふだん車で通り過ぎてしまう所も、歩いてみるといろいろな発見があっておもしろかった。」などの感想が寄せられました。

(1) たろうさんは、**【これまでの学習から】**にある❶の原因は、大型店を利用する買い物の仕方が増えているためと考えていました。しかし、**【商店街取り組み事例】**を読むことで、最近増えている買い物の仕方がほかにもあることを知りました。それは何ですか、書きなさい。

放送原稿

平成三十一年度　適性検査２　放送台本

★教英出版編集部注
問題音声は教英出版ウェブサイトで。
リスニングＩＤは解答集の表紙を参照。

これから放送による問題を始めます。

この問題は、**【メモ用紙】**の中にある**【資料】**を見ながら放送を聞き、内容について考えて答える問題です。それでは、右側にある**【メモ用紙】**だけを開きなさい。問題用紙は開いてはいけません。

（十秒後）

これから**【資料】**を読む時間をとります。気が付いたことなどを、**【メモ用紙】**に書いてもかまいません。ただし、声に出して読んではいけません。時間は一分間です。では、読みなさい。

（一分後）

終わりです。それでは、放送を始めます。放送は一度だけです。**【メモ用紙】**や**【資料】**にメモをとりながら聞いてもかまいません。放送を聞いた後に、問題に答えるようになります。では、始めます。

（三秒後）

あおばさんの学校では、四年生からクラブ活動を行っています。今日の六時間目が今年度最後のクラブ活動の時間で、活動のふり返りと、来年度に向けた活動の見直しを行います。また、先日、代表委員会が全校集会で行った提案についても話し合うことになっています。

あおばさんが入っている「工作・実験クラブ」では、クラブ全員での話し合いの前に、ちがう学年の人とペアで話す時間をとりました。六年生のあおばさんは、四年生のけんたさんと二人で話しています。**【メモ用紙】**にある**【資料１】**は、今年度の「工作・実験クラブ」年間活動計画表です。**【資料２】**は、代表委員会が全校集会で行った提案の資料です。それでは、二つの**【資料】**をもとに二人が話している様子を放送します。

あおばさん　けんたさんは、今年度の活動をふり返って、どんな感想をもちましたか。

けんたさん　ぼくは、和紙を使ったランプづくりが楽しかったです。

あおばさん　楽しかったですね。ドーム型の和紙の中にライトを入れた時には、和紙を通して見える明かりがとてもきれいでした。

けんたさん　はい。やわらかな明かりに感動しました。ぼくは、家でもう一度つくってみて、敬老《けいろう》の日に祖母にプレゼントしました。

あおばさん　それはすてきですね。おばあさんも喜んだでしょうね。ところで、活動の中で、来年度に向けて見直した方がよいと思う活動はありますか。

けんたさん　はい、あります。紙版画カレンダーづくりを切り絵づくりにするというのが、ぼくの意見です。その理由は、紙版画づくりは、時間がかかって大変だったからです。でも、簡単な切り絵なら、時間をかけずにつくれます。実はこの前、友達の家に遊びに行ったとき、友達のおじいさんがつくった切り絵がたくさんかざってありました。ぼくもおじいさんに教わりながら、犬の絵を切ってみたのですが、時間をかけずに仕上げることができました。

あおばさん　それはよいですね。切り絵づくりに見直すよう、けんたさんからみんなに提案してはどうですか。けんたさんの話し方はとてもわかりやすいので、今のような話の組み立てで述べれば、クラブのみんなにも納得《なっとく》してもらえると思います。

けんたさん　ありがとうございます。そのおじいさんは、公民館の切り絵教室でも地域《ちいき》の方々に教えているそうなので、みんなに賛成してもらえたら、今度は、学校にも教えに来てもらえるように、たのんでみたいと思います。

あおばさん　家族や地域の人に学校に来てもらい、いろいろなことを教えていただけたらよいですね。でも、わたしたちだけでは決められないので、後で先生にも聞いてみましょう。

　では次に、代表委員会からの提案について考えていきましょう。**【資料2】**を見てください。代表委員会では、来年度、二つの提案をしていますが、けんたさんはどう思いますか。

けんたさん　**提案2**について一つ確かめたいのですが、代表委員会は、三年生に対して行っている「クラブ活動体験会」をなくして、その代わりに、三年生以上の全員が参加する「クラブ活動発表会」にしたいということでしたよね。

あおばさん　そうです。各クラブからの意見を参考に、これから代表委員会で決定していくようです。

けんたさん　そうすると、**提案2**には、ぼくは反対です。「工作・実験クラブ」のよさである、友達と教え合いながら、自分なりのものをつくり上げる楽しさが味わえないと思うからです。**提案1**の**〈発表の例〉**にある、ビデオでの発表や作品の展示《てんじ》による発表で、「工作・実験クラブ」の活動の様子を伝えることはできますが、**提案2**の「クラブ活動発表会」では、体験活動は入れられません。

あおばさん　そうですね。見るだけでは、わたしたちのクラブのよさは十分に伝わらないですね。でも、「3年生のクラブ活動体験会」を残してもらえれば、三年生にも、友達と教え合いながら、自分なりのものをつくり上げる楽しさを味わってもらうことができますよね。それは、**【資料2】**の**〈提案の理由〉**にあるように、入りたいクラブを選ぶ時の参考にもなりますね。では、**提案2**について、わたしたちとしては、「3年生のクラブ活動体験会」は、ぜひ残すよう、この後のクラブ全員での話し合いでみんなに伝えましょう。

けんたさん　お願いします。それから、さっき話した敬老の日のプレゼントのように、自分がつくったものでだれかが喜んでくれるのは、すごくうれしいことなので、何か別の活動にもつなげられたらよいと思いました。

あおばさん　六年生は、総合的な学習の時間に、地域のお年寄りが利用している、デイサービスセンターを毎年訪問しているので、そのような校外活動の機会に、クラブ活動の時間につくったものをプレゼントしてはどうでしょう。

けんたさん　それは**提案1**にもありますし、とてもよいアイディアですね。

あおばさん　来年度は、より多くの人に喜んでもらえる、すてきなクラブになりそうですね。

けんたさん　いろいろアイディアが出せて、よかったです。来年度も「工作・実験クラブ」に入りたいです。

以上で放送は終わりです。
それでは、問題用紙と解答用紙を開きなさい。
解答用紙に受験番号を書いてから、問題に答えなさい。
答えはすべて、解答用紙の決められた場所に書きなさい。
それでは、始めなさい。

あたたかな商店街をめざして　～A町商店街～

〈あたたかさこそ商店街のみりょく〉

A町商店街では、イベントに力を入れています。それは、人と人とのふれあいの場をつくるのも商店街の役割《やくわり》と考えているからです。自動車を利用する人にとって便利な商店街をめざしても、ちゅう車場のある大型店にはかないません。そこで、イベントを月に一回定期的に行うことで、人でにぎわい、あたたかさが実感できるような商店街となることをめざしています。

〈商店街以外のみなさんとの関わりを生かして〉

とう芸家による焼き物展示《てんじ》はん売会、警察署《けいさつしょ》と協力して行った白バイ子ども乗車体験など、商店街以外のみなさんにも関わっていただき、イベントを開いてきました。毎回多くの来場者によるふれあいの場となっています。

〈地元の子どもたちとともに〉

地元の小学校と協力し、「子ども商店街」を行いました。まず、各商店の店主が講師となり、小学生に開店準備やはん売の仕組みを学んでもらいました。そして、商店街の中にある広場に売り場を設置し、小学生が店主役となって商品をはん売しました。この「子ども商店街」を行うたびに、店主役となった小学生やその保護者の方を中心に、商店街への関心が高まっています。

イベントを日々のにぎわいにつなげるちょう戦　～B町商店街～

〈みりょくあふれる様々なイベント〉

B町商店街では、たくさんの人が商店街を訪れるためのきっかけをつくろうと取り組んできました。例えば、八月に地元特産品などの産地直送市を行いました。特に人気だったスイカは、早い段階《だんかい》で売り切れとなりました。そのほか、十月には高校生によるコンサート、二月にはかまくらをつくって雪まつりを行うなど、毎月イベントを開き、町内外からの多数の来場者でにぎわいました。

〈イベントを日々のにぎわいにつなげるために〉

こういったイベントの際、インターネットによる通信はん売が増えている今だからこそ、商店街ならではの各店のみりょくを知ってもらえるよう、「うちの店の自慢《じまん》・プロの目や技」として取りまとめた情報マップを作成・配布しました。この情報マップの効果もあり、各店の来客数が前年を上回っています。

① 毎月イベントを行っている商店街

② 地元の農産物をはん売している商店街

(3) たろうさんは、B町商店街には、A町商店街やC町商店街にはない取り組みがあり、**【これまでの学習から】**にある❷の解決につながると考えました。その取り組みとは何ですか。**二十五字以上、三十五字以内**で書きなさい。ただし、句読点も一文字として数え、一ます目から書き始めなさい。

(4) たろうさんは、C町商店街のパンフレットには、A町商店街やB町商店街のパンフレットにはない書き表し方があることに気付きました。それは、どのような書き表し方ですか、書きなさい。

(5) たろうさんの班では、夢福商店街のにぎわいづくりのために、**【商店街取り組み事例】**のイベントの中で、取り入れたいものを一つ選んで提案してみてはどうかと考えました。

あなたなら、どのイベントを提案しますか。次の**条件**にしたがって、**百十字以上、百四十字以内**で書きなさい。ただし、句読点も一文字として数え、一ます目から書き始めるとともに、それぞれの文は改行せず、**三つの文**で書きなさい。

条件

① **一文目**は、**【商店街取り組み事例】**にあるイベントから取り入れたいものを一つ選んで書くこと。なお、何を目的としてそのイベントを取り入れるのか、**【これまでの学習から】**の**〈たろうさんの班の話〉**にある内容を一つ入れて書くこと。

② **二文目**は、その提案に対して予想される反対意見を書くこと。

③ **三文目**は、二文目に対する自分の考えを書いて提案をまとめること。

3

わたしたちは、まわりの人と関わり合いながら生活しています。あなたが、これまでまわりの人から受けた言葉の中で、心の支えとなったものを、次の**条件**にしたがって書きなさい。

条件

① **二百字以上、二百四十字以内**で書くこと。ただし、句読点も一字として数える。

② **二段落《だんらく》構成**とし、前段では心の支えとなった言葉について、その言葉と出会った経験にふれて書くこと。後段では、その言葉をこれからの自分の生活にどう生かしていくのかを書くこと。

③ 原稿《げんこう》用紙の使い方にしたがって、文字やかなづかいを正しく書き、漢字を適切に使うこと。

④ 題名や氏名は書かないで、本文から書き始めること。

【メモ用紙】

」を
せんか。

【メ モ 用 紙】

受験番号
番

31 Ⅱ 適性検査２解答用紙

注意
下にある［　］のらんには記入しないこと。

※40点満点
（配点非公表）

1

(1)

(2)

(3)

(4)

(5)

「３年生のクラブ活動体験会」をなくすことに、

(40字)

(55字)

2

(1)

(2)

①

②

(3)

(25字)

(35字)

(4)

※

※

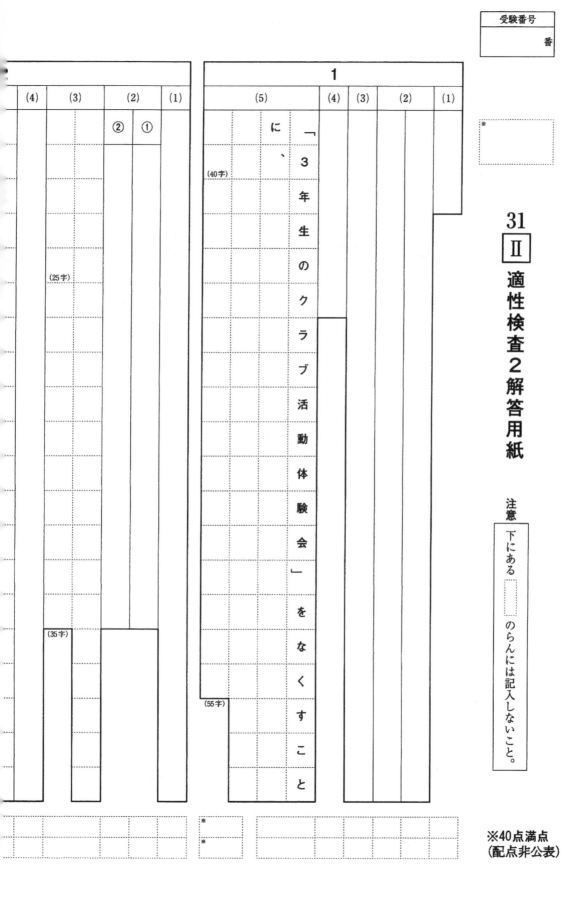

平成31年度

Ⅱ　適性検査2

（11時00分 ～ 12時00分）

注　　意

○ 指示があるまで，問題用紙とメモ用紙を開いてはいけません。

○ 問題用紙は1枚《まい》あります。

○ 声に出して読んではいけません。

○ 解答用紙は**この用紙の裏《うら》**です。

○ **受験番号**を解答用紙の決められた場所に記入しなさい。

○ 答えはすべて，解答用紙の決められた場所に記入しなさい。

○ 最初の問題は**放送を聞いて**答える問題です。放送は**1度だけ**です。

○ 「メモ用紙だけを開きなさい。」の指示があったら，配られたメモ用紙を開きなさい。

○ 「やめなさい。」の指示があったら，すぐに筆記用具を置きなさい。

○ 解答用紙の下にある [　　　] のらんには記入してはいけません。

3　たけるさんたちの学校では，科学館の見学学習に行きました。そこにはいろいろな展示物《てんじぶつ》があり，プラネタリウムやサイエンスショーなど，見たり体験したりするコーナーがたくさんありました。たけるさん，ゆみさん，みなみさんは，科学館の見学で興味をもったことについて，自分でもさらに観察や実験をしてみたいと思いました。

次の（1）～（3）の問いに答えなさい。

（1）　たけるさんは，プラネタリウムで見たオリオン座《ざ》を実際に観察したいと思いました。たけるさんとお父さんは，1月12日の午後7時に，近くの広場で星空を観察しました。

たける

オリオン座が南東の空に見えるね。南の空に見えるのは何時ごろかな。

星座早見を使うと，オリオン座が南の空に見える時刻《じこく》を調べることができるよ。

お父さん

たけるさんは，＜図1＞の星座早見を使って，何時ごろにオリオン座が南の空に見えるのかを調べました。＜図2＞は，そのときの星座早見の一部を大きくしたものです。＜資料＞は，たけるさんが調べた手順や観察した結果をまとめたノートです。

①～③の問いに答えなさい。

① ＜資料＞の［ア］，［イ］にあてはまる言葉を，下の［　　］から1つずつ選び，かきなさい。

東西を結ぶ線	南北を結ぶ線	星座
北極星	オリオン座	方位

② ＜資料＞の［ウ］にあてはまる時刻はどれですか。下のA～Dの中から1つ選び，記号でかきなさい。

A　午後9時30分　　B　午後10時
C　午後10時30分　　D　午後11時

③ たけるさんは，オリオン座のベテルギウスとともに，冬の大三角を形づくるシリウスやプロキオンは，冬の夜空の中でも観察しやすい星だと思いました。なぜ観察しやすいのか，それらの星の特ちょうにふれて，かきなさい。

＜図1＞

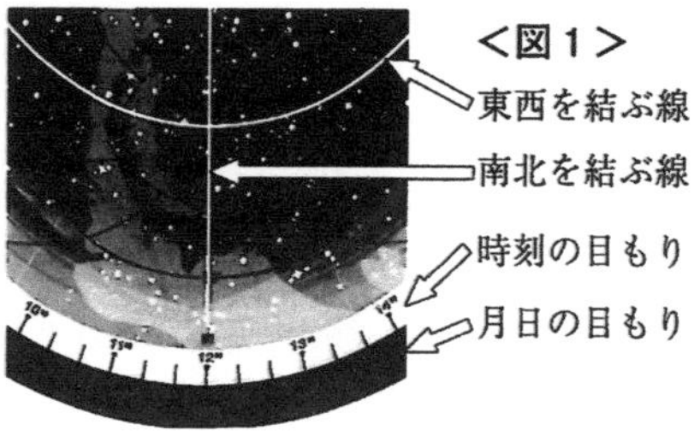

＜図2＞

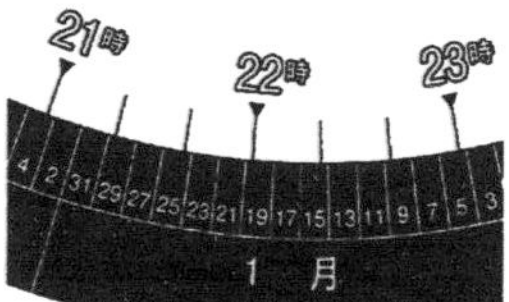

＜資料＞たけるさんのノート

○調べた手順
・星座早見の中の［ア］を，［イ］と重なるように移動させる。
・目もりの時刻を読み取る。
○観察した結果
・オリオン座は1月12日の［ウ］ごろ南の空に見えた。

（2）　ゆみさんは，かざってあった*モビールを，自分でもつくってみようと思いました。

①～③の問いに答えなさい。

*棒《ぼう》に，おもりを糸などでつるしてつり合わせたかざり

＜図3＞

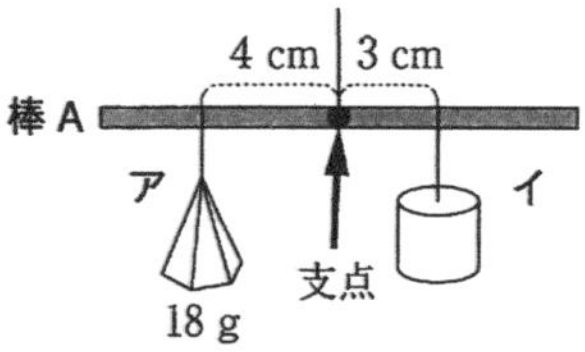

＜図4＞

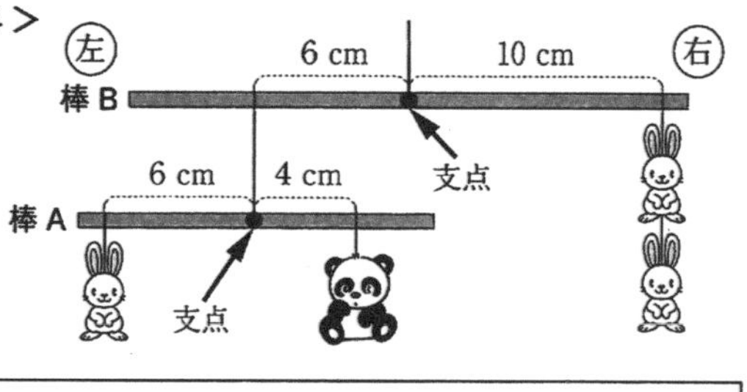

※＜図3＞＜図4＞のモビールは，もち上げる前の状態です。

○　重さは，棒Aが15 g，棒Bは25 gです。長さは，棒Aが14 cm，棒Bは22 cmです。
○　棒A，棒Bは，何もつるさない状態で支点に付けた糸をもち上げると，水平につり合います。支点は，それぞれの棒の真ん中にあります。
○　おもりの重さは，ウサギのおもりが6 g，パンダのおもりは9 gです。
○　モビールに使われている糸の重さは，考えないものとします。

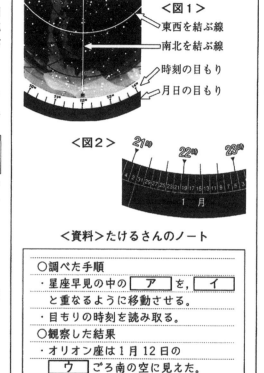

(2)　５月は，校舎の窓《まど》をおおうように植物を育てることで，緑のカーテンをつくります。
①～③の問いに答えなさい。

①　**＜先生の話＞**を聞いたさくらさんは，緑のカーテンのほかにも，暑い夏をすずしく過ごすための工夫はないか調べました。暑い夏をすずしく過ごすための工夫はどれですか。下の**ア**～**エ**の中からふさわしいものを２つ選び，記号でかきなさい。

ア　部屋の窓や戸を開ける。　　**イ**　窓ガラスをきれいにふく。
ウ　家の周りに小さな石をしきつめる。　　**エ**　道や庭に打ち水をする。

②　さくらさんは，**＜先生が用意した資料＞**から，緑のカーテンのない部屋とある部屋の，５日間の部屋の温度の平均を求めました。部屋の温度の平均は，それぞれ何℃ですか，求めなさい。

③　緑のカーテンづくりに必要なネットの大きさを考えていたさくらさんは，**＜さくらさんがかいた縮図＞**を使って，このネットが地面から手すりまでどれぐらいの長さになるのかを，計算で求めることにしました。ネットの実際の長さは何mですか，求めなさい。また，求め方を**言葉や式**を使ってかきなさい。

＜さくらさんがかいた縮《しゅく》図《ず》＞

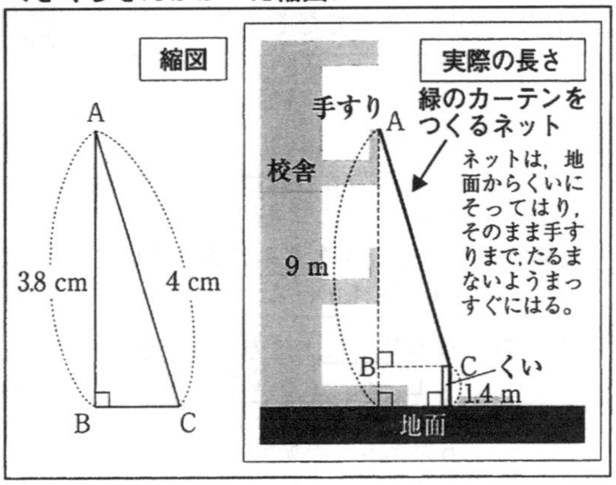

(3)　６月は，全校生が協力して「学校花だんづくり」に取り組みます。
①～④の問いに答えなさい。

①　学校花だんは，**＜学校花だんの図＞**のように，３つの正方形を組み合わせてつくられています。さくらさんたちは，この花だんの周りをレンガで囲むため，周りの長さを調べることにしました。花だんの周りの長さは何mですか，求めなさい。

②　植えたい花の全校生へのアンケートの集計が終わり，まとめた結果について話し合っていたさくらさんは，**＜みつばさんの話＞**が正しくないことに気付きました。正しくないのはなぜですか。その理由を，全校生の人数にふれて，かきなさい。

③　学校花だんには，**＜平面図に残したメモ＞**のとおり，全校生へのアンケートで希望の多かった３種類の花のなえを植えます。キンギョソウが30本，サルビアの数がマリーゴールドの数の$\frac{2}{3}$になるように植えるとき，マリーゴールドとサルビアのなえの数は，それぞれ何本ですか，求めなさい。

④　学校花だんの水やりは，**＜黒板の記録＞**のとおり，すべての学級が分担し，順番に行います。この活動の様子は，市の広報誌《こうほうし》で取り上げられることになり，その取材が６月28日（金）の放課後に行われます。このとき当番をしているのはどの学級ですか，かきなさい。

＜学校花だんの図＞

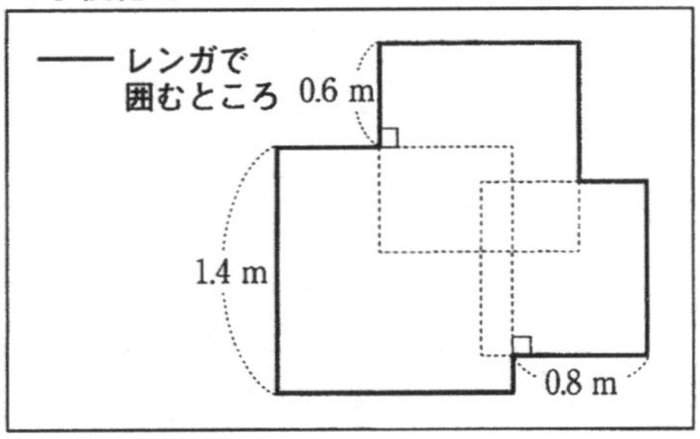

＜みつばさんの話＞

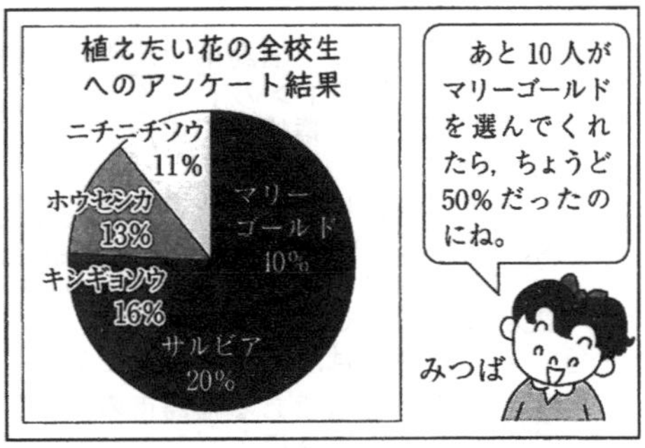

(4)　７月は，プランターにケイトウのなえを植え，ちゅう車場のそばに並べます。さくらさんは，１個のプランターにケイトウのなえを５本ずつ植えると，なえが14本余ることがわかりました。そこで，１個のプランターに植えるなえを増やしてみたところ，２個のプランターには６本ずつ，残りのプランターには７本ずつ植えることができました。プランターの数は何個ですか，求めなさい。

1　あきこさんの学級に，タイの日本人学校から転校生が来ることになり，かんげい会を開くことになりました。次は，先生からの〔**転校生の情報**〕と〔**当日のプログラム**〕です。
次の（1）～（4）の問いに答えなさい。

〔**転校生の情報**〕

わたしたちの学級に転校生が来ます。名前は，じゅんこさんと言います。お父さんの仕事の都合で，3年間，タイの首都であるバンコクに住んでいました。福島県に住むのは，初めてだそうです。

先生

〔**当日のプログラム**〕

1	かんげいの言葉	けんじ
2	福島県のしょうかい	あきこ みのる
3	全員合唱 福島県「県民の歌」	指揮《しき》　るみ
4	タイとの交流の歴史	さおり
5	じゅんこさんの話	

（1）　あきこさんとみのるさんは，福島県のしょうかいをすることになりました。
①～④の問いに答えなさい。

＜資料1＞あきこさんとみのるさんの発表メモの一部

位　置…福島県は東北《とうほく》地方の中で最も［　ア　］に位置している。となり合っている県は6県あり，茨城《いばらき》県，栃木《とちぎ》県，群馬《ぐんま》県，新潟《にいがた》県，［　イ　］，宮城《みやぎ》県である。
福島県の東側には，3つの海洋の1つの［　ウ　］が広がっている。
地　形…阿武隈《あぶくま》高地と奥羽《おうう》山脈が南北に連なっている。
気　候…浜通《はまどお》り，中通《なかどお》り，会津《あいづ》の各地方によって，それぞれ特色がある。
人　口…東北地方の中で，宮城県についで2番目に多い。
面　積…［　　　　エ　　　　］
特産物…もも，きゅうり，なしなどの収穫量《しゅうかくりょう》が多い。

＜資料2＞東北各県の人口と面積に関する発表資料

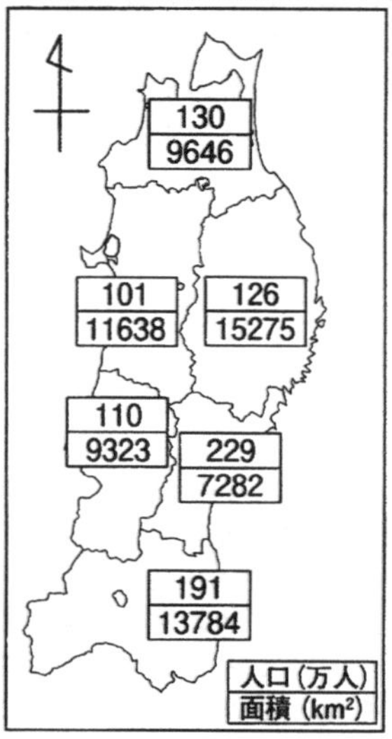

（総務省統計局「住民基本台帳に基づく人口，人口動態及び世帯数（平成30年1月1日現在）」および国土地理院「平成29年全国都道府県市区町村別面積調」により作成）

東北各県の，人口と面積が一目でわかるようにしたいね。

あきこ

上の段《だん》に各県の人口，下の段に各県の面積を書きこんでみたよ。この資料から福島県についてどんなことが言えるかな。

みのる

①　あきこさんは，福島県の位置について説明します。**＜資料1＞**の［　ア　］～［　ウ　］にあてはまる言葉は何ですか，それぞれかきなさい。
②　あきこさんは，**＜資料2＞**をもとに，福島県の面積について説明します。［　エ　］には，どのような文が入りますか。人口についての説明にならってかきなさい。
③　みのるさんは，**＜資料3＞**をもとに，福島県の県庁《けんちょう》所在地である福島市の気温について説明します。福島市とバンコクの1年間の気温の変化を比べると，どのようなことが言えますか。「**福島市は，**」の後に続けてかきなさい。
④　みのるさんは，福島県の特産物の1つであるももについてしょうかいします。福島県のももの収穫量は，全国の収穫量の約何％ですか。**＜資料4＞**をもとに求めなさい。ただし，答えは四捨五入《ししゃごにゅう》して，上から2けたのがい数であらわしなさい。

＜資料3＞福島市とバンコクの月別平均気温

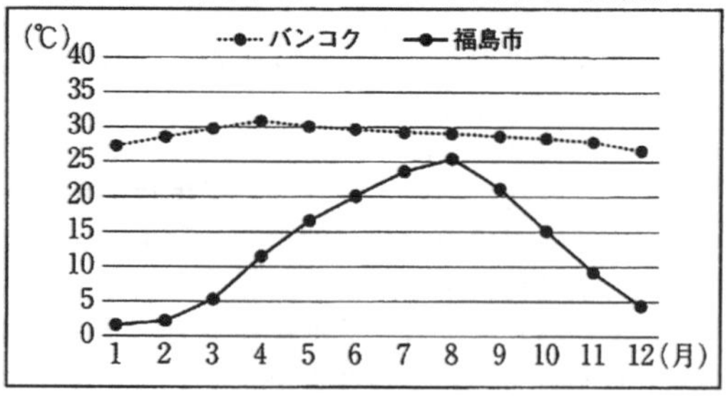

（気象庁「気象データ」により作成）

＜資料4＞ももの収穫量　（単位：t）

	都道府県	収穫量
1位	山梨《やまなし》県	39200
2位	福島県	28600
3位	長野《ながの》県	14500
全国		124900

（農林水産省「平成29年度ももの都道府県別収穫量」により作成）

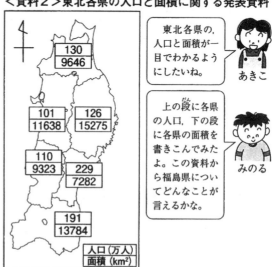

解答用紙

※60点満点
(配点非公表)

注意 ［ ］のらんには記入しないこと。

2	(3)	①	m			
		②				
		③	マリーゴールド	本	サルビア	本
		④				
	(4)		個			

※ ※

3	(1)	①	ア		イ	
		②	ウ			
		③				
	(2)	①	g			
		②				
			理由			
		③	条件1			
			条件2			
	(3)	①	ア			
			イ			
			ウ			
		②	実験1	と		
			実験2	と		
		③	記号			
			理由			

※ ※

I

平成30年度

Ⅰ 適性検査

（９時30分～10時30分）

注　　意

○ 「始めなさい。」の指示があるまで,問題用紙を開いてはいけません。

○ 問題用紙は３枚《まい》あります。

○ 声に出して読んではいけません。

○ 解答用紙は**この用紙の裏《うら》**です。

○ **受験番号**を解答用紙の決められた場所に記入しなさい。

○ 答えはすべて，解答用紙の決められた場所に記入しなさい。

○ 「やめなさい。」の指示があったら,すぐに筆記用具を置きなさい。

○ 解答用紙の※印のらんには記入してはいけません。

福島県立会津学鳳中学校

受験番号
番

※

1	(1)	①	福島県の土地利用のグラフ 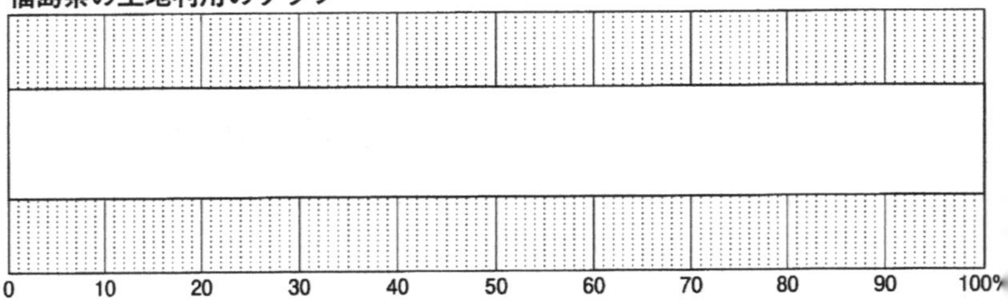
		②	
	(2)	①	約　　　　%
		②	
	(3)	①	
		②	ア
			イ
	(4)	①	約　　　　倍
		②	
		③	

※

※

2	(1)		
	(2)	①	通り
		②	円
	(3)	記号	
		理由	
	(4)	①	m
		②	約　　　　ha
	(5)		円

※

（3）　3班では，歴史・文化について調べました。福島県内には大小様々な古墳《こふん》があり，そこからいろいろな形のはにわが出土したことがわかりました。

①，②の問いに答えなさい。

① はにわの中の1つの形を不思議に思い，博物館の学芸員さんに質問のメールを送ったところ，次のような返事が届《とど》きました。

> 3班のみなさんへ
> 　質問のあったはにわは，県内各地から出土しています。側面に竹の節のような帯と穴《あな》があることが特ちょうです。古墳にある平らな部分のへりに立てて並《なら》べられていました。すき間なく並べることで，さくの働きもあったと考えられています。　学芸員より

右のA～Dのうち，3班が質問したはにわはどれですか。学芸員さんからの返事をもとに，1つ選び記号でかきなさい。

A　B　C　D

② 次に，全国の古墳について地方別に調べ，＜資料5＞のようにまとめました。＜資料5＞のアとイから近畿《きんき》地方の豪族《ごうぞく》について考えられることは何ですか，それぞれかきなさい。

＜資料5＞

ア　全国の地方別古墳の数

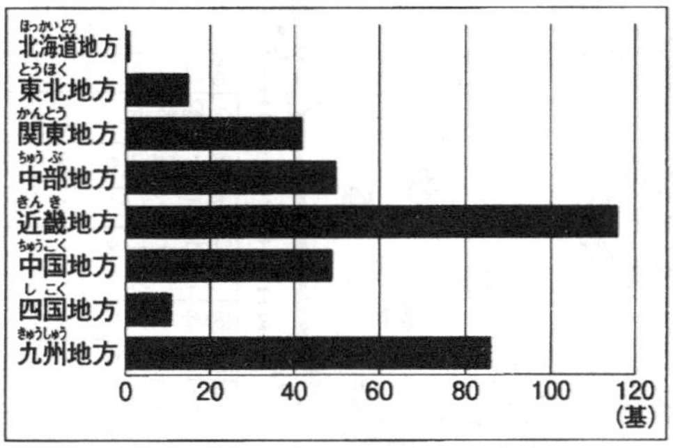

イ　全長150m以上の地方別古墳の数

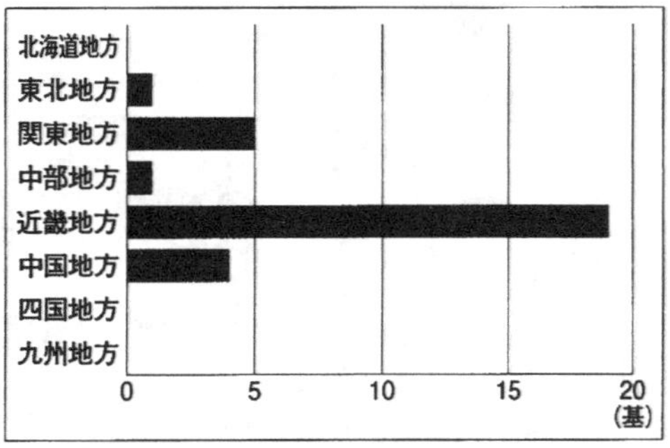

※　古墳群は1基と数える。

（文化庁「国指定文化財データベース」により作成）

（4）　4班では，都市型観光について調べました。この観光種目には，野菜などの「産地直売所」がふくまれており，たくさんの観光客を集めています。野菜の出荷量《しゅっかりょう》を調べてみると，＜資料6＞にあるように，福島県で出荷量の多いきゅうりは，宮崎《みやざき》県でも多く出荷されていることがわかりました。

①～③の問いに答えなさい。

① 福島県の夏から秋に採れるきゅうりの出荷量は，宮崎県の夏から秋に採れるきゅうりの出荷量の約何倍になりますか，求めなさい。ただし，答えは四捨五入して，上から2けたのがい数であらわしなさい。

② 福島県内のある地域《ちいき》では，きゅうり畑に目の細かいあみをはって全体をおおい，その中にミツバチを放すことがわかりました。ミツバチを放すのはなぜですか，その理由をかきなさい。

＜資料6＞福島県と宮崎県のきゅうりの出荷量

（単位：t）

	福島	宮崎
夏から秋に採れるきゅうりの出荷量	29600	4530
冬から春に採れるきゅうりの出荷量	7560	53700

（農林水産省「農林水産統計」（平成27年）により作成）

③ 農業試験場などでは，農作物の品種改良を行っています。品種改良を行うのはなぜですか，その理由をかきなさい。

2　６年生のまさきさんは，お父さんとお母さん，妹のはるかさんの家族４人で，春休みに遊園地に行きました。次は，〔**出かける計画を立てているときの会話**〕と，そのときに参考にした〔**ホームページの一部**〕です。

計画を立てている場面である（１）～（３）の問いと，実際に遊園地を訪《おとず》れた当日の場面である（４）～（６）の問いに答えなさい。

〔**出かける計画を立てているときの会話**〕

お父さん：２人が春休みになったら，遊園地に連れて行ってあげるよ。
ま さ き：やったあ。いつ行けるの。
お母さん：お父さんもお母さんもお休みの日ね。**<予定表>**を見て決めようね。
お父さん：遊園地の休園日も，調べておかないといけないね。
は る か：早く行きたいな。わたしは，メリーゴーランドに乗るのが楽しみだわ。
ま さ き：ぼくは，ゴーカートに乗りたいな。

<予定表>

みんなの予定

はるか　春休み　３月24日(土)から４月５日(木)
まさき　春休み　３月24日(土)から４月８日(日)

お父さん　(○はお休み)

3月	日	月	火	水	木	金	土
	⑱	19	20	21	22	㉓	24
	㉕	26	27	28	㉙	30	31

4月	日	月	火	水	木	金	土
	①	2	③	4	5	⑥	7
	⑧	⑨	10	11	12	13	14

お母さん　(○はお休み)

3月	日	月	火	水	木	金	土
	⑱	19	20	㉑	22	㉓	24
	㉕	26	27	28	㉙	30	㉛

4月	日	月	火	水	木	金	土
	1	2	③	4	5	⑥	⑦
	8	⑨	10	11	12	⑬	⑭

〔**ホームページの一部**〕

<資料１>遊園地のご案内

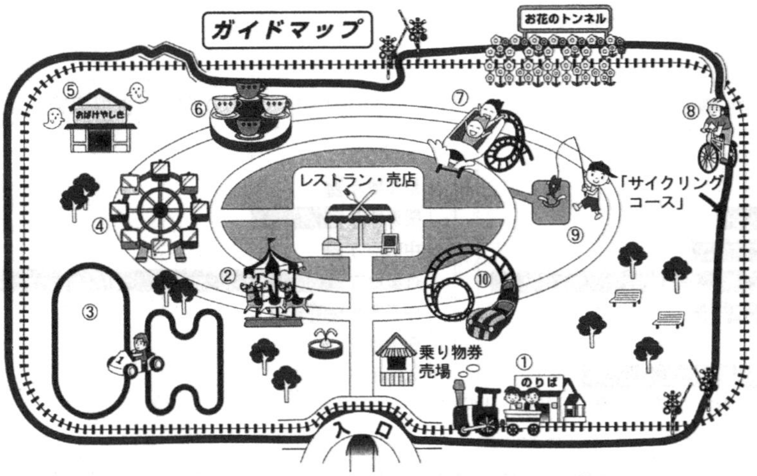

ご利用ガイド

アトラクション	乗り物券の枚数(1人あたり)
①ミニトレイン	3枚
②メリーゴーランド	2枚
③ゴーカート	3枚
④観覧車《かんらんしゃ》	5枚
⑤おばけやしき	3枚
⑥ティーカップ	2枚
⑦ウォーターコースター	5枚
⑧サイクリング	1枚
⑨つりぼり	4枚
⑩ジェットコースター	6枚

○　アトラクションのご利用には，すべて乗り物券（１枚《まい》50円）が必要です。
○　乗り物券は，大人も子どもも同じ枚数が必要です。
○　乗り物券には，お得な11枚つづり（１冊《さつ》500円）もあります。
◎　毎週木曜日は，し設の点検のため，休園させていただきます。

当遊園地の価格には，すべて消費税がふくまれています。

<資料２>イベント情報

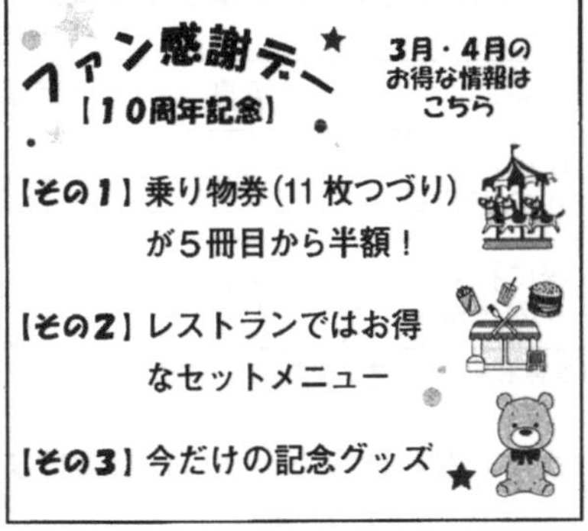

<資料３>ゴーカートのコース図

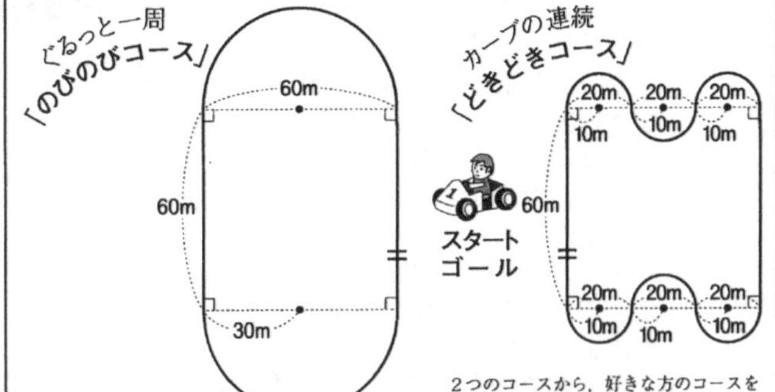

２つのコースから，好きな方のコースを選んで走ることができます。

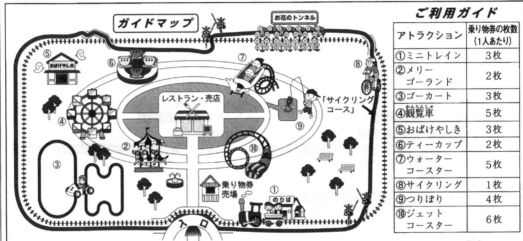

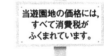

② 動物を選んだひかりさんの班は，チョウ，バッタ，ダンゴムシ，ミミズを見付けて，特ちょうを**＜資料３＞**のようにまとめました。トンボと同じ順に成長するこん虫を**＜資料３＞**のア～エの中から１つ選び，記号でかきなさい。また，そのこん虫の成長する順を，具体的にかきなさい。

＜資料３＞見付けた動物の特ちょう

	あしの数	は　ね	見付けたときの様子
ア	６本	あり	草むらで草を食べていた
イ	14本	なし	石の下にいた
ウ	６本	あり	花のみつを吸《す》っていた
エ	０本	なし	落ち葉の下にいた

③ 地層を選んだまりこさんの班は，道路のわきのがけに見られる地層を観察しました。**＜図３＞**は，地層の様子です。**＜図４＞**は，**A**，**B**，**C**の層から採取してきた物を水で洗《あら》ってルーペで観察し，記録したものです。**A**の層をつくるつぶに比べて，**B**，**C**の層をつくるつぶの形はどうなっていますか，かきなさい。また，**A**の層をつくるつぶと，**B**，**C**の層をつくるつぶのでき方は，どのような働きによるものですか，かきなさい。

＜図３＞地層の様子

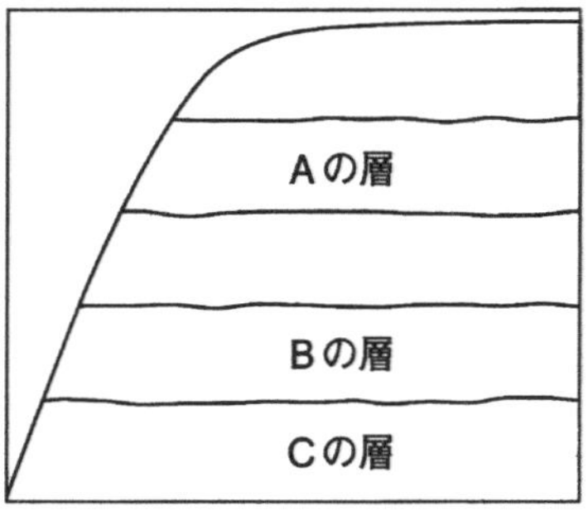

＜図４＞ルーペで見たつぶの様子

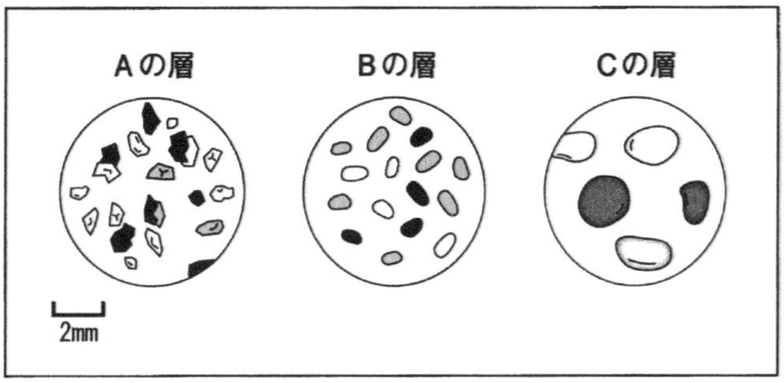

（3） 〔C〕夜空の観察では，広場で月の観察をしました。**＜図５＞**は，たけしさんが18時30分に１回目の観察をしたときの記録です。**＜図６＞**は，月，地球，たけしさんの位置と太陽の光の当たり方をあらわしています。

①，②の問いに答えなさい。

＜図５＞

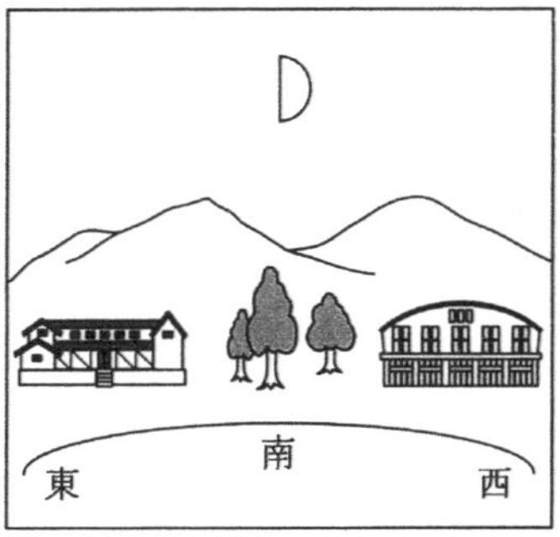

＜図６＞

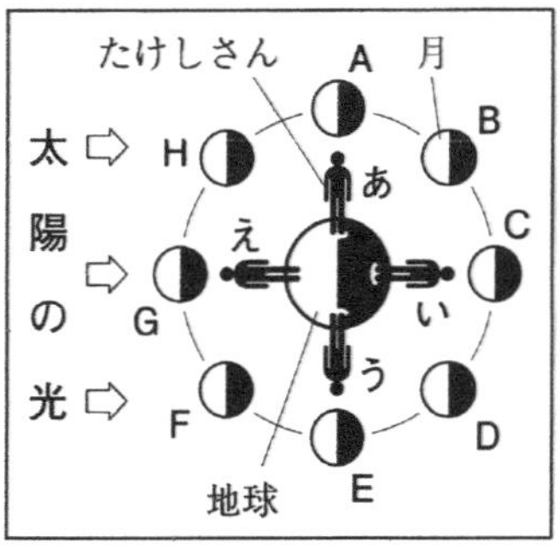

① **＜図５＞**のように月が見えるとき，月は**＜図６＞**の**A**～**H**のどの位置にありますか。また，たけしさんは**＜図６＞**の**あ**～**え**のどの位置にいますか。それぞれ選び，記号でかきなさい。

② 月の動き方を調べるために，19時30分に２回目の観察をしました。月の動き方を正確に観察するために，１回目の観察のときに決めておいたことが２つあります。それらは何ですか，かきなさい。

（4） 〔D〕野外活動では，自然の家の所員の方に近くの森や川を案内してもらいました。そのときに，所員の方から次のようなことを聞きました。

> ここは国立公園でたくさんの生き物がすんでおり，生き物を保護しています。自然界の生き物は，**食物連《れん》鎖《さ》**でつながっています。

食物連鎖とはどのようなことですか，説明しなさい。

3

(240字)　(200字)

※

(120字)(100字)

※

〈資料〉

【資料1】　去年の「読書調査」の結果（全校生を対象に）

ア

1年間で100冊《さつ》以上借りた人数

1・2年生	100人／131人中
3・4年生	73人／128人中
5・6年生	31人／126人中
合　計	204人／385人中

イ

本をあまり読まない理

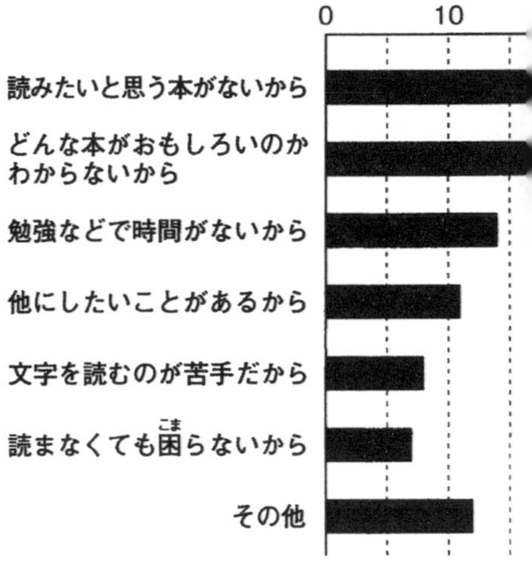

【図】「読書郵便《ゆうびん》」のはがきの見本

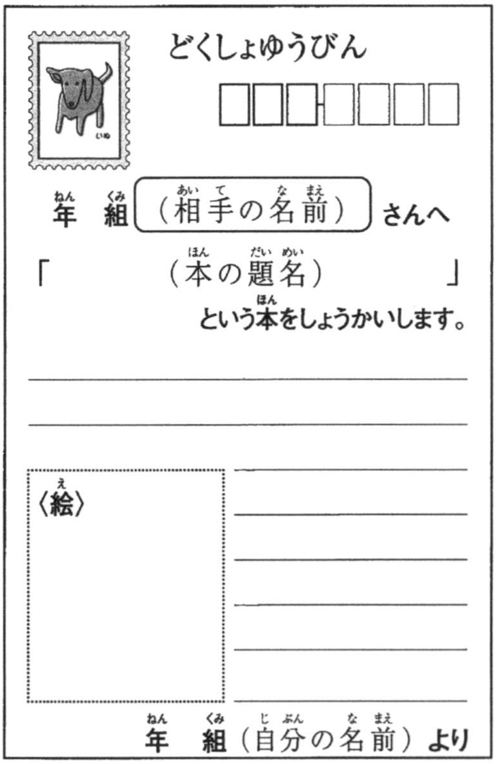

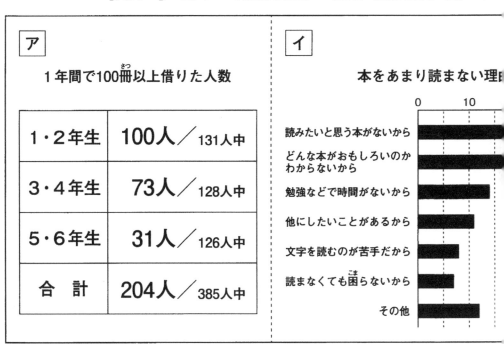

★教英出版編集部注
問題音声は教英出版ウェブサイトで。
リスニングＩＤ番号は解答集の表紙を参照。

1 次の**1**～**3**の問いに答えなさい。

放送の内容について、次の(1)～(5)の問いに答えなさい。

(1) さと子さんとたかしさんは、**【資料1】**をもとに委員会に提案するアイディアを出し合っています。二人がそれぞれアイディアの根拠《こんきょ》とした資料は、[ア]、[イ]のどちらですか。記号で書きなさい。

(2) 話し合いの中で、さと子さんは、去年の活動内容への感想や意見に対し、改善《かいぜん》の難《むずか》しいものがあると言っています。それを**【資料2】**の[1]～[3]の中から二つ選び、その番号と理由を書きなさい。

(3) **【図】「読書郵便《ゆうびん》」のはがきの見本**には、話し合いの内容とちがっていることが一つあります。それは何ですか、書きなさい。

(4) さと子さんとたかしさんは、「読書郵便」や「読書マラソンカード」について考えを述べるときに、相手にわかりやすく伝える工夫をしています。二人に共通する伝え方の工夫として、最も適切なものを次の**ア**～**エ**の中から一つ選び、記号で書きなさい。

ア 資料の中の具体的な数値《すうち》をあげて述べている。
イ 集めた情報から必要な言葉を引用して述べている。
ウ 具体的な自分の経験をもとに述べている。
エ 多くの人の意見をふまえて述べている。

(5) 「読書マラソンカード」について、読んだ本の冊数《さっすう》よりもページ数を記録したほうがよいと、たかしさんが考えた理由を書きなさい。

2 みのるさんの学級では、「日本の文化」に関する説明文を読み、興味をもったことについて、くわしく調べて、リーフレットにまとめることにしました。みのるさんは、「日本の文化」の中から「和食」について調べています。次は、みのるさんがまとめた**【リーフレット】**の下書きと、まとめるために調べた**【パンフレットの一部】**、インタビューした**【栄養士さんの話】**です。**【リーフレット】**を完成させるために、あとの(1)～(5)の問いに答えなさい。

【リーフレット】

食の基本
正しいはしの持ち方
はしの持ち方のポイント
○ 下のはしは固定し、上のはしを動かします。
○ 上のはしは、親指・ひとさし指・中指でペンを持つように持ち、３本の指で上下に動かします。
○ 下のはしは、親指とひとさし指のつけねでしっかりとはさみます。

「一汁三菜《いちじゅうさんさい》」
菜といって、
ず３種（主
の組み合

える大切さ

※

へ。」（農林水産省）
ook」（農林水産省）
受けつがれてきた芸能、行事、
中から、保護すべき文化として
もの。

【パンフレットの一部】

和食がユネスコ無形文化遺産に登録されたことで、様々なところで和食という言葉が聞かれるようになりました。私たちは普段《ふだん》、和食という言葉を日本の料理を指すものとして使っていますが、食材が季節に合わせて変わることや、料理の手法、献立の工夫、料理を盛《も》り付ける器や食べ方、さらには、食べる際にこめられる気持ちや年中行事との関わりなども和食にふくまれています。つまり、和食は単なる料理ではなく、食に関する日本人の伝統的な文化です。和食文化を大切にすることは、家族や地域のきずなを深め、ふるさとや日本のよさを再認識《さいにんしき》することにつながります。それは、日本人であることにほこりをもつことにつながるだけでなく、食を通じて日本人が大切にしてきた心を伝えていくことでもあるのです。

【栄養士さんの話】

社会の環境《かんきょう》が変化する中で、食も多様化し、残念ながら日本人の和食に対する意識がうすれつつあります。
アンケートの結果によると、和食文化を守り伝えていく上で心配されていることの中で、最も回答が多かったのは、「地元の食材を生かしたきょう土料理がなくなっていく」ことだったそうです。また、「正しくはしを持てない子どもが増えた」、「[う]」、「食事のあいさつをしない若者が増えた」なども多いそうです。みなさんは、和食についてどれだけ知っていますか。
わたしは給食を通して、みなさんに、地元の食材を使った和食のおいしさを知ってもらいたいと思います。さらには、食べ物や調理する人に感謝する心、和食の正しい作法や食べ方といった和食文化を理解し、次の世代に伝えていってほしいと思っています。

(1) みのるさんは、「**1 和食って、なに？**」のコーナーに、和食について短くまとめました。[あ]に入る言葉を**【パンフレットの一部】**から、**十五字**で書きぬきなさい。

(2) みのるさんは、**【栄養士さんの話】**を聞いたことをきっかけに、さらに調べて「**2 和食があぶない！**」のコーナーをまとめました。[い]と[う]にあてはまる言葉や文を書きなさい。

(3) 「**3 世界から注目される和食のすばらしさ**」のコーナーに、和食の特色やよさをまとめたみのるさんは、さらにわかりやすくするために、それぞれに見出しを付けることにしました。[A]～[D]に合うものを、次の**ア**～**カ**の中から一つずつ選び、記号で書きなさい。

放送原稿

平成三十年度　作文　放送台本

★教英出版編集部注
問題音声は教英出版ウェブサイトで。
リスニングＩＤは解答集の表紙を参照。

これから放送による問題を始めます。

この問題は、**【メモ用紙】**の中にある**〈資料〉**を見ながら放送を聞き、内容について考えて答える問題です。それでは、右側にある**【メモ用紙】**だけを開きなさい。問題用紙は開いてはいけません。

（十五秒後）

これから資料を読む時間をとります。気が付いたことなどを、**【メモ用紙】**や**〈資料〉**に書いてもかまいません。ただし、声に出して読んではいけません。時間は一分間です。では、始めなさい。

（一分後）

終わりです。

それでは、放送を始めます。放送は一度だけです。**【メモ用紙】**や**〈資料〉**にメモをとりながら聞いてもかまいません。放送を聞いたあとに、問題に答えるようになります。では、始めます。

さと子さんとたかしさんは、図書委員会の委員長と副委員長です。さと子さんの学校では、「読書月間」を設け、図書委員会を中心に様々な活動を行ってきました。委員長のさと子さんは、もっと多くの人に本を読んで欲しいと思い、「読書月間」中の活動を見直すことにしました。そこで、図書委員会での話し合いに提案する具体的な内容を、副委員長のたかしさんと相談することにしました。**【メモ用紙】**にある**【資料１】**は、去年一年間で百冊以上借りた人数と本をあまり読まない理由を示したものです。**【資料２】**は、去年の活動内容と、それに対する全校生の感想や意見をまとめたものです。また、**【図】**は、二人の提案を受け、新しい活動に向けて、図書委員会が全校生に説明するためにつくったものです。それでは、二人の相談の様子を放送します。

さと子さん　今年の「読書月間」も、全校生がたくさんの本を読むきっかけとなるような活動にしたいと思います。そこで去年の活動を見直したいので、たかしさんもいっしょに考えてください。アイデアのヒントになるように、**〈資料〉**も用意しました。

たかしさん　わかりました。さと子さんには、何かよいアイデアがあるのですか。

さと子さん　**【資料１】**を見てください。この結果から、読みたいと思ってもらえるようなしょうかいの仕方を工夫したり、どんな本がおもしろいのか、もっとたくさんしょうかいしたりする必要があると考えています。たかしさんのアイデアも聞かせてください。

たかしさん　そうですね。さと子さんが言ったことは、**【資料２】**にもあるように、去年の「読書月間」の活動でも行っていますよね。それよりも、ぼくは**【資料１】**から、高学年の人たちに読書をしてもらう方法を工夫したほうがよいと思います。

さと子さん　そうかもしれませんが、**【資料２】**には、読み聞かせやけい示板での本のしょうかいについて、「よかった」という感想ばかりではなく、「改善してほしい」という意見もあります。図書委員会としては、この意見を受けて、本のしょうかいの仕方などをもっと工夫していく必要があると思います。

たかしさん　確かに、さと子さんの言うとおりですね。読み聞かせについては、高学年は昼休みにそれぞれの委員会活動があるので、参加できないことが多いですね。だったら、読み聞かせの時間を変こうしてはどうでしょうか。

と子さん　でも、わたしたち図書委員会も昼休みにしか読み聞かせができません。また、けい示板を使っての本のしょうかいについても、図書委員会が使えるけい示板は限られているので、これ以上、けい示板で本をしょうかいすることは無理です。みんなの要望にこたえられる何かよい方法はないでしょうか。

かしさん　図書委員だけがしょうかいするのではなく、読んでもらいたい本を、全校生がおたがいにしょうかいし合うというのはどうでしょう。

と子さん　賛成です。わたしたちは、二年生の生活科の学習で「ありがとう」の気持ちを手紙で伝えたり、季節ごとに発見したことを「見つけたよカード」にまとめたりしましたね。このことを生かして、知らせたい本をはがきに書いてしょうかいする「読書郵便」という活動はどうでしょう。もらった人はうれしいし、しょうかいする人も目的をもって読むので、本を読む人が増えると思います。

かしさん　でも、はがきだともらえない人が出ませんか。

と子さん　それならば、「読書郵便」は個人あてに出すのではなく、「何年何組のみなさんへ」として、クラスに出すようにしたらどうでしょう。

かしさん　それは、よい考えですね。

と子さん　本のしょうかいも文章だけでなく、絵も入れると、さらに楽しくなりますね。

かしさん　ぼくも思いついたことがあります。**【資料２】**を見ると、しおりのプレゼントはみんなも喜んでくれているので、本を読もうという気持ちにつながっていると思います。でも、「十冊」という目標は変えたほうがよいのではないでしょうか。

と子さん　それは、なぜですか。

かしさん　さっきぼくは、**【資料１】**を見て、高学年の人たちに読書をしてもらう方法を工夫したほうがよいと言いました。それは、高学年に本を借りる人が少ないので、読書がきらいな人が多いと思ったからです。でも、**【資料２】**に「ページ数が多い本を十冊読むのはたいへん」という意見があります。高学年になると、選ぶ本のページ数も増えるので、一冊読むのに時間がかかり、たくさん読めない人もいます。そう考えると「読書月間」中に十冊読むことはたいへんなので、しおりのプレゼントの目標も冊数ではないほうがよいと思うのです。

と子さん　では、どうしたらよいですか。

かしさん　ぼくは、持久走記録会の練習のとき、「マラソンカード」に何周走ったのかを記録することで、がんばろうという気持ちになりました。同じように「読書マラソンカード」をつくって、読んだページ数を記録するというのはどうでしょう。しおりも合計で二百ページ読むごとに、プレゼントするようにします。そうすれば、厚い本を選んだ人も読書量を実感しやすく、達成感を得ることができると思います。

と子さん　それは、よい考えですね。次の図書委員会には「読書郵便」と「読書マラソンカード」の二つを提案しましょう。

以上で放送は終わりです。

それでは、問題用紙と解答用紙を開きなさい。

解答用紙に受験番号を書いてから、問題に答えなさい。答えはすべて、解答用紙の決められた所に書きなさい。それでは、始めなさい。

1 和食って、なに？

和食は、［ あ ］です。

2 和食があぶない！

日本人の和食に対する意識がうすれてきています。和食文化を大切に思っている人たちは、アンケートの結果にあるようなことを心配しています。

- ［ い ］…97.3%
- 食事のあいさつをしない若者《わかもの》が増えた……95.7%
- 正しくはしを持てない子どもが増えた………93.8%
- 和食のマナーの大切さが若い世代に伝わっていない…93.0%

（アンケートは複数回答）

3 世界から注目される和食のすばらしさ

和食は、注ユネスコ無形文化遺産《いさん》に登録されました。その特色やよさは4つあります。

その1 ［ A ］

豊かな自然が広がる日本は、新鮮《しんせん》で豊富な食材にめぐまれています。また、和食文化には、それらを組み合わせ、食材の味を生かし、むだなく使う調理の知恵《ちえ》があります。

その2 ［ B ］

和食は、栄養のかたよりも少なく、カロリーのとりすぎになりにくいと言われています。野菜、魚、肉など、一食でまんべんなく献立《こんだて》にすることができます。

その3 ［ C ］

自然の美しさや季節の変化を大事にすることも和食の特色です。桜やもみじ、ささなど四季の花や葉でかざり付けをしたり、季節に合った器《うつわ》を使ったりして、食事を楽しめるのも魅力《みりょく》の一つです。

その4 ［ D ］

和食は、季節の行事や伝統的な儀式《ぎしき》との関わりの中で育まれてきました。おせちや月見だんごなどをみんなでいっしょに食べ、共に過ごすことで、家族や地域《ちいき》のきずなを深めてきました。

4 伝え

○ 確

○ 和

和食

ご飯に

菜1品

わせが

5 和食

〈参考〉

注　古く

伝統工

ユネス

オ　健康的な生活を支える栄養バランス

カ　和食と洋食が支える一家団らんの時間

(4)　みのるさんは、「**4 伝えよう！ 和食の基本**」のコーナーで、はしの持ち方をしょうかいすることにしました。**【リーフレット】**を読み返したみのるさんは、「**はしの持ち方のポイント**」の三つの文を、**1**、**2**の図に合わせて二つの文にした方がわかりやすくなると考えました。二つの文に書きかえなさい。

(5)　みのるさんは、「**5 和食文化を伝える大切さ**」の［※］にまとめを書くことにしました。先生に相談すると、どのようにまとめるとよいかを〈メモ〉に書いてわたしてくれました。〈メモ〉にしたがい、**【パンフレットの一部】**と**【栄養士さんの話】**から引用したり、要約したりしてまとめを書きなさい。ただし、**百字以上、百二十字以内**で書くこととし、句読点も一文字と数え、一ます目から書き始めなさい。なお、改行せずに三つの文で書きなさい。

〈メモ〉

- はじめに、**和食文化を大切にすることの意味**について書く。
- 次に、**和食文化の課題や問題**について書く。
- 最後に、**自分たちがすべきこと**について書く。
- 「しかし」、「だから」のつなぎ言葉を使う。

3

国境をこえ、海外で活動する日本人が多くなりました。また、海外から日本にやってくる外国人の数も年々増加するなど、世界の人々と直接交流する機会が増えています。このような社会において、世界の人々と関わり、共に生きていくために、あなたが学校生活を送る上で大切にしたいことを、次の**条件**にしたがって書きなさい。

条件

① **二百字以上、二百四十字以内**で書くこと。ただし、句読点も一文字として数える。

② **二段落《だんらく》構成**とし、前段では、あなたが見聞きしたり、体験したりしたことをもとに、世界の人々との関わり方についてあなたの考えを書くこと。後段では、前段をふまえて、将来《しょうらい》、世界の人々と共に生きていくために、あなたが学校生活を送る上で大切にしたいことを書くこと。

③ 原稿《げんこう》用紙の使い方にしたがって、文字やかなづかいを正しく書き、漢字を適切に使うこと。

④ 題名や氏名は書かないで、本文から書き始めること。

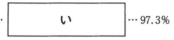

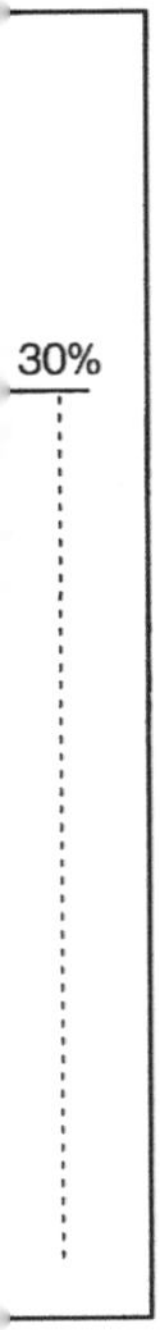

【資料２】　去年の「読書月間」の活動内容と感想や意見

1 「図書委員会による読み聞かせ」について

○　いろいろな本の読み聞かせがあって楽しい。

●　図書室で行われている読み聞かせは、昼休みの委員会の活動と重なって聞きに行けない。

2 「けい示板での本のしょうかい」について

○　本のしょうかいは読んでいて楽しい。いろいろな本があることがわかって読んでみたいと思う。

●　もっとたくさんの本をしょうかいしてほしい。

3 「10冊読むともらえる手作りしおりのプレゼント」について

○　しおりをもらえるように、それをめざしてたくさん読もうと思う。

●　ページ数が多い本を10冊読むのはたいへんなので、しおりがもらえない。

【メモ用紙】

【メモ用紙】

受験番号

番

30

Ⅱ

作文解答用紙

注意

※印のらんには記入しないこと。

1

(1) さと子さん

たかしさん

(2) 番号 理由

番号 理由

(3)

(4)

(5)

2

(1) あ

(15字)

(2) い

う

(3) A

B

C

D

(4) 1

2

※40点満点
(配点非公表)

平成30年度

Ⅱ　作　文

（11時00分～12時00分）

注　意

○　指示があるまで，問題用紙とメモ用紙を開いてはいけません。

○　問題用紙は1枚《まい》あります。

○　声に出して読んではいけません。

○　解答用紙は**この用紙の裏《うら》**です。

○　**受験番号**を解答用紙の決められた場所に記入しなさい。

○　答えはすべて，解答用紙の決められた場所に記入しなさい。

○　最初の問題は**放送を聞いて**答える問題です。放送は**1度だけ**です。

○　「メモ用紙だけを開きなさい。」の指示があったら，配られたメモ用紙を開きなさい。

○　「やめなさい。」の指示があったら，すぐに筆記用具を置きなさい。

○　解答用紙の※印のらんには記入してはいけません。

3

6年生のたけしさんは，1泊《ぱく》2日の宿泊《しゅくはく》学習で自然の家を訪《おとず》れました。**＜資料1＞**は，そのときの日程表です。

＜資料1＞自然の家での日程表

1日目	10:00		14:00	17:00	18:00	20:00	22:00
	入所式	〔A〕野外炊飯《すいはん》	〔B〕自然観察	夕食	〔C〕夜空の観察	入浴	消灯

2日目	7:00	8:30		12:00		14:00
	清そう	朝食	〔D〕野外活動	昼食	片付け	退所式

次の（1）～（4）の問いに答えなさい。

（1）〔A〕野外炊飯では，**＜図1＞**のような，かまどとなべを使ってスープをつくりました。

①～③の問いに答えなさい。

＜図1＞

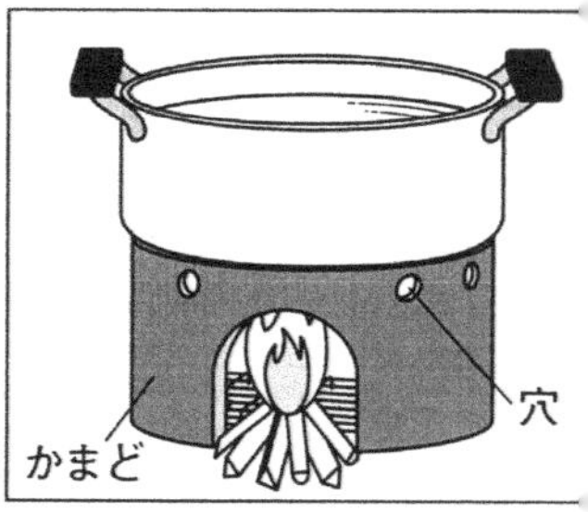

① たけしさんは，かまどの上の方に穴《あな》があいていることに疑《ぎ》問《もん》をもち，今までの学習をふり返って次のようにまとめました。［ア］～［ウ］にあてはまる**言葉**や**文**は何ですか，それぞれかきなさい。

> 空気には，物を燃やす働きがある［ア］という気体がふくまれています。物が燃え続けるには，絶えず空気が入れかわる必要があります。かまどの中の空気は，［イ］ので，上の方の穴から出て行きます。それにより，まきを入れる口から［ウ］ため，空気は入れかわります。

② たけしさんは，スープをつくるため，水をふっとうさせました。**＜資料2＞**は，そのときの水を熱した時間と水の温度を記録したものです。**＜資料2＞**の表をグラフにあらわすときに，最も適切なグラフはどれですか。次の**ア**～**エ**の中から1つ選び，記号でかきなさい。また，選んだ理由をかきなさい。

＜資料2＞水を熱した時間と水の温度

水を熱した時間(分)	0	2	4	6	8	10
水の温度(℃)	18	36	58	80	98	98

ア 棒《ぼう》グラフ　　**イ** 円グラフ　　**ウ** 帯グラフ　　**エ** 折れ線グラフ

③ 水がふっとうしたとき，なべの上に白い湯《ゆ》気《げ》が見えました。ふっとうした水が湯気になるまでの，水のすがたの変化について，**気体**，**液体**，**水蒸《すいじょう》気《き》**という3つの言葉を使って「**水はふっとうすると,**」のあとに続けて説明しなさい。

（2）〔B〕自然観察では，植物，動物，地層《ちそう》の3つから班《はん》ごとに選んで学習しました。

①～③の問いに答えなさい。

① 植物を選んだたけしさんの班は，林のそばの日かげにあるコスモスが，学校の花だんのコスモスよりも背《せ》たけが低いことに気付き，日光と植物の成長の関係を調べることにしました。学校に帰ったあと，**＜図2＞**のように育ち方が同じくらいの植物を使って，日光と植物の成長の関係を調べる実験を行うときに，同じにする条件は何ですか。**＜図2＞**の**条件**にあるもののほかに2つかきなさい。

＜図2＞

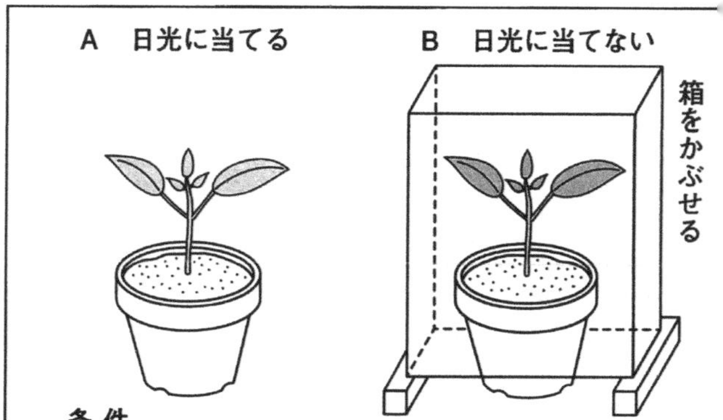

条件
- ○ 実験は，同じ部屋の中で行い，植木ばちと土（バーミキュライト）は，同じ物を使用する。
- ○ AとBの温度を同じにするため，Bの箱の下の方に空気の出入口をつくる。

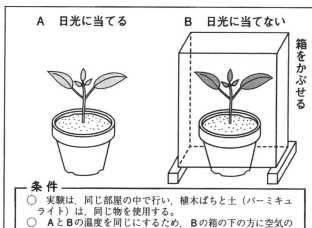

（1）　まさきさんの家族は，**＜予定表＞**と**＜資料1＞**を見ながら，いつ遊園地に行くことができるか話し合いました。遊園地に行くことのできる日は，何月何日ですか，**すべて**かきなさい。

（2）　まさきさんの家族は，**＜資料1＞**と**＜資料2＞**を参考に，利用する6つのアトラクションを決めて，**＜当日の計画表＞**をつくり，利用する順序や乗り物券の買い方を考えました。

①，②の問いに答えなさい。

① 1番目にメリーゴーランドを利用する場合，午前中にアトラクションを利用する順序は，全部で何通りありますか，求めなさい。

② 家族4人分の乗り物券の代金が，最も安くなる買い方をすると代金は何円ですか，求めなさい。

＜当日の計画表＞

9:00　　12:00　13:00　　15:00

メリーゴーランド 観覧車 サイクリング ジェットコースター	食事 買い物	ゴーカート つりぼり

家族がいっしょに，6つのアトラクションを1回ずつ利用する。

（3）　**＜資料3＞**の，**「のびのびコース」**と**「どきどきコース」**は，直線と円周を組み合わせてつくられたコースです。まさきさんは，2つのコースの1周分の長さは，どちらが長いのか調べてみることにしました。2つのコースの長さについて，下の**ア**～**ウ**の中から正しいものを1つ選び，記号でかきなさい。また，その理由を**言葉**や**式**を使ってかきなさい。ただし，コースのはばは考えず，円周率は3.14とします。

ア　**「のびのびコース」**のほうが長い。
イ　**「どきどきコース」**のほうが長い。
ウ　2つのコースの長さは同じ。

（4）　まさきさんの家族は，遊園地にやってきました。入口を入ると，ミニトレイン乗り場から，**＜アナウンス＞**が聞こえてきました。

①，②の問いに答えなさい。

① まさきさんは，**＜アナウンス＞**を聞いて，「お花のトンネル」の長さを求めることができると考えました。「お花のトンネル」の長さは何mですか，求めなさい。ただし，ミニトレインについては，車両の長さは考えず，一定の速さで走行しているものとします。

＜アナウンス＞

ミニトレインは，遊園地の周りを8分かけて1周します。1周は1200mです。出発して5分後に「お花のトンネル」に差しかかります。トンネルをぬけるまでの40秒間，季節の美しい花々をお楽しみいただけます。

② まさきさんは，**＜アナウンス＞**の情報と**＜資料1＞**で見たガイドマップから，**「サイクリングコース」**に囲まれた部分を，たてと横の長さの比が1：2の長方形とみることで，**「サイクリングコース」**に囲まれた部分のおよその面積を求めることができると考えました。面積は約何haですか，求めなさい。ただし，コースのはばは考えないものとします。

（5）　つりぼりでは，乗り物券とは別に**＜ニジマス料金表＞**のとおりに料金を支払《しはら》うことで，つり上げたニジマスを調理してもらい，その場で食べることができます。まさきさんの家族は，つり上げたニジマスをすべて調理してもらい，みんなで食べました。つり上げたニジマスは6ぴきで，その重さは合計1136gでした。まさきさんの家族が，乗り物券とは別に支払った代金は何円ですか，求めなさい。

＜ニジマス料金表＞

ニジマス代　：**100gあたり160円**
（100g未満切り捨《す》て）

調　理　代　：**1ぴきあたり100円**

○　つり上げた魚は，すべてお買い上げいただきます。
○　ニジマス代は，つり上げた魚の重さの合計をもとに計算いたします。

（6）　まさきさんとはるかさんが遊園地ではじめに持っていたお金は，同じ金額でした。2人は，それぞれの20%にあたる金額を出し合い，おじいさんたちへのおみやげを買いました。この日，まさきさんがおじいさんたちへのおみやげ以外に使った金額は2450円で，はるかさんは1750円でした。その結果，まさきさんの残りのお金は，はるかさんの残りのお金の3分の1になりました。まさきさんがはじめに持っていたお金は何円ですか，求めなさい。また，求め方も**式**や**言葉**を使ってかきなさい。

1　ひろとさんの学級では，日直が関心のある新聞記事を友達にしょうかいしています。ひろとさんは，福島県の観光に関する記事をしょうかいしました。次は，発表の様子です。**<資料１>**は，新聞にのっていた資料です。

ひろと：ぼくは，福島県内の観光客が増加したという記事をしょうかいします。**<資料１>**を見てください。表にある観光種目とは，観光の目的を７つに分類したものです。平成27年より平成28年の方が観光客の合計が多くなっています。これは，福島県に住んでいるぼくにはうれしい記事です。これからも観光を通して，多くの人に福島県のよさを感じてほしいと思います。
質問はありませんか。

あやの：「その他」とありますが，例えば，どんな場所ですか。

ひろと：はい。*「道の駅」などです。

*道路利用者に様々なサービスを提きょうするし設で，国土交通省にみとめられたもの。

<資料１>福島県の観光地を訪《おとず》れた人数（観光種目別）

（単位：千人）

観光種目	平成28年	平成27年
自然	6187	5812
歴史・文化	10059	9956
温泉・健康	6196	6235
スポーツ・レクリエーション	9216	9493
都市型観光	3867	4003
お祭・イベントなど	6827	5955
その他	10411	8860
合　計	52764	50313

（福島県商工労働部「福島県観光客入込状況平成28年分」により作成）

ひろとさんの発表をきっかけに，総合的な学習の時間に，**<資料１>**の観光種目から班《はん》ごとのテーマを決めて，福島県について調べることになりました。

次の（１）～（４）の問いに答えなさい。

（１）　１班では，自然について調べました。すると，「第69回全国植樹《しょくじゅ》祭ふくしま2018」が南相馬《みなみそうま》市で行われることがわかりました。全国植樹祭は，植林などを通して森林への愛情を育むことなどを目的として行われています。

①，②の問いに答えなさい。

①　福島県の面積における森林のしめる割合《わりあい》を，全国と比べました。**<資料２>**をもとに，解答用紙にある福島県の土地利用のグラフを完成させなさい。ただし，**<資料３>**を例にしてかきなさい。

<資料２>平成26年の土地利用比較《ひかく》

	全国(%)	福島県(%)
森　林	66	71
農　地	12	10
宅地《たくち》等	5	4
その他	17	15

（全国：総務省統計局「国土利用の現況」（平成26年）により作成
福島：「平成29年版福島県勢要覧」により作成）

<資料３>全国の土地利用のグラフ

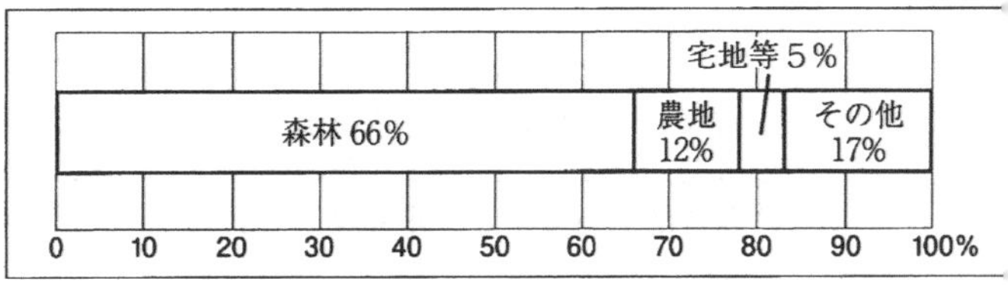

②　植林をして人工林を増やすのには，木材となる木を育てるだけでなく，自然が人々のくらしに害を与えることを防ぐ目的もあります。人工林は，自然のもたらすどのような害を防ぐことができますか，２つかきなさい。

（２）　２班では，「道の駅」について調べました。

①，②の問いに答えなさい。

①　**<資料１>**で「道の駅」がふくまれる観光種目の平成27年の人数をもとにした平成28年の人数の割合を，百分率で求めなさい。ただし，答えは小数第一位で四捨五入《ししゃごにゅう》して，整数であらわしなさい。

②　県内の「道の駅」の場所を調べ，**<資料４>**のように地図にまとめました。**<資料４>**から読み取れることはどのようなことですか。**ア**～**エ**の中から正しいものを１つ選び，記号でかきなさい。

ア　「道の駅」は，県内すべての市町村にある。

イ　「道の駅」は，三地方のうち，会津地方に最も多くある。

ウ　すべての「道の駅」は，国道に面している。

エ　他県に接している市町村で「道の駅」があるのは，９市町村である。

<資料４>福島県内の「道の駅」

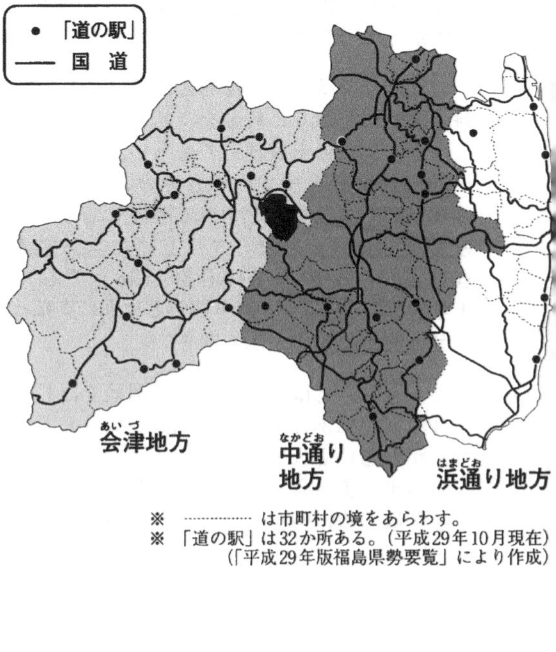

※　……… は市町村の境をあらわす。
※　「道の駅」は32か所ある。（平成29年10月現在）
（「平成29年版福島県勢要覧」により作成）

査 解 答 用 紙

※60点満点
(配点非公表)

注意 ※印らんには記入しないこと。

(6)	求め方	
	答　え	円

※

(1)	①	ア			
		イ			
		ウ			
	②	記　号			
		理　由			
	③	水はふっとうすると,			
(2)	①	同じにする条件			
	②	記　号			
		成長の順			
	③	つぶの形			
		つぶのでき方			
(3)	①	月の位置		たけしさんの位置	
	②				
(4)					